LAS VENTAJAS DE SER
disléxico

BROCK L. EIDE • FERNETTE F. EIDE

LAS VENTAJAS DE SER
disléxico

Liberando el potencial oculto
del cerebro disléxico

EDICIONES OBELISCO

Si este libro le ha interesado y desea que le mantengamos informado
de nuestras publicaciones, escríbanos indicándonos qué temas son de su interés (Astrología,
Autoayuda, Ciencias Ocultas, Artes Marciales, Naturismo, Espiritualidad, Tradición…)
y gustosamente le complaceremos.

Puede consultar nuestro catálogo en www.edicionesobelisco.com

Colección Psicología
LAS VENTAJAS DE SER DISLÉXICO
Brock L. Eide y Fernette F. Eide

1.ª edición: marzo de 2020

Título original: *The Dyslexic Advantage*

Traducción: *Graziella Zaramella*
Maquetación: *Marga Benavides*
Corrección: *M.ª Jesús Rodríguez*
Diseño de cubierta: *Enrique Iborra*

Edita: Ediciones Obelisco, S. L.
Collita, 23-25 Pol. Ind. Molí de la Bastida
08191 Rubí - Barcelona - España
Tel. 93 309 85 25 - Fax 93 309 85 23
E-mail: info@edicionesobelisco.com

ISBN: 978-84-9111-560-1
Depósito Legal: B-1.166-2020

Impreso en España en los talleres gráficos de Romanyà/Valls, S. A.
Verdaguer, 1 - 08786 Capellades (Barcelona)

Printed in Spain

A Karina (Braveheart): Eres una persona increíble
y una fuente inagotable de alegría.
Te queremos con todo nuestro corazón.

Reconocimientos

Durante la escritura de este libro hemos tenido la suerte de contar con el apoyo y la asistencia de gente extraordinaria, cuya ayuda nos gustaría reconocer.

En primer lugar, deseamos dar las gracias a nuestra maravillosa agente, Carol Mann, quien, en un mercado tan difícil, logró no sólo ofrecernos una elección de grandes ofertas, sino que nos ayudó a encontrar al editor de nuestros sueños. Gracias por cuidar de nosotros, en tantos sentidos.

A nuestro equipo de compañeros de Hudson Street Press/Penguin, nobles soñadores, pero reales, afortunadamente: no es posible expresar con palabras nuestro agradecimiento por vuestra aportación y vuestro apoyo durante todo el proyecto. A la editora Caroline Sutton: expresamos nuestro agradecimiento más profundo por compartir y apoyar nuestra visión, y por reunir a un equipo tan fantástico en Hudson Street. A Meghan Stevenson, cuyo talento sorprendente como editora y asesora emocional de la escuela de «amor con firmeza» contribuyó enormemente no sólo a la claridad y estructura del manuscrito, sino también a paliar nuestro temor excesivo de no cumplir los plazos: eres una verdadera estrella de tu profesión y ha sido un honor trabajar contigo. A Courtney Nobile, nuestra principal publicista, y a la directora de publicidad, Liz Keenan: sentimos un gran privilegio de contar con el respaldo de publicistas cuyo entusiasmo es equiparable únicamente a su experiencia. A Jason Johnson y Eve Kirch, que fueron los responsables del maravilloso trabajo de diseño del exterior y el interior del libro, respectivamente: gracias por vuestras bonitas y creativas aportaciones. Y a John Fagan y Ashley Pattison de marketing, a la editora de producción, Katie Hurley, a la revisora de textos, Sheila Moody, y a la directora de edición, Susan Schwartz: nuestro más profundo agradecimiento por vuestro trabajo. Nos gustaría igualmente agradecer a Bonnie Bader de Grosset & Dunlap en Penguin Young Readers por pasarle el libro a Henry Winkler con tanta rapidez.

Nos gustaría, asimismo, ofrecer nuestro agradecimiento más profundo a las familias y a las personas que acudieron a nuestra clínica y compartieron sus historias y sus vidas con nosotros. El trabajo real fue vuestro. Lo único que hicimos nosotros fue escuchar.

A todos aquellos que aceptaron ser entrevistados para este libro, compartir sus historias y experiencias: nuestro agradecimiento. La oportunidad de hablar con gente tan creativa y brillante fue una de las experiencias profesionales más gratas que nunca hemos tenido.

Nuestro agradecimiento especial a Tom (Thomas G.) West, quien ha trabajado con más ahínco y durante más tiempo que nadie para promover la idea de que la dislexia tiene ventajas. Desde que conocimos a Tom no ha hecho más que prodigarnos amabilidad y ánimos. Sin lugar a dudas, Tom es una de las personas más generosas y desinteresadas que hemos tenido el privilegio de conocer, y apenas empieza a percibirse el alcance completo de su trabajo.

Y a toda nuestra familia y a todos nuestros amigos, los nuevos y los viejos, quienes se han convertido en una parte de la comunidad de apoyo de Karina: sin vuestra ayuda –emocional, espiritual, profesional y económica– este libro nunca habría llegado a escribirse. Gracias desde lo más hondo de nuestros corazones.

Me gustaría centrarme ahora en… *las ventajas de la predisposición a la dislexia…*

[En] la aparentemente paradójica noción de que la misma anomalía del cerebro que ha generado la discapacidad de la dislexia, en algunas sociedades instruidas determina asimismo una superioridad en los mismos cerebros. Podemos, entonces, hablar de una «patología de la superioridad» sin temor a contradecirnos.

NORMAN GESCHWIND, M. D., «Why Orton Was Right».

Introducción

En 2004, una importante escuela de negocios en Inglaterra envió un comunicado de prensa con el siguiente titular: «Los empresarios son cinco veces más propensos a sufrir dislexia». El subtítulo insistía con la pregunta: «¿Qué hace tan especiales a sir Richard Branson, sir Alan Sugar y sir Norman Foster?».

La respuesta, según revelaba el comunicado de prensa, era que estos empresarios de éxito también «sufrían de dislexia», un estado que los investigadores de la escuela descubrieron que predisponía en gran medida a las personas con dislexia al éxito empresarial.

Y ¿cuál es el éxito de este tipo de empresarios? En el último recuento, sir Richard Branson tiene un patrimonio neto de aproximadamente 4.000 millones de dólares; Alan Sugar, ahora barón (lord) Sugar de Clapton, tiene un patrimonio neto de 1.200 millones de dólares; Norman Foster, ahora barón (lord) Foster de Thames Bank, tiene una fortuna comparativamente menor, de «sólo» 400 millones de dólares, aunque se consuela siendo uno de los arquitectos más admirados y distinguidos del mundo.

Ante el enorme éxito de estos empresarios, parece bastante extraño describirles como personas que «sufren de dislexia». Y sin embargo, como casi todo el que tiene dislexia puede decir, ser disléxico puede suponer realmente un gran sufrimiento: por ejemplo, el sufrimiento de fracasar en habilidades que otros dominan con facilidad, el ridículo entre sus compañeros o la exclusión de clases, escuelas o carreras a las que desearían acceder. Estas experiencias pueden implicar un sufrimiento cruel. Aunque resulta igualmente claro al examinar a personas con dislexia —cuando vemos cómo piensan y lo que hacen y en las personas extraordinarias en que a menudo se convierten— que en muchos aspectos «sufrir de dislexia» es un «sufrimiento» con unas características realmente inusuales.

Este libro no trata de la dislexia, sino del *tipo de personas a las que se ha diagnosticado dislexia*. Trata del tipo de mente que tienen, la forma en que procesan la información y las cosas que hacen especialmente bien. No es un libro sobre qué *tienen* estas personas, sino sobre quiénes *son*.

Muchos libros sobre dislexia se centran en los problemas de lectura y ortografía. Aunque estos problemas son de capital importancia, no son las únicas cosas —ni las más importantes— que las personas con dislexia consideran cruciales para su crecimiento, su aprendizaje y su éxito.

Como expertos en neurociencia y en discapacidades de aprendizaje, hemos trabajado con cientos de personas con dislexia y con sus familias. En el proceso hemos descubierto que las personas con dislexia comparten a menudo muchas características cognitivas importantes. Algunas de estas características constituyen dificultades de aprendizaje o de procesamiento, como, por ejemplo, dificultades con la lectura y la ortografía, la memorización de operaciones matemáticas, la memoria de trabajo o las funciones visuales o auditivas. Pero otras son importantes cualidades, capacidades y talentos: unos dones que nosotros llamamos la *ventaja disléxica*. Aunque estas características difieren de alguna manera de persona en persona, también conforman unos modelos reconocibles, al igual que los diferentes trabajos musicales de Mozart se pueden distinguir y reconocer claramente como el trabajo de un mismo compositor.

Tradicionalmente, los intentos realizados por comprender la dislexia se han centrado casi por completo en los problemas de lectura, ortografía y en otras competencias académicas. Por ello se ha prestado poca atención a las cosas que las personas con dislexia hacen especialmente bien, concretamente cuando ya son adultos. En nuestra opinión, éste es un error muy grave. Intentar comprender qué es la dislexia ignorando el talento mostrado específicamente por las personas adultas con dislexia es lo mismo que intentar comprender qué significa ser una oruga ignorando que las orugas al crecer se convierten en mariposas.

En este libro mostraremos que los cerebros de las personas con dislexia no son defectuosos: sencillamente, son diferentes. Estas diferencias «de conexión» generan a menudo unas «fuerzas» especiales en el procesamiento de un tipo concreto de información, y estas ventajas suelen compensar con creces las más conocidas dificultades disléxicas. En este libro mostraremos que aprendiendo a reconocer, cultivar y utilizar adecuadamente estas fuerzas se puede ayudar a las personas con dislexia en su intento por lograr el éxito y la realización personal.

Existen dos grandes diferencias entre la visión tradicional de la «dislexia» y la que presentaremos en este libro. La primera: nosotros no consideramos que las dificultades de lectura, ortografía o académicas relacionadas con la dislexia sean el resultado de un «trastorno» ni de una «enfermedad». En cambio, consideramos que estas dificultades proceden de un modelo diferente de organización cerebral, uno cuyo objetivo principal es predisponer a las personas disléxicas al desarrollo de valiosas capacidades. Cuando se observa la dislexia desde esta perspectiva, podemos ver que las ventajas y las desventajas que la acompañan son como las dos caras de una misma moneda neurológica. En este libro identificaremos estas ventajas o fuerzas, describiremos cómo utilizarlas y explicaremos por qué creemos que deberían considerarse verdaderas «características esenciales» de la dislexia, en vez de dificultades de lectura y ortografía,

En segundo lugar, a diferencia de muchos libros sobre la dislexia, éste no se centrará únicamente en lograr que las personas con dislexia sean mejores lectores, sino que se centrará en ayudarles a ser mejores en «ser disléxicos». Aunque la orientación a la lectura modifica algunas funciones cerebrales, no modifica todas las cosas que diferencian los cerebros disléxicos de los no disléxicos. Sin embargo, esto es algo bueno, porque los cerebros disléxicos *no deberían ser* como los demás. Los cerebros disléxicos tienen sus propias ventajas y beneficios, y estas ventajas deberían reconocerse y disfrutarse. Nuestro objetivo es ayudar a que las personas con dislexia reconozcan estas numerosas y maravillosas ventajas, para que puedan disfrutar de los muchos beneficios generados por un cerebro disléxico. El primer paso para lograr este objetivo es ayudarles a tener un pensamiento más amplio sobre lo que realmente significa «ser disléxico», ampliando el concepto de «dislexia», de forma que no sólo signifique dificultades, sino que incluya también importantes talentos.

La mejor manera de ampliar nuestra visión a este respecto es observar no sólo las cosas que a las personas con dislexia les cuesta hacer, sino también las cosas que suelen hacer especialmente bien. Una manera obvia de hacer esto es estudiar a las personas que sobresalen por «ser disléxicas». Muchos libros o DVD instructivos, sobre temas como deportes o instrumentos musicales, cocina o aprender idiomas, tienen un punto en común: muestran a expertos que comparten y dan consejos y estrategias que han encontrado personalmente útiles. Puesto que éste es un libro sobre cómo sobresalir «siendo disléxico», compartiremos muchas historias, trucos y sugerencias de personas disléxicas que han logrado el éxito en sus vidas. Aunque no todas las personas con dislexia disfrutarán del mismo éxito que estas personas con talento, cualquiera con un estilo de procesamiento disléxico puede aprovechar sus opiniones y estudiar las estrategias que han utilizado.

En los primeros capítulos de este libro describiremos las diferencias entre los cerebros disléxicos y los no disléxicos. Luego dedicaremos cinco capítulos a cada uno de los cuatro modelos de «fuerzas» relacionadas con la dislexia, que hemos descubierto que son comunes entre las personas con dislexia. Hemos denominado a estos modelos *Fuerzas de la MENTE*, para que sean fáciles de recordar: razonamiento material, razonamiento interconectado, razonamiento narrativo y razonamiento dinámico. Estos modelos de fuerzas no deben entenderse como categorías rígidas ni herméticas, sino como formas que nos ayuden a pensar en los talentos disléxicos y a comprenderlos. Aunque ninguna de las Fuerzas de la MENTE es exclusiva de personas con dislexia, cada una está vinculada a unas características cerebrales estructurales y cognitivas comunes en las personas con dislexia. Al leer estos capítulos, debemos recordar que, aunque las personas con dislexia comparten muchas características, cada una es también única. El procesamiento disléxico no está generado por un gen único, de forma que personas diferentes con dislexia mostrarán modelos diferentes de fuerzas y dificultades. Muy pocas mostrarán todas las Fuerzas de la MENTE, pero esencialmente todas mostrarán algunas de ellas. Después de tratar las Fuerzas de la MENTE, concluiremos con varios capítulos de asesoramiento práctico, en los cuales describiremos cómo pueden aprovechar las personas con dislexia sus ventajas disléxicas, tanto en el colegio como en el trabajo.

Con este libro esperamos ofrecer recursos y apoyo a aquellas personas que no hayan aún comprendido las muchas y maravillosas ventajas que pueden derivarse del hecho de «ser disléxico».

PARTE I

Una cuestión de perspectiva

CAPÍTULO 1

Una nueva visión
de la dislexia

Durante toda su trayectoria escolar, Doug tuvo dificultades con la lectura y la escritura. Suspendió dos veces el *community college*[1] antes de obtener las capacidades necesarias para lograr su título universitario. Actualmente es presidente de una importante empresa de software que fundó hace diez años.

Cuando Lindsey era joven, todos sus profesores la tildaban de lenta. Aunque trabajaba desesperadamente para aprender a leer y a escribir, fue una de las últimas de la clase en el colegio en dominar estas capacidades. Recientemente, Lindsey se ha graduado en la universidad y ha obtenido la mejor nota de su facultad en medio de un entorno muy competitivo. Actualmente trabaja en un prestigioso programa de posgrado centrado en el estudio de la psicología.

Los profesores de la escuela primaria de Pete les dijeron a sus padres que era un niño mentalmente retrasado y con trastornos emocionales.

---

1. Un *community college* es una institución académica que ofrece un programa de dos años, que es el equivalente a los dos primeros años de un programa universitario de cuatro años. Es lo mismo que un *Junior college*. *(N. de la T.)*

Le dijeron también que no podían enseñarle a leer ni a escribir. Sin embargo, con una educación intensiva personalizada, Pete aprendió a leer y a escribir lo suficientemente bien como para asistir a la universidad, pero también para estudiar derecho. Pete utilizó finalmente su formación jurídica para representar a otras personas con dislexia ante el Tribunal Supremo, logrando en su defensa redefinir los derechos de los estudiantes con necesidades educativas especiales.

Doug, Lindsey y Pete son disléxicos, pero son también excepcionalmente buenos en lo que hacen. Como mostraremos en este libro, estos hechos no son ni contradictorios ni casuales. Por el contrario, Doug, Lindsey y Pete —y millones de personas con dislexia como ellos— son buenos en lo que hacen, no a pesar de sus diferencias de procesamiento disléxico, sino gracias a ellas.

Esta afirmación suele provocar sorpresa y un torrente de preguntas: «¿Buenos por su dislexia? ¿No es la dislexia un trastorno relacionado con el aprendizaje? ¿Cómo es posible que un trastorno del aprendizaje pueda lograr que la gente sea buena en algo?».

La respuesta es que un trastorno del aprendizaje no puede lograrlo, si fuera sólo un trastorno del aprendizaje. Pero ése es precisamente nuestro argumento y el mensaje clave de este libro. La dislexia, o el *estilo de procesamiento disléxico*, no es sólo una barrera para aprender a leer o a escribir: es también un reflejo de un modelo totalmente diferente de organización cerebral y de procesamiento de la información, un modelo que predispone a la persona a tener importantes capacidades, que se acompañan de las dificultades bien conocidas. Esta doble naturaleza es lo que hace que la dislexia sea algo tan sorprendente, y confuso a la vez. También es lo que hace que las personas con dislexia puedan parecer tan diferentes, en función de la perspectiva que utilicemos para mirarlas. Observemos primero a las personas con dislexia cuando leen o escriben o realizan otras actividades relacionadas con el lenguaje o el aprendizaje. Desde esta perspectiva parecen tener un trastorno de aprendizaje, y con respecto a estas actividades claramente lo tienen. Ahora observemos a estas mismas personas cuando realizan cualquier otra cosa, concretamente aquellas cosas en las que destacan y con las que disfrutan. Desde esta nueva perspectiva, no sólo desaparece su discapacidad, sino que a menudo resultan significativamente dotadas y especialmente aventajadas.

Esta aparente ventaja no es sólo un truco de la percepción, como si sus fuerzas parecieran mayores únicamente por el contraste con sus debilidades. En realidad, existen pruebas que respaldan la existencia de una *ventaja disléxica*. Como demostraremos en este libro, muchos estudios han mostrado que el porcentaje de profesionales disléxicos en campos como ingeniería, arte y empresariado es dos veces mayor al porcentaje de personas disléxicas en la población general. Las personas con dislexia se encuentran igualmente entre las más eminentes y creativas en una amplia variedad de campos, como el empresario Richard Branson, el compositor y cantante John Lennon, el paleontólogo Jack Horner, el pionero en servicios financieros Charles Schwab, el inventor Dean Kamen, el arquitecto Richard Rogers, el abogado David Boies, el novelista Vince Flynn, el pionero informático Bill Hewlett, el actor Anthony Hopkins, el pintor Chuck Close, el pionero en teléfonos móviles Craig McCaw y el realizador Bryan Singer.

Significativamente, el vínculo entre el procesamiento disléxico y las capacidades especiales no sólo es visible entre personas que han alcanzado grandes metas. Basta hacer una prueba con un sencillo experimento. La próxima vez que te cruces con un diseñador inusualmente bueno o un paisajista, mecánico, electricista, carpintero, fontanero, radiólogo, cirujano, ortodoncista, propietario de una empresa pequeña, diseñador gráfico o de software informático, trabajador de redes informáticas, fotógrafo, artista, capitán de barco, piloto de avión o un miembro cualificado de alguno de los innumerables campos «relacionados con la dislexia» que abordaremos en este libro, pregunta si esa persona o cualquiera en su familia más cercana es disléxica o si ha tenido problemas para aprender a leer, escribir o deletrear. Te apostamos lo que sea a que esa persona responde afirmativamente, porque en verdad la relación es muy fuerte. En efecto, muchos de los más importantes expertos en el campo de la dislexia han destacado el vínculo existente entre dislexia y talento.

Ahora bien, ¿estas relaciones serían posibles si la dislexia fuera sólo un trastorno de aprendizaje? La respuesta es, claramente, no, por lo que la dislexia debe tener dos facetas. Aunque el procesamiento disléxico genera unas dificultades con algunas capacidades académicas, estas dificultades son sólo un punto en un paisaje mucho mayor. Como describiremos en este libro, el procesamiento disléxico predispone, asimismo, a las personas a unas capacidades importantes en numerosas funciones mentales, entre las cuales destacan:

- Razonamiento espacial tridimensional y habilidad mecánica.
- Capacidad para percibir relaciones como analogías, metáforas, paradojas, similitudes, diferencias, implicaciones, lagunas y desequilibrios.
- Capacidad para recordar importantes experiencias personales y para comprender la información abstracta en términos de ejemplos específicos.
- Capacidad para percibir y aprovechar modelos sutiles en sistemas complejos y de cambio constante o en conjuntos de datos.

Aunque la naturaleza y el alcance precisos de estas capacidades varíe en función de la persona, existen suficientes similitudes entre estas ventajas como para conformar un conjunto relacionado reconocible, que puede definirse legítimamente como *capacidades relacionadas con la dislexia* o una *ventaja disléxica*. En definitiva, de esto trata este libro: las extraordinarias capacidades que tienen en común las personas con dislexia, capacidades que parecen proceder de las mismas variaciones en la estructura, la función y el desarrollo del cerebro que originan las dificultades disléxicas para leer y escribir, para el lenguaje y el aprendizaje.

En este libro abordaremos una revisión radical del concepto de dislexia: una «revolución copernicana» que sitúa las capacidades, en lugar de las discapacidades, en el centro de nuestras ideas sobre lo que significa ser una persona con dislexia. Esta perspectiva debería cambiar no sólo nuestra manera de pensar con respecto a la dislexia, sino también nuestra manera de educar, emplear y enseñar a las personas con dislexia a entender cuáles son sus pensamientos y sentimientos sobre sí mismas, sus capacidades y su futuro.

Hemos de comprender que no estamos intentando restar importancia a las dificultades que las personas con dislexia puedan experimentar ni minimizar su necesidad de una intervención de aprendizaje rápida y profunda. Estamos sencillamente intentando ampliar la visión del procesamiento disléxico, para que englobe tanto las dificultades a las que se enfrentan las personas con dislexia como las habilidades que habitualmente demuestran. Esta amplia perspectiva puede ilustrarse utilizando la siguiente analogía.

El descubrimiento de una herramienta

Imagínate viviendo en una isla remota y sin haber tenido nunca contacto con personas o con productos del mundo exterior. Una mañana, mientras caminas por la playa, descubres un tubo cilíndrico brillante enterrado en la arena. Lo sujetas, lo limpias y lo examinas. Con gran entusiasmo comprendes que es un producto de diseño humano, pero qué es o para qué sirve es algo que no puedes decidir en el momento.

Al inspeccionar el tubo descubres que tiene una longitud aproximada a la de tu brazo y que su peso es equivalente al de una piedra del tamaño de un puño. Es ligeramente afilado, de manera que un extremo circular es casi el doble de ancho que el otro. Al girar el tubo para inspeccionar su extremo más ancho, percibes que la luz brilla en ese punto con una intensidad especial. Al acercar este extremo a tu ojo, descubres que la luz no sólo rebota desde el extremo del tubo, sino que brilla desde ese punto y alrededor. Al estudiar más de cerca esta zona más ancha de la piedra y, tras un momento para ajustar la visión, empiezas a ver una imagen familiar, pero transformada maravillosamente: es una delicada y bella miniatura de la playa que se extiende frente a ti. Con asombro y sobrecogimiento comprendes lo que has descubierto: ¡un objeto extraordinario para hacer que las cosas parezcan pequeñas!

Bueno, sí y no...

Al igual que un telescopio, el concepto de dislexia es una invención humana: y al igual que un telescopio, puede ampliar y aclarar nuestra visión de las personas que tienen problemas con la lectura y la escritura o, si se utiliza «al revés, de manera equivocada», puede limitar la visión que tenemos de estas personas. Por desgracia, este «efecto reductor» es lo que creemos que ha ocurrido con la forma en que se ha utilizado el concepto de dislexia.

Cómo se convirtió la «visión limitada» en visión principal

Sorprendentemente, teniendo en cuenta el planteamiento común conocido sobre la dislexia,[2] la primera descripción clara de una persona con dislexia apareció en la literatura médica aproximadamente hace un siglo. En 1896, un oftalmólogo inglés, W. Pringle Morgan, describió a un chico de catorce años llamado Percy, el cual, a pesar de los «esfuerzos realizados durante siete años para enseñarle a leer», podía leer y escribir sólo a un nivel básico, aunque sus profesores opinaban que era «el chico más inteligente del colegio».[3]

Con este caso se desarrolló por primera vez el concepto de dislexia: la idea de que existe un grupo diferente de personas que, aun siendo muy inteligentes, aprenden y procesan un determinado tipo de información de manera muy distinta a sus compañeros no disléxicos. Históricamente, las características de procesamiento que suelen estar más relacionadas con la dislexia son las dificultades con la lectura y la escritura, aunque, como veremos más adelante, en las personas con dislexia existen otros problemas comunes con el lenguaje y el aprendizaje.

Si bien el desarrollo de este concepto ha sido enormemente útil, creemos que su verdadero valor nunca se ha comprendido realmente,

---

2. La investigación actual sugiere que hasta un 20 % de los residentes en Estados Unidos pueden considerarse disléxicos. Véase, por ejemplo, S. E. Shaywitz, *Overcoming Dyslexia* (Nueva York: Alfred A. Knopf, 2003).
3. Morgan, W. P., «A case of congenital word-blindness», *British Medical Journal* 2 (1896): 1378.

como el telescopio de nuestro ejemplo, y hay una pregunta esencial que se ha pasado por alto: ¿Cómo debería utilizarse este «telescopio»? ¿Debería utilizarse como una herramienta para limitar nuestra visión únicamente a la lectura y la escritura, el lenguaje y las dificultades de aprendizaje? ¿O debería «dársele la vuelta», para que podamos ver todas las características de procesamiento y aprendizaje de este sorprendente grupo de personas: no sólo en cuanto a la lectura, la escritura y el lenguaje, sino en todas sus actividades –sus ventajas y sus desventajas– y en todo su tiempo de vida?

Puesto que esta pregunta lleva mucho tiempo sin respuesta, las dificultades relacionadas con la lectura y la escritura, el lenguaje y otros aspectos del aprendizaje han constituido, de forma casi exclusiva, el foco de atención de la investigación y la educación sobre la dislexia. Por ello, la «dislexia» se ha convertido fundamentalmente en un sinónimo de estas dificultades. Esta perspectiva se refleja en las definiciones actuales de dislexia. En Estados Unidos, la definición más utilizada fue desarrollada por el National Institute of Child Health and Development (NICHD) y adoptada posteriormente por la International Dyslexia Association (IDA). Dice así:

> La dislexia es una discapacidad específica del aprendizaje que tiene un origen neurológico. Se caracteriza por la existencia de unas dificultades en el reconocimiento preciso y/o fluido de una palabra y por unas capacidades deficientes en la ortografía y el desciframiento. Estas dificultades se derivan generalmente de un déficit en el componente fonológico del lenguaje, a menudo inesperado en relación con otras capacidades cognitivas y la enseñanza efectiva en una clase. Las consecuencias secundarias pueden incluir problemas en la comprensión de la lectura y una limitación en la experiencia de la lectura, que pueden impedir el desarrollo del vocabulario y del conocimiento.

Según nuestra analogía del telescopio, ésta es claramente una perspectiva «reductora», puesto que limita nuestra visión del procesamiento disléxico a las dificultades experimentadas por las personas con dislexia, y no hace ningún esfuerzo por ampliar nuestra visión de sus capacidades o habilidades. Desde esta perspectiva la dislexia sólo es:

- una *discapacidad de aprendizaje*
- caracterizada por *dificultades*
- resultado de unos *déficits*
- que producen *consecuencias secundarias*
- e *impedimentos* adicionales

¡No es de extrañar que la gente tenga una visión tan negativa de la dislexia!

Pero ¿existe realmente algún motivo para creer que esta definición nos dice todo lo que necesitamos saber sobre las personas con dislexia? En una palabra: no. La costumbre nos ha llevado a asumir que el primer uso que descubrimos de este «telescopio» es el único posible, y sólo la costumbre nos impide descubrir otros usos, incluso mejores.

Básicamente, hemos reconocido el fenómeno de la dislexia, pero se nos ha escapado su significado, como los arqueólogos que han descubierto una puerta amplia y elaboradamente tallada, pero al estar tan absortos en su estudio no se han dado cuenta de que una magnífica ciudad permanece enterrada en algún lugar cercano. Al haber reconocido primero la dislexia como un trastorno del aprendizaje, y no como una *forma de aprendizaje* o de *procesamiento*, no hemos prestado atención a si el procesamiento disléxico podría crear igualmente talentos y habilidades. Sin embargo, como mostraremos en el siguiente capítulo, los talentos y los beneficios relacionados con el procesamiento disléxico se pueden observar con facilidad, una vez que reconozcamos que la dislexia puede contemplarse desde dos perspectivas diferentes.

CAPÍTULO 2

La dislexia vista desde dos perspectivas diferentes

Con el fin de demostrar la enorme diferencia que se produce cuando la dislexia se observa desde estas dos perspectivas diferentes, nos gustaría presentarte a una familia que hemos tenido el privilegio de conocer durante nuestro trabajo.

Primero conocimos a Kristen, cuando hablamos con un grupo de padres sobre las dificultades que encontramos a menudo en los niños más brillantes. Tras nuestra presentación, Kristen se acercó a nosotros y nos habló de su hijo. Christopher estaba en tercero de primaria y recientemente había mostrado unas lagunas importantes de rendimiento en las diferentes pruebas utilizadas para medir el coeficiente intelectual (CI). Aunque había obtenido una buena puntuación en las pruebas que valoraban el razonamiento verbal y espacial, su rendimiento era menor en las que valoraban la velocidad de procesamiento y la memoria de trabajo (o el «espacio mental en el escritorio», que mencionaremos más adelante). Kristen quería saber si le podíamos contar algo sobre los niños que muestran ese patrón.

Le contamos que encontrábamos a menudo este patrón en jóvenes brillantes, a los que cariñosamente apodábamos nuestros «jóvenes ingenieros». Aunque muchos de estos jóvenes muestran un fuerte interés por los asuntos verbales, como la historia, la mitología, la literatura fantástica, los juegos de rol (incluida la creación de juegos), leer o escuchar mientras alguien lee, e incluso la narración o la creación de mundos imaginarios, suelen mostrarse particularmente interesados en actividades mecánicas o espaciales, como construir, diseñar, todo lo relacionado con el arte, inventar, la electrónica, la informática y las ciencias. Le dijimos que muchos de estos chicos tienen problemas con la escritura, la expresión escrita, la ortografía e inicialmente con la lectura (sobre todo con la fluidez de la lectura oral). A menudo estos jóvenes son lectores persistentemente lentos, y un número más reducido muestra problemas con la expresión del lenguaje oral, como la recuperación de las palabras, o tienen dificultad en trasladar sus pensamientos a palabras. Muchos de ellos tienen una clara historia familiar de dislexia o muchos parientes que han sobresalido de adultos en ocupaciones que requieren habilidades espaciales, mecánicas o capacidades matemáticas más altas.

Al principio, Kristen pareció sorprendida por nuestras observaciones, incluso aturdida, y nos preguntamos si habíamos errado el tiro. Pero cuando terminamos de hablar, ella sonrió y nos dijo: «Voy a contarles algo de mi familia…».

Una familia disléxica: La perspectiva limitada

Christopher, mostró sus primeros problemas relacionados con la dislexia muy pronto en su desarrollo. Al igual que muchos niños disléxicos, tardó en empezar a hablar (sus primeras palabras llegaron al cumplir dos años) y era lento al combinar palabras para formar frases. Siendo preescolar, su discurso era poco claro, en general, y se esforzaba por encontrar palabras que pudieran expresar sus pensamientos. A menudo pronunciaba mal las palabras y confundía palabras de sonido similar, como *polish* y *punish*. A pesar de haber podido identificar los números de cero a diez antes de su segundo cumpleaños, Christopher no pudo leer las letras de su nombre hasta cumplir los cinco años. En el colegio era mucho más lento aprendiendo a leer y a escribir que el resto de sus compañeros, y tenía también una gran dificultad para memorizar operaciones matemáticas, a pesar de tener una buena comprensión de conceptos numéricos y de razonamientos matemáticos.

Christopher se sometió a unas pruebas especiales y acudió a diferentes especialistas del aprendizaje, los cuales le ayudaron con la lectura, la escritura, la articulación del discurso y la recuperación de las palabras. Actualmente está en cuarto de primaria y, aunque su lectura ha mejorado, sigue enfrentándose a una producción lenta en el trabajo escrito, a una escritura desordenada y a problemas con la ortografía.

También Kristen mostró muchas señales de dislexia a una edad muy temprana. Tardó mucho en aprender a leer y, según sus padres, en cuarto de primaria seguía teniendo problemas con el desciframiento fonético básico. Al igual que Christopher, a menudo sustituía palabras (como *peaches* por *pears*), le costaba trasladar sus pensamientos a la escritura y escribía muy mal. Kristen tenía también una mala memoria para secuencias orales o auditivas, como números de teléfono o deletrear palabras, y se esforzaba por dominar unos conceptos verbales abstractos que apenas podía comprender.

Kristen recordó que durante sus primeros años en el colegio se «aburría inmensamente» y «no podía soportar el trabajo de clase». Le resultaba particularmente difícil escuchar charlas sobre temas abstractos. Durante gran parte de la secundaria y al comenzar el bachillerato sus notas fueron bajas, e incluso estuvo a punto de suspender. Entonces comprendió finalmente que el tiempo volaba y que «si quería llegar a algún sitio en la vida» tenía que ir a la universidad; así que se puso a estudiar con ahínco y logró subir sus notas lo suficiente como para lograr entrar en una universidad estatal.

Kristen al principio pensó en especializarse en sociología o psicología, puesto que eran los temas que le parecían más interesantes; pero enseguida se dijo: «Si tengo que leer o escribir para obtener mi titulación, no lo conseguiré». De manera que, en su lugar, se especializó en diseño interior y, tras obtener su título, empezó a trabajar para una importante empresa de diseño.

El padre de Kristen, James, no recuerda haber tenido dificultades inusuales de aprendizaje para leer siendo estudiante de primaria, en los años treinta. Sin embargo, durante toda su vida ha mostrado una discrepancia persistente entre su elevada capacidad intelectual y su dificultad para aprender a partir de textos, lo cual es característico en las personas con una dislexia parcialmente compensada. Siempre ha sido un lector lento, no ha leído por placer y, según su familia, logró aprobar en el bachillerato y en la facultad en gran parte gracias a su amor de juventud –que es su mujer desde hace casi sesenta años– Barbara, quien le ayudó con el trabajo de lectura durante el curso. Aún hoy le sigue ayudando con la lectura de asuntos relacionados con la empresa.

La caligrafía, la escritura y la expresión escrita fueron problemáticas para James durante toda su formación académica, y siguen siendo difíciles para él actualmente. Kristen recuerda con cariño una ocasión en que hizo un comedor imaginario de una caja de cartón y le pidió a su padre ayuda para deletrear la palabra *restaurante* encima de la puerta. Él se puso a pensar y luego dijo: «Deberías llamarlo *café*, es una palabra mucho más bonita». James tenía problemas también para recordar operaciones matemáticas, como tablas de tiempos (un problema que nunca ha logrado superar del todo), ecuaciones matemáticas y algunas normas y procedimientos; le costaba tomar apuntes durante las clases, entender los conceptos verbales (sobre todo abstractos), aprender un idioma extranjero, cambiar la atención de un tema a otro, tal y como se hace en el colegio (a pesar de lograr mantener la atención para sus actividades favoritas) y fingir interés en casi todo lo que enseñaban en el colegio, con la excepción de sus cursos avanzados de ciencia.

Ésta es la visión limitada de Christopher, Kristen y James que aparece cuando nos centramos exclusivamente en sus dificultades relacionadas con la dislexia. Ahora veamos cómo aparecen estas mismas dificultades cuando ampliamos nuestro foco de atención, y nos detenemos, en cambio, en sus fuerzas.

Una familia disléxica: Una segunda ojeada

A los nueve años, Christopher muestra muchos de los talentos y habilidades característicos de las personas con dislexia. En primer lugar, unas significativas capacidades espaciales tridimensionales, que se han manifestado de distintas maneras desde una edad muy temprana. Por ejemplo, cuando Christopher tenía sólo tres años, su familia se encontraba en un gran hotel, que se había formado al combinar unas estructuras más viejas y muy diferentes con un complejo enorme. Tras registrarse en recepción, la familia caminó durante unos minutos por un confuso laberinto de pasillos hasta llegar a su habitación. Una vez allí, dejaron sus maletas y salieron de nuevo para ir a cenar. Cuando volvieron al hotel, varias horas después, Christopher les anunció que les llevaría a su habitación. Ante la sorpresa de sus padres, lo hizo sin titubear y sin equivocarse.

Las capacidades espaciales de Christopher se han manifestado en su persistente amor por la construcción. Aunque disfruta utilizando cualquier material de construcción, el LEGO es su favorito, y a menudo se pasa horas utilizando sus piezas para construir diseños complejos y únicos en una habitación de su casa destinada exclusivamente a este fin. También siente un apasionado interés por las ciencias y por el funcionamiento de las cosas.

Christopher muestra asimismo unas fuerzas verbales impresionantes, a pesar de algunas dificultades persistentes en el lenguaje focal. Siempre le han gustado las historias e, incluso antes de poder hablar, escuchaba absorto la lectura de cuentos largos, como *El conejo de peluche*. Ahora que sus capacidades de lectura han mejorado, se ha convertido en un lector voraz y lee por entretenimiento y para obtener información. A pesar de sus dificultades con la comunicación verbal, los ítems verbales de Christopher fueron de las mejores en su prueba de coeficiente intelectual.

Kristen parece también diferente cuando la vemos desde esta perspectiva «más amplia». Aunque su carrera escolar estuvo marcada por la dificultad de recordar muchos tipos de hechos verbales abstractos, la memoria de Kristen es significativamente buena en otros sentidos. Al «teclear» números mentalmente en un teclado imaginario, Kristen recuerda una larga lista de números de teléfono, incluidos los de sitios en los que ha trabajado o vivido y los números de amigos de su infancia.

Además, Kristen, al igual que Christopher, posee un gran sentido espacial y puede orientarse con rapidez por entornos nuevos y no olvidarse de ellos. Posee asimismo una memoria visual estupenda para gente y lugares de su pasado, y aún puede «ver» con facilidad dónde se sentaba en las clases del colegio cuando era pequeña, la ropa que llevaban todos puesta y la decoración de las paredes de su clase.

Muchos de los recuerdos de Kristen –quizás la mayoría– tienen un fuerte elemento contextual, personal o «episódico», que implica elementos de una experiencia pasada. Kristen experimenta estos recuerdos como escenas dramáticas que se desarrollan en su mente. Reflejan información de dónde encontró por primera vez cada hecho, objeto, persona, moda, canción u otros objetos recordados, incluso con quién estaba, qué vio o escuchó y cómo se sintió. Tiene igualmente una experiencia sensorial envolvente similar con sonidos, colores, sensaciones táctiles y emociones al leer o escuchar historias. Como veremos en capítulos posteriores, este tipo de memoria episódica *vívida* es muy común en personas con dislexia, y está acompañada a menudo de debilidades en la memoria verbal o *semántica*.

Como en muchos de los alumnos con importantes fuerzas «personales» con los que hemos trabajado, Kristen también siente que el aprendizaje es un acto muy personal, casi íntimo. Durante sus años en el colegio, esto hizo que el aprendizaje dependiera en gran medida de su relación con los profesores y de su interés en las materias del curso.

Aunque la capacidad de memoria de Kristen es impresionante, esto no le ayudó demasiado con su trabajo escolar, a pesar de que, de haber canalizado este trabajo adecuadamente, podría haberlo hecho. En cambio, su recuerdo vívido de experiencias personales creó a menudo una tendencia importante a fantasear. Por ello sus maestros necesitaban un estímulo «exterior» para lograr captar su atención.

Sin embargo, a la larga, estos rasgos cognitivos se convirtieron en la base del éxito profesional de Kristen. Tras acabar la universidad, empezó a trabajar para una empresa que diseñaba y amueblaba espacios para oficinas. Enseguida se convirtió en una de las representantes de ventas y diseño más productivas a nivel nacional. Kristen atribuye gran parte de su éxito profesional a su capacidad de memoria personal y espacial, que le permite imaginar cómo quedarán los espacios interiores después de experimentar varios cambios. Considera también que su energía inagotable, su impulso y su aversión al trabajo de escritorio –todo ello hacía que para ella fuera muy difícil estar sentada cada día en el colegio– son factores que se ajustan a la perfección a un trabajo que requiere visitas a lugares de construcción, salas de exposiciones de los proveedores, oficinas de clientes y frecuentes llamadas telefónicas para resolver problemas.

El padre de Kristen, James, descubrió también que muchas de las características cognitivas que le preocupaban en el colegio se convirtieron en factores clave para lograr el éxito en el mundo laboral. Aunque dentro de la clase mostró pocas señales prometedoras, fuera demostró tener, de manera significativa, una mente precoz y brillante. A los seis años construyó su primer barco controlado por radio, con un diseño que incluía un compartimento especial para llevar su almuerzo. Pasó mucho tiempo «apartando cosas» para ver cómo funcionaban, y su interés por la electrónica se despertó cuando un electricista visitó su casa para instalar un horno nuevo y dedicó un tiempo a enseñarle sus herramientas y técnicas.

James desarrolló asimismo un interés por el magnetismo. Siendo estudiante durante la Segunda Guerra Mundial, se transportaron decenas de cubos de arena al colegio para garantizar la seguridad en caso de incendio. James demostró que la arena estaba llena de acero al deslizar un imán por los cubos. En lugar de fomentar su interés por la ciencia experimental, James recibió una regañina por «jugar» con la arena.

En el cuarto curso de secundaria, James encontró finalmente un profesor que pudo responder a sus perspicaces preguntas y que fue capaz de orientarle hacia nuevas y más profundas áreas de interés. La química y la física se convirtieron en pasiones especiales, y disfrutaba al tener un profesor que veía en él a una persona especialmente prometedora. Como respuesta a esta actitud, James no sólo finalizó toda la lectura necesaria para su curso, sino que se esforzó por leer otros libros más avanzados. Fuera del colegio, reforzó su conocimiento de la electrónica trabajando para su amigo el electricista. Durante el verano, después de su primer año de bachillerato, James puso a trabajar su conocimiento, construyendo una estación de radio AM de tipo comercial, que vendió a un empresario local.

Tras lograr su título de física en Reed College, James empezó a trabajar para el Battelle Memorial Research Institute, en Richland, Washington. Allí destacó por ser un inventor creativo y de talento. Recibió su primera patente por un soldador de haces electrónicos, luego siguió con una estable carrera de inventos que creaba para resolver problemas de los clientes.

Sin embargo, el invento más famoso de James no tuvo su origen en un problema planteado por un cliente, sino en uno propio. A James siempre le había gustado la música clásica, y le encantaba escuchar sus discos favoritos una y otra vez. Si nos remontamos a la época en que toda su música estaba almacenada en discos LP, se volvía loco con el ruido, los arañazos y los saltos que se producían cuando reproducía sin parar sus discos favoritos. Al intentar eliminar el desgaste generado por el contacto físico repetido entre la aguja y los surcos de un disco de vinilo, James imaginó un sistema en el que un lector óptico pudiera detectar la información digital incorporada en una pequeña placa, con la que nunca tuviera contacto físico. En los siguientes años, James inventó los siete componentes que juntos se convirtieron en el sistema de disco compacto. El impacto de su invento sobre el almacenamiento y la recuperación de datos —no sólo para música, sino para todo tipo de información— ha sido enorme. En efecto, encontrarás el sistema de disco compacto de James T. Russel en muchas listas de los inventos más importantes del siglo xx.

Ahora, ya casi con ochenta años, James sigue siendo un inventor activo. Tiene casi sesenta patentes a su nombre en Estados Unidos y cuatro más actualmente en curso. Sigue trabajando nueve horas diarias en el laboratorio que construyó en su casa y confía en que sus mejores inventos están aún por llegar.

Dislexia y talento: Una relación esencial

Las vidas de James, Kristen y Christopher —aun siendo únicas— muestran muchas de las características que observamos habitualmente en personas con estilos de procesamiento disléxico. En efecto, ver estos patrones repetidos en las familias disléxicas con las que trabajamos nos convenció que algunas «fuerzas» forman parte del perfil disléxico de la misma manera que lo hacen los problemas en la lectura y la ortografía.

No estamos diciendo sólo que las personas con dislexia puedan tener talentos a pesar de su dislexia, como Lance Armstrong, que superó su cáncer hasta ganar siete veces el Tour de Francia; o Franklin D. Roosevelt, que superó la polio y se convirtió en presidente de Estados Unidos. Estamos diciendo que algunos talentos forman parte del procesamiento disléxico de la misma manera que lo hacen sus problemas tan conocidos, que las fuerzas y las dificultades son sencillamente dos caras de la misma moneda neurológica.

Podemos explicar el aspecto de esta conexión utilizando un ejemplo del béisbol. Veamos a los siguientes jugadores:

Barry Bonds	Hank Aaron	Babe Ruth
Willie Mays	Ken Griffey, Jr.	Sammy Sosa
Frank Robinson	Mark McGwire	Alex Rodriguez
Harmon Killebrew	Rafael Palmiero	Reggie Jackson
Jim Thome	Mike Schmidt	Manny Ramirez
Mickey Mantle	Jimmie Foxx	Frank Thomas
Willie McCovey		

Los entendidos en béisbol reconocerán al menos algunos de estos nombres y los auténticos aficionados los reconocerán todos. Éstas son algunas de las estrellas más importantes de este juego. Por consiguiente, nos puede sorprender descubrir que otra cosa que tienen en común es que ¡todos ellos figuran entre los cien primeros «líderes» de todos los tiempos en realizar *strikeouts* al batear!

Ésta parece una distinción bastante desafortunada, ya que un *strikeout* es, sin duda, un tipo de error, como escribir mal una palabra o leer mal una frase o escribir de forma ilegible. Si lo único que sabíamos de estos jugadores es que han realizado más *strikeouts* que el resto de bateadores en la historia de la *major league*, probablemente concluiremos que son jugadores de poca importancia. Incluso podríamos concluir que tenían en común algún tipo de incapacidad para batear, como un «síndrome disfuncional de bateo» o un «trastorno deficitario de contacto».

Sin embargo, una cosa es cierta: si no sabíamos también que estos jugadores figuran entre los diecinueve primeros bateadores de *home runs* de todos los tiempos, tendremos una impresión muy incompleta, y claramente desfigurada, de su valor y de su capacidad como jugadores. Aunque un *strikeout* evidentemente es algo no deseado, al observar el contexto del juego en su conjunto descubrimos que incluso los mejores jugadores realizan muchos *strikeouts* si hacen un *swing* lo suficientemente bueno como para batear muchos *home runs*. Como evitar *strikeouts* no es tan importante en béisbol como puntuar *runs* —algo que estos bateadores de béisbol lograban hacer realmente bien—, la lista de líderes en *strikeouts* se convierte, de manera bastante sorprendente, en una lista donde figuran algunos de los mejores ganadores del béisbol, no de sus perdedores.

Esta relación entre *home runs* y *strikeouts* es muy parecida a la relación existente entre las ventajas y los problemas derivados de la dislexia. Los «*home runs*» que los cerebros disléxicos han estructurado para «batear» no son una lectura y una escritura perfectas, sino habilidades en otro tipo de procesamiento complejo que trataremos a lo largo de este libro. Y es precisamente gracias a que los cerebros disléxicos han sido organizados para hacer posibles estos «*home runs*» que también corren un alto riesgo de «*strikeout*» al intentar descifrar o deletrear las palabras. Las debilidades, sencillamente, son la otra cara de las fuerzas.

Este libro trata el tema de descubrir estas fuerzas y de cómo pueden utilizarse para ayudar a las personas con dislexia a disfrutar del éxito en clase y en el lugar de trabajo. Empezaremos nuestra búsqueda de estas ventajas en la segunda parte, en la que estudiaremos cómo se ha enseñado a los cerebros disléxicos a distinguirse de los no disléxicos, tanto en su forma de trabajar como en su estructura. Veremos que estas diferencias no son sólo responsables de las dificultades relacionadas con la dislexia, sino que son también la fuente de importantes ventajas.

PARTE II

En qué difieren
los cerebros disléxicos

CAPÍTULO 3

Diferencias en el procesamiento de la información

Antes de tratar algunas de las diferencias clave entre los cerebros disléxicos y los no disléxicos, vale la pena detenerse un momento a estudiar los comportamientos o los «síntomas» asociados a la dislexia que estas diferencias pretenden explicar. Empezaremos enumerando las dificultades relacionadas con la dislexia, puesto que éste es el tema en el que suelen centrarse los expertos.

Las primeras dificultades que muestran muchos niños con dislexia se refieren al lenguaje. Algunos disléxicos tardan en hablar. Otros alteran, omiten o cambian partes de la palabra (por ejemplo, *berlapse/relax*, *wold/world*, *pasghetti/spaghetti*) o incluso inventan sus propias palabras para definir cosas. Las personas disléxicas tienen dificultad a menudo para recuperar las palabras de su memoria, y pueden ser lentas en el uso de los tiempos, casos, pronombres u otras normas gramaticales.

En la educación infantil o en los primeros años de primaria, los niños disléxicos suelen tener dificultades para percibir las rimas y a muchos les cuesta aprender a dividir las palabras en sus sonidos componentes (por ejemplo, *c-a-t*) o aprender los nombres y los sonidos de las diferentes letras. Desde muy temprano en el colegio, la mayoría de los niños disléxicos, aunque no todos, mostrarán dificultades obvias con la lectura y la ortografía. (Algunos, a los que hemos llamado en otro lugar *disléxicos sigilosos*, tienen problemas tan sutiles o «sigilosos» que pasan desapercibidos y sólo se detectan más adelante, por problemas con la escritura o por un bajo rendimiento en clase).[4]

Muchos estudiantes disléxicos muestran problemas de caligrafía y expresión escrita, aritmética básica y memorización de operaciones matemáticas, velocidad del procesamiento, coordinación motora, escuchan mal y les cuesta entender lo que oyen con ruido de fondo, tienen problemas de funcionamiento visual para el trabajo de cerca, para seguir indicaciones, guardar la información en su mente (memoria de trabajo), dominar procedimientos, planificar y organizar, detectar errores, percibir el tiempo y su ritmo, realizar secuencias y para el enfoque y la atención mental. Las personas con dislexia pueden mostrar asimismo una dificultad sutil en el aprendizaje de normas que describen el funcionamiento de las palabras al juntarlas en grupos (gramática y sintaxis). Estos problemas se reconocen sólo en los últimos años de primaria, cuando a los estudiantes se les exige expresar unas ideas más complejas y leer o escribir con frases de complejidad estructural.

Esta lista de dificultades puede dar la impresión de que las personas con dislexia se enfrentan a un conjunto de «problemas» diferentes. En realidad, todas estas conclusiones se pueden localizar en un pequeño número de variaciones en la estructura y el funcionamiento del cerebro. Debido a que estas variaciones ocurren en sistemas de procesamiento básico utilizados para muchas funciones diferentes, pueden originar una amplia variedad de «síntomas».[5] Para muchas personas con dislexia es posible que tan sólo unas pocas variaciones subyacentes sean las responsables de todos sus resultados relacionados con la dis-

---

4. B. L. Eide y F. Eide, *The Mislabeled Child: Looking Beyond Behavior to Find the True Sources –and Solutions– for Children's Learning Challenges* (Nueva York: Hyperion, 2006).

5. Esta tendencia a que unas variaciones individuales «ascendentes» provoquen una amplia variedad de efectos «descendentes» es habitual en los sistemas integrados. Por ejemplo, pensemos en el sistema eléctrico de nuestra casa, que afecta a cosas tan diferentes como la luz, la refrigeración, la cocina y el entretenimiento. Un cambio «ascendente» en la placa del circuito eléctrico podría generar «síntomas» en todas estas funciones «descendentes».

lexia. Esto es cierto incluso para muchas de las personas con dislexia que reciben múltiples diagnósticos, como dislexia «más» trastorno de déficit de atención, dispraxia, trastorno de coordinación en el desarrollo o trastorno de procesamiento auditivo.

En este capítulo y en el siguiente estudiaremos cuatro importantes variaciones en el cerebro que guardan relación con la dislexia. Examinaremos de qué manera estas variaciones en el funcionamiento o la estructura del cerebro pueden ser las responsables de las dificultades que hemos enumerado relacionadas con la dislexia, pero también de las ventajas disléxicas que trataremos en capítulos posteriores. Empecemos, en este capítulo, echando un vistazo a dos variaciones de procesamiento (o del *conocimiento*) de la información que guardan relación con la dislexia.

Procesamiento fonológico

El primer patrón que trataremos es una variación en el *sistema de procesamiento fonológico* (o de «sonido de la palabra»). Este sistema se utiliza para procesar fonemas, los componentes básicos del sonido en las palabras. En inglés existen aproximadamente cuarenta y cuatro fonemas y al igual que las letras de nuestro alfabeto se pueden juntar para formar palabras impresas, los fonemas se pueden juntar para formar todas las palabras habladas del inglés.

En los últimos treinta años muchos especialistas en la lectura han optado por utilizar la *teoría de impedimento fonológico* para explicar los problemas disléxicos de lectura y ortografía en el cerebro. Volvamos, por ejemplo, a la definición de dislexia citada en el capítulo 1, que afirma que las dificultades en la lectura y la ortografía relacionadas con la dislexia «se derivan generalmente de un déficit en el componente fonológico del lenguaje».

Existen buenas razones para creer que los impedimentos fonológicos desempeñan un papel fundamental a la hora de generar dificultades disléxicas de lectura y ortografía. Se han encontrado problemas con el procesamiento fonológico en al menos el 80 o el 90 % de las personas con dislexia, y éstos pueden contribuir sin duda a las dificultades mencionadas anteriormente en este capítulo. Se ha estudiado con profundidad el papel desempeñado por los impedimentos fonológicos en las dificultades de lectura y ortografía que muestran muchas personas con dislexia. Aunque trataremos este tema con mayor profundidad en el capítulo sobre la lectura, nos gustaría mencionar ahora algunos puntos clave.

El sistema de procesamiento fonológico desempeña un papel fundamental en el análisis y la manipulación de las estructuras sonoras de las palabras. Muchas de estas funciones son importantes para combinar los sonidos de las palabras y las letras utilizadas para representarlos, es decir, para dominar las normas de la fonética que subyacen en la descodificación (o la pronunciación de las palabras) y la codificación (o deletrear las palabras). Dos de las funciones más importantes de los procesos fonológicos (o *conocimiento fonológico*) que subyacen en estas capacidades son la *segmentación del sonido* (o la capacidad para dividir las palabras entrantes en sus componentes sonoros) y la *discriminación del sonido* (o la capacidad para distinguir los sonidos de las palabras entre sí). Muchas personas con dislexia tienen dificultades con alguna de estas funciones y, por ello, tienen problemas a la hora de dominar las capacidades básicas que subyacen en la lectura y la ortografía.

Aunque el procesamiento fonológico implica un procesamiento del lenguaje de bajo nivel o de mínimo detalle —es decir, el procesamiento de los componentes más básicos del lenguaje— forma los cimientos de toda la estructura del lenguaje y sirve de apoyo para gran parte de las funciones superiores del lenguaje. Por este motivo, los problemas graves con el procesamiento fonológico pueden generar dificultades en todos los niveles del lenguaje, como en el dominio del significado de las palabras, en el aprendizaje relativo a cómo interactúan las palabras utilizadas en grupos (es decir, la gramática y la sintaxis) y en la comprensión de cómo funcionan juntas las palabras para formar mensajes «en un discurso», como párrafos o ensayos. Cuando los problemas de orden superior derivados de impedimentos fonológicos son graves, se denominan «impedimentos específicos del lenguaje», pero el proceso subyacente sigue siendo el mismo.

El sistema de procesamiento fonológico desempeña, asimismo, un papel importante en muchas funciones relacionadas con la atención, incluida la memoria de trabajo y el funcionamiento ejecutivo. La *memoria de trabajo* es el tipo de memoria de corto a medio plazo que nos ayuda a «guardar las cosas en la mente» para el procesamiento activo consciente, muy parecido a lo que ocurre con la memoria de acceso aleatorio o la memoria RAM de tu ordenador. El sistema de procesamiento fonológico forma un *bucle fonológico* (o seguimiento de memoria a corto plazo) que mantiene viva la información verbal y auditiva en una memoria de trabajo activa hasta que pueda ser procesada, organizada y utilizada.

Cuando la memoria de trabajo verbal y auditiva está limitada (o tiene un arco funcional demasiado corto), el cerebro no llega a terminar todo el procesamiento que necesita realizar antes de que desaparezca este «seguimiento de discurso interno». El resultado es una *sobrecarga de la memoria de trabajo*, que genera unos síntomas, como un procedimiento impreciso del lenguaje, un aprendizaje más lento del lenguaje, unos problemas con la organización y la gestión de tareas y la aparición de una falta de atención al realizar un trabajo difícil. La sobrecarga de la memoria de trabajo se parece a lo que ocurre cuando intentamos que un programa de software de mucha memoria funcione en un ordenador con una memoria demasiado pequeña. Al principio, el programa funciona más lentamente; luego empieza a mostrar mensajes de error y, finalmente, se bloquea por completo.

Los problemas de sobrecarga de la memoria de trabajo son muy comunes en estudiantes disléxicos. Suelen aparecer por primera vez al comienzo de primaria, cuando se introducen tareas complejas, como leer, escribir y las matemáticas; se produce un nuevo pico hacia el final de primaria, cuando se hace hincapié en el estudio y la organización; luego generan otro pico de dificultades durante la secundaria y en el bachillerato, cuando las exigencias de lenguaje y organizativas se vuelven más complejas.

Significativamente, la memoria de trabajo desempeña asimismo un papel fundamental en otros aspectos de la atención de la «función ejecutiva», como organización, planificación, aplicación y supervisión de tareas. Por este motivo, cuando la memoria de trabajo se limita debido a problemas con el procesamiento fonológico, los estudiantes experimentan un sinfín de problemas relacionados con la atención. A menudo a los estudiantes se les diagnostica un TDAH de falta de atención.

Los problemas con el procesamiento fonológico suelen atribuirse a variaciones estructurales en el hemisferio izquierdo del cerebro, concretamente en las zonas del lenguaje del lóbulo temporal izquierdo. La naturaleza precisa de estas variaciones no se conoce bien. Algunos investigadores opinan que se generan a través de unas alteraciones en los procesos que tienen lugar muy temprano en el desarrollo, cuando las células del cerebro se organizan en redes funcionales. Debido a que las redes no se forman integrándose de manera correcta, se produce un impedimento en el procesamiento de la información fonológica.[6] Otros investigadores han propuesto que estos impedimentos se generan debido a unas dificultades en el aprendizaje de procedimientos basados en normas o a unas variaciones heredadas en la estructura de los circuitos del cerebro. Trataremos estas hipótesis con más detalle en el resto de este capítulo y en el siguiente.

Sin embargo, por el momento, centremos nuestra atención en la pregunta clave de si los impedimentos de procesamiento fonológico son capaces de generar por sí mismos todas las dificultades y las ventajas relacionadas con la dislexia. No tardaremos demasiado en ver que no son capaces. Por ejemplo, no existe una relación directa entre un procesamiento fonológico deficiente y unas dificultades comunes relacionadas con la dislexia, como los problemas con la coordinación de los dedos para la caligrafía, el control del movimiento de los ojos para la lectura o el control del músculo del habla para la articulación del discurso. Y lo que es más importante aún, los impedimentos del procesamiento fonológico no explican los tipos de ventajas disléxicas o las fuerzas de procesamiento relacionadas con la dislexia que vimos

---

6. S. Dehaene, *Reading in the Brain: The Science and Evolution of a Human Invention* (Nueva York: Viking, 2009) y M. Wolf, *Cómo aprendemos a leer: historia y ciencia del cerebro y la lectura* (Ediciones B, 2008).

en Kristen, Christopher y James, como sus importantes habilidades espaciales y mecánicas o sus capacidades para detectar relaciones inusuales.

Tienen que existir unas diferencias aún más fundamentales en los cerebros disléxicos que expliquen los problemas de procesamiento fonológico y los otros patrones de dificultades y fuerzas relacionados con la dislexia. Más adelante, en el capítulo 4, trataremos las tres variaciones restantes del cerebro relacionadas con la dislexia, cada una de las cuales intenta ofrecer una explicación del carácter más fundamental de estas diferencias.

Aprendizaje de procedimiento

La siguiente diferencia fundamental que es preciso tomar en consideración entre los cerebros disléxicos y los no disléxicos se refiere al *sistema de aprendizaje de procedimiento* y a la *memoria de procedimiento*.[7] Una de las expertas más destacadas en el aprendizaje de procedimiento y dislexia, la psicóloga inglesa Angela Fawcett, describió el aprendizaje de procedimiento y su relación con la dislexia de la siguiente manera: «El aprendizaje de procedimiento consiste en aprender *cómo* hacer algo y aprenderlo hasta que se vuelva automático, de manera que sepamos cómo hacerlo sin tener que pensar en ello. Este proceso de automatización, con normas y procedimientos complejos, resulta más difícil si eres disléxico».

Por lo menos, la mitad de las personas con dislexia tienen problemas significativos con el aprendizaje de procedimiento, y por ello son más lentas a la hora de dominar cualquier capacidad memorística, de procedimiento o basada en normas, que tendría que volverse automática con la práctica. Debido a que muchas capacidades académicas bá-

---

7. La otra rama importante del aprendizaje y la memoria se denomina *declarativa* y se refiere al aprendizaje de hechos sobre algo concreto. Trataremos la memoria declarativa con detalle en el capítulo 16.

sicas dependen en gran parte de procedimientos y normas, los problemas con el aprendizaje de procedimiento pueden generar muchas dificultades académicas, que a menudo se manifiestan con particular intensidad al comienzo de la escuela primaria.

Por ejemplo, muchas capacidades del lenguaje requieren una aplicación constante, rápida y sin esfuerzo de normas y procedimientos, como diferenciar entre sonidos de palabras, articular correctamente los sonidos de las palabras y pronunciar correctamente las palabras, dividir éstas en sonidos de componentes, conocer las normas de la fonética que subyacen en la lectura (descodificación) y la ortografía (codificación), reconocer rimas, reconocer cómo los cambios en las formas de las palabras pueden modificar los significados y las funciones de las palabras (morfología, por ejemplo, *run, ran, running, runner, runny*, etc.), interpretar cómo pueden afectar las diferencias en la organización de las frases y en el orden de las palabras al significado de la frase (sintaxis) y reconocer el estilo y la pragmática del lenguaje (los usos del lenguaje que implican importantes señales sociales).

Muchas otras capacidades académicas se basan asimismo en normas, tales como el aprendizaje de memoria (o automático) de operaciones matemáticas, fechas, títulos, términos o nombres de lugares; memorizar complicados procedimientos o normas para cosas como divisiones largas, llevar, tomar prestado o tratar con fracciones en matemáticas; secuencias, como el alfabeto, los días de la semana o los meses del año; usos de la escritura, como puntuación y mayúsculas; y normas motoras para la formación de letras siempre de la misma forma, al escribir a mano y al realizar la separación uniforme entre palabras.

Por último, las personas con dificultades de aprendizaje de procedimiento suelen tener problemas de aprendizaje con tan sólo observar e imitar a otros mientras realizan acciones completas y complejas, es decir, mediante un *aprendizaje implícito*. En cambio, aprenden mejor cuando las normas y los procedimientos se desglosan en pasos más pequeños, aprendidos más fácilmente y demostrados con claridad, un proceso conocido como *aprendizaje explícito*. Cuando comprendemos lo importante que es el aprendizaje de procedimiento para muchas acciones básicas, podemos entender por qué se ha pensado que las dificultades de aprendizaje de procedimiento pueden producir tantos problemas relacionados con la dislexia.

Debido a que las personas con dificultades en el aprendizaje de procedimiento tienen problemas en aprender a realizar las acciones basadas en normas de manera automática, deben realizar en cambio estas acciones utilizando una *compensación consciente*, o combinando el mantenimiento de la atención con una memoria de trabajo activa. La desventaja de este tipo de procesamiento de concentración alta es que los recursos de la memoria de trabajo pueden verse desbordados al realizar de manera consciente demasiadas partes de una tarea compleja (y no haber dominado aún las acciones básicas hasta que éstas sean totalmente automáticas). Puesto que las personas con problemas de memoria de procedimiento deben realizar muchas tareas utilizando un procesamiento consciente, suelen experimentar una sobrecarga de la memoria de trabajo, que ralentiza su funcionamiento y les hace cometer más errores que otros en tareas rutinarias.

Las personas con dificultades de aprendizaje de procedimiento tienden asimismo a necesitar muchas más repeticiones que otras para dominar unas capacidades complejas. La Dra. Fawcett explica: «Podemos enseñar a un niño disléxico cuáles son las normas, y parecerá que las ha entendido, pero entonces las normas vuelven a desaparecer. En realidad nos inventamos algo que llamamos la *norma de raíz cuadrada*, lo cual significa que la raíz cuadrada tarda *más tiempo* en aprender algo si eres disléxico que si no lo eres. En otras palabras, si un no disléxico tardó cuatro horas en aprender algo, un disléxico tardará el doble, y si tardó cien horas, tardará diez veces más. Así se puede ver la gran cantidad de trabajo extra que resulta necesaria para lograr que estos niños desarrollen habilidades similares a otros niños».

Las personas con dislexia y con dificultades de aprendizaje de procedimiento tienden, asimismo, a olvidar habilidades que parecían haber dominado más rápidamente que otros si no las practican. «Con frecuencia los profesores dirán: "Este niño parecía haber aprendido esto antes de las vacaciones, pero ahora que ha vuelto se ha olvidado de todo". Es importante que los profesores comprendan que esto no se debe a una falta de ética en el estudiante ni a una falta de esfuerzo, sino que realmente es algo que tiene que ver con los procesos básicos de aprendizaje. En realidad, el niño disléxico trabaja mucho más que cualquier otro niño, y esta dificultad en el aprendizaje y en recordar las normas genera una diferencia fundamental en el proceso de aprendizaje. Cuando comprendamos esto, nos daremos cuenta de que no es algo de lo que el niño debería avergonzarse, sino algo que debería aprender a manejar, utilizando unas estrategias específicas».

Desde un punto de vista neurológico, las dificultades de aprendizaje de procedimiento se relacionan a menudo con disfunciones en el cerebelo, una estructura pequeña y muy compacta en la zona trasera inferior del cerebro. Aunque supone el 10 o el 15% del peso del cerebro, el cerebelo contiene casi la mitad de las células conductoras de impulsos del cerebro o neuronas. Aunque durante mucho tiempo se pensó que estaba implicado sobre todo en la ayuda en las funciones motoras (o basadas en el movimiento), en la última década los científicos han llegado a comprender que el cerebelo desempeña una función fundamental en muchas acciones que se vuelven automáticas con la práctica, en el caso de que estas acciones impliquen movimiento, lenguaje, «discurso interno», memoria de trabajo u otros aspectos relacionados con la atención.

Existe una gran cantidad de pruebas que demuestran que al menos la mitad de las personas con dislexia experimentan dificultades con el aprendizaje de procedimiento. En general, al examinar a estas personas aparecen también indicios de una ligera disfunción en el cerebelo, como un tono muscular bajo, una coordinación motora débil y dificultades en la secuenciación, la sincronización y los ritmos y la percepción del tiempo.

Esta elevada incidencia de dificultades de aprendizaje de procedimiento en personas con dislexia es lo que llevó a que Angela Fawcett y su colaborador, el psicólogo Roderick Nicolson, propusieran la *teoría del aprendizaje de procedimiento* de la dislexia, que plantea que muchos de los resultados de la dislexia se deben a dificultades con el aprendizaje de procedimiento. Una de las ventajas más significativas de esta teoría es que explica muchos de los síntomas detectados habitualmente en la dislexia que no se relacionan de una manera obvia con la fonología o el lenguaje, como las dificultades con el control motor y la coordinación. Hemos descubierto que la teoría del aprendizaje de procedimiento resulta particularmente útil para comprender y resolver problemas con el aprendizaje en personas con dislexia que muestran unas características concretas, como una puntuación baja de la velocidad de procesamiento en las pruebas de tipo WISC para medir el coeficiente intelectual, una lentitud significativa en el trabajo, problemas motores con la caligrafía y el control del movimiento de los ojos, problemas con el aprendizaje de memoria, por ejemplo, en matemáticas, dificultades más importantes con la sintaxis o el lenguaje expresivo, déficits especiales con la secuenciación, así como una dificultad en el conocimiento y la estimación del tiempo.

Otra ventaja de la teoría del aprendizaje de procedimiento es que predice algunas de las habilidades que a menudo observamos en personas con dislexia. Por ejemplo, mientras que una automaticidad menos eficiente en las acciones rutinarias hace que las personas con dislexia sean más lentas y menos eficientes en este tipo de tareas, esto también les obliga a aproximarse a estas tareas con una mayor «conciencia» de la tarea por realizar y a pensar realmente en lo que hacen. Por ello, hemos descubierto que las personas con dislexia a menudo innovan y experimentan con procedimientos rutinarios y en el proceso encuentran nuevas y mejores formas de hacer las cosas. Por el contrario, las personas con unas fuertes capacidades de aprendizaje aprenden enseguida a realizar las tareas tal y como les enseñan, de manera que a menudo las realizan sin pensar realmente en lo que están haciendo. Por ello suelen sentir menos necesidad de innovar. Este tipo de beneficio de «doble cara» en el procesamiento disléxico es lo que deberíamos encontrarnos en cualquier explicación completa de la dislexia.

Sin embargo, se aprecian muchas desventajas en la teoría del aprendizaje de procedimiento como explicación completa de la dislexia. Muchas personas con dislexia no muestran unas dificultades claras de aprendizaje de procedimiento, y muchas de las ventajas disléxicas descritas en capítulos posteriores no se pueden atribuir fácilmente a un aumento de la concienciación al realizar una tarea. Por estos motivos, una explicación completa, tanto de las dificultades de la dislexia como de sus fuerzas, depende de un rasgo aún más fundamental presente en los cerebros disléxicos. En el siguiente capítulo, estudiaremos las dos variaciones en la estructura del cerebro que pueden aportar esta explicación más profunda.

CAPÍTULO 4

Diferencias en la estructura del cerebro

En 1981, el Dr. Roger Sperry fue galardonado con el Premio Nobel por descubrir que las dos mitades del cerebro, o hemisferios, procesan información de formas muy diferentes. Desde entonces, un gran número de libros y artículos han popularizado la idea de que existen dos estilos de pensar distintos, del «cerebro derecho» y del «cerebro izquierdo», y que las personas son principalmente de «cerebro derecho» o de «cerebro izquierdo» en su planteamiento cognitivo.[8] Aunque estos puntos de vista del funcionamiento del cerebro se han simplificado en exceso, contienen, sin embargo, una gran parte de verdad: los dos hemisferios del cerebro realmente procesan la información de maneras muy diferentes.

Si hacemos una generalización aproximada, el hemisferio izquierdo del cerebro se especializa en un procesamiento detallado. Examina con atención las piezas que componen los objetos y las ideas, los describe con precisión y ayuda a distinguirlos entre sí. El hemisferio derecho se especializa en el procesamiento de características de objetos o ideas de

---

8. Ejemplos muy leídos incluyen a Daniel Pink, *Una nueva mente: una fórmula infalible para triunfar en el mundo que se avecina* (Ilustrae.com, 2008) y a Betty Edwards, *Aprender a dibujar con el lado derecho del cerebro* (Urano, 1999).

escala amplia, imágenes generales, de tipo más «grueso» o «global». Es particularmente bueno en detectar conexiones entre las cosas, en percibir cómo se relacionan las partes con la totalidad, en determinar la esencia, la clave o el objetivo de una cosa o idea, y en identificar cualquier entorno o contexto que pueda ser relevante para comprender los objetos inspeccionados.

Podemos resumir las diferencias entre los hemisferios izquierdo y derecho diciendo que se especializan respectivamente en árboles y bosque, características finas y gruesas, texto y contexto o partes y totalidad.[9] Estas diferencias muestran los diferentes sistemas de procesamiento del cerebro. Consideremos la visión: cuando miramos un objeto, el hemisferio izquierdo percibe los más mínimos detalles y las características de sus componentes, pero le cuesta «unir» esas características para «ver» la totalidad. Por ejemplo, el hemisferio izquierdo puede reconocer los ojos y las orejas, la nariz y la boca, pero le cuesta reconocer la cara. De forma similar, puede ver ventanas y puertas y chimeneas y guijarros, pero le cuesta ver las casas. Para percibir estos patrones más amplios, el hemisferio izquierdo necesita la ayuda de procesamiento de visión de conjunto procedente del hemisferio derecho.

Planteamos este tema porque una gran cantidad de pruebas sugieren que las personas con dislexia difieren de las no disléxicas en la forma en que utilizan sus hemisferios cerebrales para procesar la información. En concreto, muchos investigadores sugieren que las personas con dislexia utilizan su hemisferio derecho de manera más amplia que las no disléxicas para muchas funciones de procesamiento. Diferencias de este tipo se han descubierto en numerosas funciones auditivas, visuales y motoras, y algunas de estas diferencias desempeñan un papel importante en la lectura y el lenguaje.

Esta diferencia relacionada con el lenguaje en la división del trabajo entre los hemisferios del cerebro es la tercera variación que examinare-

---

9. Para las personas interesadas en un buen debate general sobre estas diferencias, R. Ornstein, *The Right Mind: Making Sense of the Hemispheres* (Nueva York: Harcourt Brace, 1997).

mos en nuestra búsqueda de factores subyacentes a las fuerzas y a las dificultades disléxicas.

¿Es cierto que las personas con dislexia funcionan más «con el cerebro derecho» que las no disléxicas?

Son muchos los escritores que han observado que las personas con dislexia muestran a menudo, de una manera clara, un «aire» o un «estilo característico del cerebro derecho» en la manera de procesar la información. El autor Thomas G. West defiende esta conexión en su maravilloso libro *In the Mind's Eye*.[10]

West, que es disléxico, sugiere que este patrón de procesamiento del lado derecho puede estar directamente relacionado con las capacidades espaciales y visuales mostradas por personas con dislexia.[11]

Los científicos han descubierto asimismo que las personas con dislexia utilizan para leer su hemisferio derecho de manera más amplia que las no disléxicas. Esta diferencia fue demostrada por primera vez a finales de los años noventa por los doctores Sally y Bennett Shaywitz, en Yale. Ellos utilizaron una técnica de escaneado cerebral denominada imagen por resonancia magnética funcional (IRMf) para identificar las zonas del cerebro que se activaban cuando leían las personas disléxicas y las no disléxicas.[12] La experta en lectura, la Dra. Maryanne

10. T. G. West, *In the Mind's Eye: Creative Visual Thinkers, Gifted Dyslexics, and the Rise of Visual Technologies* (Amherst, MA: Prometheus Books, 2009).

11. La Dra. Maryanne Wolf, profesora de la Tufts University, comenta esta relación evidente entre dislexia y hemisferio derecho en su fascinante estudio sobre la lectura y sus dificultades, *Cómo aprendemos a leer: historia y ciencia del cerebro y la lectura* (Ediciones B, 2008).

12. S. Shaywitz *et al.*, Functional disruption in the organization of the brain for reading in dyslexia. *Proceedings of the National Academy of Sciences, USA* 95 (1998): 2636-251. Este patrón ha sido confirmado por muchos otros investigadores. Para un debate más detallado sobre este circuito de lectura, *véase* M. Wolf, *Proust and the Squid*, 165-197, o S. Dehaene, *Reading in the Brain*, 235-261.

Wolf, resumió los resultados de este trabajo con las siguientes palabras: «El cerebro disléxico emplea de manera coherente más estructuras de hemisferio derecho [para la lectura y sus actividades de procesamiento de componentes] que estructuras del hemisferio izquierdo».[13]

Aunque este procesamiento mayor del hemisferio derecho puede parecer en principio que implica un «cambio hacia la derecha» desde un patrón normal de lado izquierdo, en realidad, refleja la *ausencia* del «cambio hacia la izquierda» habitual que se produce cuando las personas aprenden a leer. La Dra. Guinevere Eden y sus compañeros de la Georgetown University han mostrado que muchos lectores principiantes utilizan ambos lados de su cerebro de manera bastante significativa, al igual que las personas con dislexia. Sólo gracias a la práctica muchos lectores cambian gradualmente a un circuito de procesamiento mayor del lado izquierdo.[14]

A las personas con dislexia les cuesta mucho más realizar este cambio a un procesamiento que utilice sobre todo el lado izquierdo o «experto». Sin una formación intensiva, tienden a mantener el recorrido «inmaduro» o de «principiante», con su alta dependencia del procesamiento del hemisferio derecho.

Esta tendencia disléxica a mantener un recorrido «de principiante», que utilice más el lado derecho, plantea dos importantes preguntas. En primer lugar, ¿por qué las personas con dislexia muestran esta persistencia de una mayor implicación del hemisferio derecho? Y, en segundo lugar, ¿cuáles son las consecuencias de esta persistencia para el pensamiento y el procesamiento disléxicos?

Para responder a la primera pregunta, es importante reconocer que el circuito de lectura no es el único recorrido del cerebro donde se produce un cambio de procesamiento de derecha a izquierda debido a la práctica y a la experiencia. Transiciones como ésta pueden observarse en muchos sistemas cerebrales y se cree que reflejan nuestras necesida-

---

13. M. Wolf, *Proust and the Squid*, 186.
14. P. Turkeltaub, L. Gareau, L. Flowers, T. Zeffiro y G. Eden, «Development of neural mechanisms for reading». *Nature Neuroscience* 6 (2003): 767-773.

des cambiantes de procesamiento a medida que aumentan nuestras capacidades. Ésta sería la idea general.

Cuando intentamos realizar una tarea nueva, nuestro procesamiento de imagen general o «gruesa» del hemisferio derecho nos ayuda a reconocer el punto o la esencia global de la tarea, para no perdernos en los detalles. Nos ayuda, asimismo, a reconocer la similitud de esta nueva tarea con otras que ya hemos aprendido, lo cual nos permite resolver problemas y rellenar la información que nos falta. De esta manera, el procesamiento de imagen general o descendente del hemisferio derecho resulta ideal para nuestros primeros pasos en procesos que para nosotros son aún confusos. Resulta también de gran valor cuando intentamos abordar otras tareas con respecto a las cuales carecemos de las capacidades automáticas necesarias para realizar la acción de manera rápida y eficaz.

A medida que conocemos los objetivos y las exigencias de una tarea, nuestra necesidad de un procesamiento de imagen general cede el paso a la exigencia de una mayor precisión, eficiencia, velocidad y automaticidad. Entonces aparece el hemisferio izquierdo, con su mayor capacidad para procesar detalles, que es preciso dominar para desarrollar un verdadero conocimiento.

Un ejemplo muy bien documentado de un cambio de procesamiento de hemisferio derecho a hemisferio izquierdo que se produce con un entrenamiento es el cambio que tiene lugar cuando desarrollamos un conocimiento musical. Los investigadores han demostrado que las personas inexpertas que escuchan música procesan las melodías sobre todo con su hemisferio derecho, para poder captar las características (o la esencia) a gran escala. Por el contrario, los expertos en música procesan la música mucho más con su hemisferio izquierdo, porque se centran en los detalles y en los aspectos técnicos de la obra.[15]

Esta tendencia a cambiar el procesamiento del hemisferio derecho al izquierdo a medida que aumenta una capacidad es muy interesante,

---

15. En R. Ornstein, *The Right Mind*, 174.

porque sugiere que la incapacidad de una persona disléxica para efectuar esos cambios podría reflejar un tipo de dificultad general a la hora de adquirir un conocimiento a través de la práctica. Como mencionamos en el capítulo anterior, muchas personas con dislexia muestran precisamente ese tipo de dificultad, sobre todo al dominar capacidades basadas en normas, como las que se refieren a la lectura. El retraso en dominar unas capacidades de lectura basadas en normas podría ralentizar claramente el desarrollo de recorridos de lado izquierdo, o «expertos», y generar una dependencia prolongada de circuitos de lado derecho, o «inexpertos». Unas dificultades similares para adquirir conocimientos podrían generar asimismo un procesamiento mayor del hemisferio derecho, característico de las personas con dislexia en las otras tareas que mencionamos.

Si el retraso en el desarrollo de la automaticidad y el conocimiento explican, por lo menos en parte, por qué las personas con dislexia utilizan más su hemisferio derecho para muchas tareas, entonces ¿cuáles son las consecuencias de esta mayor tendencia al procesamiento del hemisferio derecho? Podemos empezar a responder a esta pregunta echando un vistazo a las diferencias existentes entre la manera de procesar la información de los hemisferios derecho e izquierdo, utilizando el lenguaje como ejemplo.

En 2005, un psicólogo de la Northwestern University, el Dr. Mark Beeman, publicó un interesante trabajo, en el que describía las diferencias existentes entre los dos hemisferios cerebrales a la hora de procesar el lenguaje. Cuando el cerebro humano presenta una palabra concreta, cada hemisferio analiza la palabra activando su propio «campo semántico» o recopilación de definiciones y ejemplos para describir esa palabra.[16] Además, los campos semánticos contenidos en ambos hemisferios realizan este análisis de formas diferentes.

El hemisferio izquierdo activa un campo de información relativamente más limitado, que se centra en el significado «principal» (o más

---

16. M. Jung-Beeman, «Bilateral brain processes for comprehending natural language». *TRENDS in Cognitive Sciences* 9 (2005): 512-518.

común, y a menudo más literal) de la palabra. Este campo limitado de significado resulta particularmente adecuado para procesar el lenguaje poco complejo o que requiere una interpretación precisa y rápida, como comprender mensajes directos o seguir instrucciones sencillas. Resulta útil asimismo para producir el lenguaje de manera rápida y eficaz. Puesto que hablar y escribir requieren la producción rápida de palabras específicas (en lugar de palabras compuestas o combinadas), cuanta menor ambigüedad o duda, mejor. Los campos semánticos limitados del hemisferio izquierdo resultan ideales para este tipo de producción.

El hemisferio derecho, por el contrario, activa un campo mucho más amplio de significados posibles. Estos significados incluyen una serie de definiciones de palabras y relaciones «secundarias» (o más distantes), como sinónimos y antónimos, significados figurativos, conexiones humorísticas, significados irónicos, ejemplos o casos de cómo utilizar una palabra o qué representa, y palabras con «estilos» similares (por ejemplo, formal/informal, moderno/arcaico) o «temas» (por ejemplo, relativos a la playa, la química, las emociones, la economía). Este patrón más amplio de activación es más lento, pero es mucho más rico. Por este motivo resulta particularmente útil para interpretar mensajes que son ambiguos, complejos o figurativos. Entre las tareas para las cuales el hemisferio derecho resulta particularmente útil figuran la comprensión o la producción de metáforas, bromas, deducciones, historias, lenguaje social, ambigüedades o incoherencias.

Pedimos al Dr. Beeman que describiera el tipo de «conexión distante» que el procesamiento semántico del hemisferio derecho logra detectar particularmente bien. Respondió con el siguiente ejemplo: «Consideremos, por ejemplo, esta frase: "Samantha caminaba por la playa con los pies descalzos, sin saber que cerca había cristales. Entonces sintió un dolor y pidió ayuda al socorrista". Al escuchar esta frase la gente deduce que Samantha se cortó el pie. Pero observa que la frase no declara explícitamente que se cortara en el pie, ni siquiera que encontrara cristales. Estos hechos deben ser deducidos y estas deducciones se realizan a través del hemisferio derecho. Produce estas deducciones al detectar la superposición en los campos semánticos entre los términos, *pies descalzos, cristal* y *dolor*».[17]

La capacidad especial del hemisferio derecho para realizar estas conexiones deductivas y distantes es precisamente lo que las personas con dislexia necesitan al leer y escuchar. La descodificación de problemas a menudo hace que a las personas con dislexia les resulte difícil identificar palabras impresas, y los problemas para distinguir palabras estrechamente relacionadas pueden provocar unas dificultades similares con la escucha. El resultado de esto es que las personas con dislexia deben utilizar a menudo pistas contextuales para rellenar partes de mensajes que les faltan. En esto es particularmente bueno el hemisferio derecho. En lugar de generar problemas de lectura o de escucha, al aumentar la dislexia su dependencia del procesamiento de hemisferio derecho, lo que se produce en realidad es una compensación ideal para las personas con dificultades de procesamiento del lenguaje en sus niveles más básicos.

El aumento del procesamiento del lado derecho relacionado con la dislexia puede ayudar a explicar algunas de las dificultades y de las fuerzas que suelen mostrar las personas con dislexia. En cuanto a las difi-

---

17. El experimento real con el que Beeman realizó esta demostración se describe en el documento *TRENDS* citado anteriormente, y lo resumimos a continuación. En primer lugar, se preparó a las personas al mostrarles tres tipos diferentes de palabras (en este ejemplo, *pie, cristal* y *dolor*), que guardan, cada una de ellas, una relación distante con una palabra concreta (en este caso, *corte*). En segundo lugar, la palabra *corte* se mostró tanto al hemisferio derecho como al hemisferio izquierdo del cerebro (al exponerla exclusivamente en la mitad derecha o izquierda del campo visual). Una vez hecho esto, sólo el hemisferio derecho respondió con más intensidad con respecto a cuándo no se realizó la «preparación», porque sólo su campo semántico más amplio creó un «efecto de preparación acumulativo», a través del cual la activación de cada palabra relacionada añadía una fuerza adicional. Por el contrario, cuando una palabra relacionada más estrechamente con *corte*, como *tijeras*, se utilizaba para «preparar» a los sujetos antes de visualizarla, era entonces el hemisferio izquierdo el que mostraba un mayor efecto de preparación. En resumen, el hemisferio derecho reconoce las relaciones secundarias o más distantes que ayudan a captar el significado global o la esencia, mientras que el izquierdo reconoce casi exclusivamente los significados principales más «ajustados» que ayudan a conservar la precisión.

cultades, las conexiones físicamente más amplias y más difusas en el hemisferio derecho pueden generar un procesamiento más lento, menos eficiente, menos preciso y que requiere más esfuerzo. Esto puede colocar una mayor carga en la memoria de trabajo, especialmente en tareas que requieran procesar una gran cantidad de detalles. En cuanto a las fuerzas, la amplia red de conexiones proporcionada por el hemisferio derecho favorece conexiones nuevas y creativas, el reconocimiento de relaciones más distantes e inusuales y la capacidad para detectar deducciones y ambigüedades.

Todos éstos son puntos prometedores, pero existe igualmente un importante inconveniente en esta teoría: si es cierto que la «diferencia disléxica» en el conocimiento se debe enteramente a una mayor tendencia a utilizar los circuitos del hemisferio derecho, entonces deberíamos esperar que un entrenamiento suficiente pudiera producir un cambio de procesamiento de derecha a izquierda que hiciera posible que las personas con dislexia fueran «como las demás» en su estilo cognitivo. Pero esto no es así, en realidad, y veremos por qué.

Pongamos, por ejemplo, la tarea de leer. Los disléxicos que hayan sido suficientemente entrenadas en producir el tipo de cambio de derecha a izquierda en su circuito de lectura, descrito anteriormente, no se confunden con los lectores totalmente «normales», sino que en su lugar se convierten en una variedad única y muy cualificada de «lectores disléxicos». Lo que queremos decir es que estos lectores disléxicos siguen leyendo en general más lentamente que los no disléxicos, comparativamente más brillantes, y que muestran igualmente el mismo estilo de comprensión de lectura altamente interconectada, dependiente del contexto y de la esencia, basada en imágenes de tipo general, característico de muchas otras personas con dislexia.

Esta persistencia de procesamiento de imagen general, a pesar del cambio de hemisferio derecho al izquierdo, sugiere que tiene que existir un factor aún más importante subyacente en el estilo de procesamiento de los disléxicos. Tan sólo recientemente se ha dado a conocer un candidato probable para este factor «más profundo», pero parece haberse convertido ya en el candidato más prometedor para explicar el origen de la ventaja disléxica.

Alteraciones en los microcircuitos: Un procesamiento de imagen general a imagen detallada

Esta cuarta y última diferencia cerebral disléxica fue reconocida por primera vez por el Dr. Manuel Casanova de la University of Kentucky School of Medicine. En las últimas dos décadas, el Dr. Casanova ha estudiado las conexiones celulares que vinculan a las neuronas –las células más responsables del procesamiento de la información– en el cerebro humano. Dadas sus amplias áreas de interés, como psiquiatra, neurólogo y neuropatólogo, el Dr. Casanova ha examinado un gran número de diferentes «tipos» de cerebros, incluidos los de sujetos clínicamente «normales» y los de sujetos diagnosticados con varias afecciones cognitivas o psiquiátricas, incluida la dislexia.[18]

A la hora de analizar las conexiones de las neuronas en el cerebro, el Dr. Casanova identificó una característica clave que las relaciona con una predisposición a la dislexia y con los tipos de estilo cognitivo de «cerebro derecho» que hemos tratado anteriormente. Esta característica estructural es un espacio inusualmente amplio entre los *clusters* funcionales de neuronas en el córtex del cerebro. Para explicar por qué este descubrimiento es potencialmente tan importante, debemos repasar primero unas cuantas cosas acerca de la estructura y de la función del córtex.

El córtex es una fina lámina de células que cubre gran parte de la superficie del cerebro. Las neuronas en el córtex se comunican entre sí utilizando una combinación de señales químicas y eléctricas. En el proceso, originan muchas de nuestras funciones cognitivas, como la memoria, el lenguaje, la sensación, la atención y el conocimiento consciente.

Las células presentes en el córtex se organizan en unidades funcionales denominadas *minicolumnas*: «columnas», porque se disponen verti-

---

18. Un resumen útil de este trabajo se puede consultar en E. L. Williams y M. Casanova, Autism and dyslexia: A spectrum of cognitive styles as defined by minicolumnar morphometry. *Medical Hypotheses* 74 (2010): 59-62.

calmente, y «mini» porque su tamaño es microscópico. Las minicolumnas fueron descubiertas por unos investigadores que insertaron unos electrodos diminutos en el córtex del cerebro para registrar su actividad eléctrica. Cuando empujaron sus electrodos directamente hacia el córtex, como una vela de cumpleaños en una tarta, vieron que las células se apilaban unas encima de otras y respondían a los estímulos al unísono. Por el contrario, cuando insertaban el electrodo en un ángulo de la superficie del cerebro, esas células no se colocaban juntas. Estos resultados indicaron que las células corticales se agrupaban funcionalmente en diminutas columnas que corrían de manera perpendicular a la superficie del cerebro: de ahí el nombre de «minicolumnas».

Con el fin de procesar no sólo la información más básica, las minicolumnas deben estar conectadas para formar circuitos, lo mismo que los microchips de nuestros ordenadores deben estar conectados para crear complejas funciones de procesamiento. Por supuesto, a diferencia de los chips del ordenador, nuestras minicolumnas no están soldadas entre sí. En cambio, están conectadas por largas proyecciones –axones– que se extienden como cables desde las neuronas en una minicolumna para conectarse con las neuronas en otras.

Cuando el Dr. Casanova examinó las disposiciones de las minicolumnas y los axones en diferentes cerebros, descubrió que cada persona mostraba un patrón coherente de espaciado entre sus minicolumnas. Descubrió, asimismo, que el grado de espaciado de una minicolumna se distribuía en la población general en forma de una campana, en la cual los individuos en un extremo de la curva de la campana mostraban unas minicolumnas bien encajadas, mientras que las del otro extremo tenían unas minicolumnas con espacios muy amplios.

El Dr. Casanova notó asimismo que el espaciado de la minicolumna de cada persona estaba estrechamente relacionado con el tamaño y la longitud de los axones que conectaban las minicolumnas en su cerebro: las personas con unas minicolumnas de espacios más limitados enviaban axones más cortos, que formaban físicamente unos circuitos más pequeños o más locales, mientras que las personas con minicolumnas de espacios más amplios enviaban unos axones que formaban físicamente unas conexiones de más larga distancia. En otras palabras, las personas con minicolumnas de espacios limitados tendían a formar más conexiones entre minicolumnas cercanas, mientras que las poseedoras de minicolumnas de espacios amplios tendían a formar más conexiones entre minicolumnas en partes lejanas del cerebro.

Esta «tendencia» hacia conexiones locales o de alcance largo resultó ser de capital importancia, porque existen enormes diferencias en el funcionamiento de los circuitos formados por estas conexiones y en las tareas en las que destacan. Las conexiones locales resultan particularmente adecuadas para el procesamiento de detalles, es decir, para clasificar y distinguir cuidadosamente las cosas muy relacionadas entre sí, ya sea sonidos, vistas o conceptos diferentes. Los cerebros predispuestos a formar un número mayor de estas conexiones más cortas mostraban generalmente un alto nivel de capacidad en las tareas orientadas al detalle, que implican «extraer» unos rasgos detallados de objetos o ideas.

Por el contrario, las conexiones más largas son menos acertadas en el procesamiento detallado, pero destacan en el reconocimiento de rasgos o conceptos amplios, es decir, en tareas de carácter general. Ejemplos de tareas de carácter general podrían incluir reconocer la forma, el contexto o el fin general de una cosa o idea, sintetizar objetos e ideas, percibir relaciones y realizar conexiones inusuales, pero intuitivas. Los circuitos formados a partir de conexiones largas resultan igualmente muy útiles para tareas que requieran resolver problemas –sobre todo en circunstancias nuevas o cambiantes–, aunque sean más lentos, menos eficientes y menos fiables para las tareas conocidas y estén menos capacitados para discriminar los detalles.

Veamos lo bien que se ajustan las ventajas relacionadas con conexiones cortas (o locales) a las capacidades de procesamiento del «cerebro izquierdo» que tratamos en la sección anterior; y veamos lo bien que se ajustan las ventajas relacionadas con conexiones largas (o distantes) a las capacidades de procesamiento del «cerebro derecho». Veamos, asimismo, lo bien que se ajusta el estilo de procesamiento relacionado con las conexiones más largas –es decir «imagen general fuerte/ imagen detallada débil»– al estilo cognitivo que hemos descrito como común entre las personas con dislexia.

Dadas estas similitudes, podríamos predecir que los «cerebros disléxicos» tendrían una tendencia a mostrar una inclinación hacia minicolumnas de espacios amplios y circuitos cerebrales físicamente más largos. Y esto es precisamente lo que el Dr. Casanova descubrió al examinar los patrones de conexión en los cerebros de personas disléxicas.

Le pedimos al Dr. Casanova que explicara en palabras sencillas por qué una inclinación a realizar conexiones largas podría favorecer un procesamiento de imagen general. Respondió que las capacidades cognitivas superiores se generan cuando las minicolumnas se conectan para formar un sistema modular. Mostró lo que esto quería decir utilizando el ejemplo de un coche, que tiene muchos componentes separados, o «módulos», como la caja de cambios, el motor y las ruedas. Cuando estos módulos se conectan a un sistema más amplio, pueden generar propiedades emergentes o nuevas, que no están presentes en ninguno de los módulos por separado, como la propiedad de locomoción. Este ejemplo muestra que, en sistemas modulares, las propiedades del conjunto pueden superar en gran medida las propiedades de los elementos individuales, y pueden generar nuevas funciones que no existirían si las partes estuvieran conectadas de otra forma.

El Dr. Casanova explicó posteriormente que ocurre lo mismo en el cerebro cuando las minicolumnas se juntan en circuitos. «En función de cómo conectemos las minicolumnas entre sí, obtenemos la creación de unas funciones cognitivas superiores, como el juicio, el intelecto, la memoria, la orientación. Estas funciones no estaban ahí, dentro de las propiedades de las minicolumnas individuales. Surgieron al realizar las conexiones adecuadas entre las células en las diferentes partes del cerebro. En otras palabras, unas conexiones más amplias favorecen la formación de unos circuitos integrados amplios, que, a su vez, generan unas capacidades cognitivas altas».

Según el Dr. Casanova, la inclinación disléxica a realizar conexiones de larga distancia genera las capacidades de procesamiento de imagen general que hemos mencionado y un procesamiento más débil de imagen detallada. Una tarea de tipo imagen detallada que el Dr. Casanova citó como algo que suele ser particularmente difícil para las personas con dislexia es el procesamiento fonológico, que, como hemos descrito en al último capítulo, implica la distinción de sonidos muy similares.

Las dificultades con el procesamiento de imagen detallada podrían explicar, asimismo, muchas de las dificultades con la escucha, la visión, la función motora y la atención que describimos en el último capítulo. Con el fin de explicar mejor el patrón disléxico característico de las fuerzas y las debilidades, el Dr. Casanova comparó la dislexia con otro patrón cognitivo muy conocido.

«Los cerebros de las personas con autismo tienden a realizar conexiones cortas a costa de las conexiones largas, justo lo contrario de lo que ocurre con la dislexia. Como era de esperar, descubrimos una alta proporción de personas con autismo en el otro extremo del espaciado de la minicolumna, donde las minicolumnas están apiladas muy cerca. Desde el punto de vista cognitivo, las personas con autismo se centran en detalles concretos; ven los árboles, pero pierden el bosque. Si hacemos pruebas a personas con autismo, su pensamiento tiende a ser bastante concreto, y se esfuerzan por encontrar el significado, la forma o el contexto más amplios.[19] Sin embargo, a menudo destacan en tareas que pueden realizarse utilizando una región del cerebro firmemente localizada, porque sólo necesitan una función específica. Un ejemplo sería encontrar a Wally en los libros de *¿Dónde está Wally?* Esta tarea de procesamiento de imagen detallada se realiza enteramente dentro de un área muy localizada del córtex visual, donde las columnas firmemente apiladas se conectan a través de numerosos axones cortos en un circuito local que destaca en un procesamiento de imagen detallada. En esas tareas, las personas con autismo sobresalen con respecto a otras personas.

»Por otra parte, donde los autistas tienen una mayor dificultad es en el reconocimiento de las caras, que requiere que muchos centros diferentes de procesamiento se pongan a trabajar juntos alrededor del

---

19. Es decir, las personas autistas tienden a interpretar los mensajes según una compresión muy limitada, literal o «concreta» de las palabras utilizadas, basándose casi por completo en los significados principales de las palabras.

cerebro. Esta unión o "vinculación" de centros distantes de procesamiento resulta muy difícil de realizar en personas con autismo, porque no son capaces de hacer las conexiones necesarias a larga distancia.

»Por el contrario, juntar áreas distantes del cerebro es precisamente lo que hacen mejor las personas con dislexia. Por ello, éstas destacan en extraer ideas de cualquier sitio y de cualquier lugar, y en relacionar distintos conceptos. Donde pueden equivocarse es en el procesamiento de imágenes detalladas».

Que una única variación en la estructura cerebral pueda predisponer a las personas a desarrollar tantas dificultades y tantas fuerzas relacionadas con la dislexia confirma firmemente su importancia potencial.[20] Confirma también nuestra idea de que el procesamiento disléxico no es el resultado de un fallo sin sentido en el funcionamiento, sino que representa una solución intermedia valiosa, elegida por sus especiales beneficios de procesamiento. La naturaleza específica de estos beneficios serán nuestro tema en las próximas cuatro partes centradas en las Fuerzas de la MENTE.

---

20. Aunque muchas de las características cognitivas relacionadas con la tendencia a realizar conexiones largas sean similares a las características relacionadas con un aumento del procesamiento del «cerebro derecho» que hemos descrito anteriormente, una ventaja que tiene la teoría de las minicolumnas de la dislexia del Dr. Casanova, con respecto a la teoría predominante del cerebro derecho que hemos tratado anteriormente, es que explica mejor por qué las personas con dislexia conservan habitualmente un «recuerdo del cerebro derecho» en su forma de procesamiento, aun cuando los escáneres cerebrales muestren que sus circuitos tienden cada vez más hacia la izquierda debido a la práctica. Por ejemplo, a menudo encontramos que personas con dislexia que se han convertido en lectores relativamente cualificados siguen procesando historias con una dependencia muy alta de lo esencial, manteniendo la forma descendente, al igual que sucede en muchos lectores disléxicos menos cualificados. Explicaremos esta conclusión con más detalle en nuestra sección sobre las Fuerzas-I, pero el punto esencial es que algunos aspectos del estilo de procesamiento disléxico pueden no desaparecer por completo, incluso con un entrenamiento exhaustivo, como podríamos haber previsto con la teoría hemisférica, porque la diferencia en la orientación de minicolumnas y la inclinación hacia conexiones largas significa que el hemisferio izquierdo de una persona con dislexia funcionará de alguna manera con un recuerdo del hemisferio derecho.

Conclusión

En los capítulos 3 y 4 hemos repasado cuatro variaciones relacionadas con la dislexia en la estructura y el funcionamiento del cerebro, que creemos que son la base de muchas de las dificultades y las fuerzas disléxicas más habituales. Hemos planteado varios temas fundamentales, a los que volveremos repetidamente a medida que avancemos para examinar las fuerzas de la dislexia. El más importante de estos temas es que los cerebros disléxicos se organizan de maneras muy diferentes con respecto a los cerebros no disléxicos, porque tienen la tendencia a trabajar de maneras distintas y a destacar en tareas diferentes.

Hagamos un breve repaso de lo que hemos aprendido sobre qué significa un funcionamiento excelente para los cerebros no disléxicos con respecto a los disléxicos.

Para muchos cerebros no disléxicos, un funcionamiento excelente se refiere a rasgos como precisión, exactitud, eficiencia, velocidad, automaticidad, fiabilidad, repetibilidad, enfoque, concisión y conocimiento detallado.

Para los cerebros disléxicos, un funcionamiento excelente incluye normalmente rasgos como la capacidad de ver lo esencial de las cosas o de detectar el contexto más amplio en una determinada situación o idea; una multidimensionalidad de la perspectiva; la capacidad para establecer conexiones nuevas, inusuales o distantes; un razonamiento deductivo y la detección de ambigüedades; la capacidad para volver a combinar las cosas de manera novedosa y una inventiva general; y una mayor concienciación e intencionalidad al realizar acciones que otros llevan a cabo sin pensar.

Los cerebros no disléxicos sobresalen a menudo en la aplicación de normas y procedimientos de manera expedita y eficiente. Los cerebros disléxicos suelen destacar en encontrar «lo que se ajusta mejor a sus posibilidades» o en resolver los problemas *ad hoc*.

Los cerebros no disléxicos sobresalen con bastante frecuencia en encontrar significados principales y en corregir respuestas. Los cerebros disléxicos suelen destacar en detectar interesantes asociaciones y relaciones.

Los cerebros no disléxicos destacan en localizar las diferencias y las distinciones entre las cosas, los disléxicos, en reconocer las similitudes.

Los cerebros no disléxicos muestran el orden, la estabilidad y la eficiencia de las vías del tren, de archivadores organizados, narrativas con secuencias o cadenas lógicas del razonamiento. Los cerebros disléxicos almacenan la información en forma de murales o vidrieras, relacionan las ideas como telas de araña o hipervínculos y se desplazan de un pensamiento a otro como las ondas que se propagan en un estanque.

En definitiva, los cerebros disléxicos funcionan de manera distinta a los no disléxicos, no porque sean defectuosos, sino porque están organizados para mostrar diferentes tipos de fuerzas. Éstas se logran a costa de unas debilidades relativas en algún tipo de procesamiento de imagen detallada.

Si sabes algo sobre la visión convencional de la dislexia, entonces también sabrás cómo es una mente disléxica cuando se enfrenta a tareas de imagen detallada. En los siguientes capítulos te mostraremos cuál es el comportamiento de la mente disléxica cuando abre sus alas y empieza a volar.

PARTE III

Fuerzas-M.
Razonamiento material

CAPÍTULO 5

Las fuerzas-M en la MENTE

Puede que no conozcas el nombre de Lance Heywood, pero si alguna vez has montado en telesilla en un *resort* americano de esquí o en un monorraíl situado en algún lugar entre Hilton Waikoloa Village, en Hawái, y el Bronx Zoo, en Nueva York, o viajado por Las Vegas en un *people mover*, probablemente habrás visto su trabajo. Lance es uno de los diseñadores y productores más importantes de los sistemas eléctricos que controlan las unidades de transporte en instalaciones de entretenimiento en Estados Unidos. Es un trabajo difícil, que exige una innovación constante y una capacidad de resolución de problemas en el acto. Para hacerlo tan bien como Lance se necesita un tipo de mente especial: creativa, para cumplir las exigencias de diferentes clientes y de sus infinitos y variados proyectos, y totalmente competente, para diseñar productos que sean seguros y fiables. Lance posee estas cualidades en abundancia, pero este talento creativo no se apreciaba en sus primeros trabajos del colegio.

Lance creció en lo que ahora es Silicon Valley, y desde joven tuvo importantes dificultades con la lectura y la escritura. De hecho, necesitó clases particulares durante toda primaria, incluso en matemáticas, una materia en la que posteriormente destacó.

Por el contrario, fuera del colegio Lance encontró un sinfín de cosas fascinantes que captaron su atención. Reparaba aparatos constantemente y le gustaba sobre todo trabajar en proyectos con su padre, que era diseñador de interiores, pero también un inteligente mecánico autodidacta y un aficionado y entusiasta modelista de trenes. Juntos construyeron radios, teléfonos y dispositivos de grabación a partir de piezas de recambio y kits.

Cuando finalmente Lance llegó a bachillerato empezó a disfrutar de las clases de matemáticas y ciencias de mayor dificultad que ahora tenía a su disposición, y en esas clases sus notas mejoraron. Mientras se esforzaba por memorizar fórmulas y ecuaciones, descubrió que si controlaba sus principios podría, en general, extraer partido de ellas por sí mismo. Y, aun cuando la lectura y la escritura seguían siendo difíciles, descubrió si se centraba en las ideas y las opiniones que sus profesores consideraban importantes podría lograr unas notas decentes.

El evidente rendimiento de Lance en matemáticas y ciencias le permitió acceder a varias facultades competitivas, y se matriculó inicialmente en la UCLA. Sin embargo, Lance se sintió «perdido» en ese lugar, que para él era demasiado grande e impersonal, así que se trasladó a su casa y se matriculó en la Santa Clara University, donde logró prosperar en un entorno más pequeño. Lance huía de los cursos que exigían demasiada lectura o escritura, pero con trabajo y disciplina aprobó sus cursos de ingeniería y posteriormente obtuvo su titulación.

Lance empezó a trabajar para una empresa que diseñaba sistemas eléctricos para edificios altos en la zona de la bahía de San Francisco. Aunque disfrutaba con su trabajo de diseño, echaba de menos el trabajo práctico con la electrónica. Con la esperanza de combinar su amor por los proyectos difíciles con su amor por el esquí y las montañas, Lance empezó a trabajar para una empresa que fabricaba telesillas.

Posteriormente, se cansó de trabajar para otras personas, así que en 1993 se estableció por su cuenta, algo que nunca lamentó. Puede percibirse su entusiasmo por el trabajo cuando se pone a describir su manera de abordar cada proyecto. Empieza cada trabajo nuevo desde cero, en lugar de modificar proyectos anteriores, y se implica en cada paso de la fabricación, instalación, comprobación y ajuste de los paneles electrónicos que crea.

Lance atribuye gran parte de su habilidad con el diseño a su capacidad para visualizar mentalmente sus proyectos en formas del todo construidas. Mientras lee las propuestas de sus clientes, visualiza todos los componentes que necesitará reunir para formar un plano tridimensional en su cabeza, y puede manipular estos componentes a su antojo. Nos comentó que una de las cosas que más le gustaba de su trabajo es cuando se acerca al final del proyecto y puede finalmente ver en el mundo real la creación que al principio visualizó en su mente.

Lance también atribuye su éxito a que su lectura lenta y su poca memoria de procedimiento le obligaron siempre a adoptar un enfoque práctico, en lugar de basado en normas o libros. Aunque a los treinta años la lectura de Lance ha mejorado hasta el punto de ser capaz de leer por placer, sigue leyendo con la suficientemente lentitud como para preferir aprender cosas sobre piezas y dispositivos nuevos de electrónica interactuando con ellos, en lugar de leerse un manual o un folleto. Por este motivo, a menudo encontrará nuevos usos para el equipo que serán mejores que los previstos en el diseño.

Hemos compartido la historia de Lance porque, como verás muy pronto, Lance es el ejemplo perfecto de una persona disléxica que destaca en el razonamiento material, las fuerzas-M de la MENTE.

Razonamiento material: Una ventaja en 3D

Las fuerzas-M son capacidades que nos ayudan a razonar sobre el mundo material o físico, es decir, sobre la forma, el tamaño, el movimiento, la posición o la orientación en el espacio de objetos físicos, y las formas en que estos objetos interactúan.

Las fuerzas-M consisten principalmente en unas habilidades en diferentes áreas relacionadas con lo que podemos denominar *razonamiento espacial*, que a menudo se ha reconocido como un campo de particular talento para muchas personas con dislexia. Sin embargo, como mostraremos en los próximos capítulos, las personas disléxicas con fuerzas-M importantes suelen poseer unas capacidades destacadas en algunos campos de razonamiento espacial, pero no en otros. Concretamente, el tipo de razonamiento espacial en el que destacan implica la creación de una serie conectada de perspectivas mentales que son tridimensionales por su naturaleza, como un entorno virtual 3D en la mente.

Este tipo de capacidad espacial de «mundo real» puede ser extraordinariamente valioso para las personas que la poseen. Aunque se hace poco hincapié en las fuerzas-M en los programas de enseñanza, desempeñan un papel esencial en muchas ocupaciones adultas. Diseñadores, mecánicos, ingenieros, cirujanos, radiólogos, electricistas, fontaneros, carpinteros, constructores, artesanos, dentistas, ortodoncistas, arquitectos, químicos, físicos, astrónomos, conductores de camión, de autobús, de taxi, y especialistas informáticos (especialmente en áreas como *networking*, arquitectura de sistemas y programas y gráficos), todos ellos dependen de las fuerzas-M para gran parte de lo que hacen.

En los próximos capítulos, trataremos con detalle la naturaleza y las ventajas de las fuerzas-M, así como sus procesos mentales subyacentes.

CAPÍTULO 6

Las ventajas de las fuerzas-M

E mpecemos nuestro estudio de las fuerzas-M echando un vistazo a los trabajos que comparan el rendimiento de las personas con y sin dislexia en varias tareas espaciales. En el primer estudio, la psicóloga británica Elizabeth Attree *et al.* compararon a adolescentes disléxicos y no disléxicos en tres tareas diferentes de tipo visual y espacial. La primera de las dos tareas evaluaba unas capacidades espaciales bidimensionales.[21] Con respecto a la primera tarea, se mostró a los sujetos unos patrones impresos en 2D, luego se les pidió que los reprodujeran utilizando bloques de colores. En la segunda tarea, se mostró a los sujetos unos dibujos de línea abstracta durante cinco segundos, luego se les pidió que los dibujaran de memoria. La tercera tarea se ideó para evaluar el tipo de capacidades espaciales tridimensionales necesarias para funcionar correctamente en un entorno espacial de mundo real. Para esa tarea, los sujetos se sentaron ante una pantalla del ordenador y se les pidió que «buscaran» en una casa virtual en 3D y que encontrarán un juguete escondido en una de las habitaciones. Después de buscar en las cuatro «habitaciones», se apagó el ordenador y se les pidió que reconstruyeran de memoria el plano de la planta utilizando

---

21. E. A. Attree, M. J. Turner, N. Cowell, «A virtual reality test identifies the visuo-spatial strengths of adolescents with dyslexia». *Cyberpsychology and Behavior* 12 (2009): 163-168.

formas de cartón. Los grupos disléxicos y no disléxicos obtuvieron unos resultados muy diferentes en las tareas de 2D y 3D. Mientras que las personas con dislexia obtuvieron peores resultados que los no disléxicos en las tareas de 2D (que se centraban en una memoria visual sencilla de «instantánea»), obtuvieron resultados mucho mejores en la tarea de realidad virtual, donde tuvieron que construir un «mundo» interconectado a partir de las vistas que ellos habían absorbido durante sus exploraciones.

Observa lo bien que se ajusta este perfil de fuerza/debilidad disléxica a nuestro debate planteado en la segunda parte: fuerza en el razonamiento de imagen general necesaria para combinar varias perspectivas en un modelo complejo, global, interconectado, en 3D, de una casa virtual, y una debilidad relativa en el procesamiento y la memoria de imagen detallada. Éste es precisamente el patrón de compensación que describimos.

Estos resultados tienen unas importantes implicaciones en cuanto a cómo evaluar la capacidad espacial en pruebas estandarizadas. Muchas de las tareas visuales y espaciales utilizadas habitualmente en las pruebas que miden el coeficiente intelectual y en otras pruebas cognitivas (como diseño de bloques y memoria visual) evalúan las capacidades espaciales de 2D y no miden los tipos de fuerzas espaciales de 3D del mundo real que poseen las personas con dislexia. Al evaluar a estas personas sobre las capacidades espaciales, es importante utilizar pruebas que midan las capacidades de razonamiento en 3D del mundo real.

Un segundo estudio, realizado por la psicóloga Catya von Károlyi, confirma igualmente la existencia de una compensación disléxica 3D/2D.[22] Károlyi comparó las capacidades de estudiantes de bachillerato disléxicos y no disléxicos en dos tareas visuales y espaciales. Con respecto a la primera tarea, se pidió a los sujetos que encontrarán una coincidencia idéntica para un patrón de nudo celta de 2D entre un gru-

---

22. C. von Károlyi, «Visual-spatial strength in dyslexia: Rapid discrimination of impossible figures». *Journal of Learning Disabilities* 34 (2001): 380-391.

po de cuatro patrones estrechamente relacionados. Esta tarea exigía una gran precisión en el procesamiento de detalles visuales. Con respecto a la segunda tarea, se pidió a los sujetos que determinaran si una serie de dibujos representaban unas figuras «potencialmente reales» que pudieran existir en el espacio de 3D o unas figuras «imposibles» que no pudieran hacerlo. El éxito en esta última tarea exigía la capacidad para percibir la diferencia de relación entre las partes de una figura para formar un conjunto más amplio, es decir un procesamiento de imagen general o global (y no de imagen detallada).

Los resultados de estos estudios reflejaron perfectamente los de la Dra. Attree, al mostrar que los sujetos disléxicos exhibían una ventaja sobre tareas que les exigían procesar una información en 3D de múltiples perspectivas, mientras que mostraban una desventaja relativa en tareas «más sencillas» en 2D. En cuanto a la tarea de figuras imposibles que hacía hincapié en el procesamiento de imagen general, la Dra. Károlyi descubrió que las personas con dislexia respondían significativamente con mayor rapidez y con igual precisión que las no disléxicas. Por el contrario, en cuanto a la tarea del nudo celta, que hacía hincapié en un proceso de imagen detallada, las personas con dislexia fueron significativamente menos precisas que sus compañeros no disléxicos.

A primera vista, esta capacidad para detectar figuras imposibles puede parecer mucho más alejada del valor del mundo real, pero encontramos un ejemplo excelente de su significado práctico al hablar con un contratista constructor de gran éxito. Este contratista, que es disléxico, nos contó que prefiere contratar a trabajadores disléxicos para su equipo de construcción, porque destacan a la hora de detectar errores en los planos que crean «figuras imposibles», como las descritas en el estudio de la Dra. Károlyi. Este tipo de habilidades espaciales de 3D resultan extremadamente valiosas en muchas ocupaciones del mundo real, y podemos empezar a comprender el alcance de este valor cuando examinamos el uso que hacen de estas capacidades las personas con dislexia en las diferentes etapas de su vida.

El valor del mundo real de las fuerzas-M

A una edad muy temprana, muchos niños disléxicos con fuerzas-M prominentes parecen poseer una propensión natural a realizar tareas con un carácter espacial muy elevado. En un estudio llevado a cabo sobre niños (de siete a quince años) en nuestra consulta, descubrimos que los niños con dislexia se implicaban en proyectos de construcción –desde LEGO y K'NEX hasta pequeños modelos o proyectos grandes de construcción y de paisajes exteriores– casi el doble que sus compañeros no disléxicos. Aun cuando estos niños trabajaban en proyectos artísticos de 2D, como dibujo, su destreza tendía a una calidad dinámica y multidimensional, presentando elementos como escorzos y perspectivas, figuras en movimiento, flechas indicadoras de acciones o procesos y elementos esquemáticos, como secciones con cambios de plano o proyectos de múltiples ángulos o múltiples perspectivas. La Dra. Jean Symmes, una psicóloga investigadora del National Institutes of Health, documentó de manera parecida la existencia de un interés y una capacidad inusualmente altos en tareas de construcción o de clasificación visual entre los niños con dislexia que ella estudió.[23]

Aunque a menudo se argumenta que los niños con dislexia gravitan hacia actividades (y ocupaciones posteriores) con fuerzas-M, debido a que sus problemas con la lectura y la escritura dificultan otro tipo de actividades, las observaciones anteriores sugieren que para muchas personas disléxicas con talentos espaciales, las capacidades y los intereses espaciales son innatos, y no son el resultado de un desarrollo de compensaciones. El Dr. Norman Geschwind, exneurólogo de Harvard –una de las figuras más valoradas en la historia de la investigación sobre la dislexia– observó que, en su experiencia, muchos de los niños disléxicos muestran una pasión y una capacidad para las actividades espaciales (como dibujo, hacer puzles mecánicos o cons-

---

23. J. S. Symmes, «Deficit models, spatial visualization, and reading disability». *Annals of Dyslexia* 22 (1971): 54-68.

truir maquetas) mucho antes de que surjan sus dificultades con la lectura.[24]

Otro vínculo entre la dislexia y las fuerzas-M es que los niños con dislexia suelen tener padres que trabajan sobre todo en ocupaciones de fuerzas-M, y esto se da con mayor frecuencia de lo que podría ocurrir por casualidad.[25] En nuestra clínica examinamos recientemente el historial de empleo y de formación académica de los padres de treinta niños disléxicos. En veinticuatro de ellos, pudimos encontrar un padre que o bien había mostrado personalmente unas características disléxicas o que tenía un familiar de primer grado (aparte del niño) con dislexia; en otros cinco niños, ambos padres mostraban esas señales. Significativamente, casi la mitad de los treinta y dos padres «vinculados con la dislexia» trabajaban en trabajos de fuerzas-M. Este grupo de tanto talento incluía seis ingenieros, tres constructores (construcción, contratación o desarrollo), dos arquitectos, dos bioquímicos, dos higienistas dentales y un inventor. La alta frecuencia de ingenieros y arquitectos en este grupo resulta particularmente impresionante. Juntas, estas dos profesiones representan menos del 6 % de los títulos universitarios otorgados en Estados Unidos, pero representan el 25 % de los padres en nuestro estudio.

Un vínculo incluso mucho más directo entre la dislexia y las ocupaciones de fuerzas-M lo establecen varios estudios que demuestran que las personas con dislexia abundan de manera significativa en los programas de formación para profesiones de un alto nivel espacial, como arte, diseño e ingeniería. En el Reino Unido, donde tan sólo el 4 % de la población se considera estrictamente disléxica y otro 6 % moderadamente disléxica, un estudio del Royal College of Art descubrió unos

---

24. N. Geschwind, Why Orton was right. *Annals of Dyslexia* 32 (1982): 13-30.

25. El psicólogo Alexander Bannatyne observó que, en su experiencia, «los padres con ocupaciones de carácter espacial elevado, como cirujanos, mecánicos, dentistas, arquitectos, ingenieros y granjeros, tienden a tener hijos disléxicos, y esto ocurre con mayor frecuencia que en otras ocupaciones». A. Bannatyne, *Language, Reading and Learning Disabilities: Psychology, Neuropsychology, Diagnosis and Remediation* (Springfield, IL: Charles C. Thomas, 1971).

graves resultados disléxicos en el 10 % de sus estudiantes y unos resultados moderados en el 25 %, más del doble de los índices mostrados en la población general.[26] En el Central Saint Martins College of Art and Design de Londres, la Dra. Beverly Steffert, psicóloga, descubrió que más del 30 % de los 360 estudiantes que examinó mostraba evidencias de dificultades relacionadas con la dislexia, en la lectura, la ortografía o la sintaxis escrita.[27] Otro estudio sobre estudiantes realizado en el Harper Adams University College, en Inglaterra, mostró que el 26 % de los estudiantes de ingeniería del primer año eran significativamente disléxicos, más del doble del índice de alumnos en su conjunto.[28] En Suecia, los investigadores Ulrika Wolff e Ingvar Lundberg compararon la incidencia de la dislexia en estudiantes universitarios que se especializaban en artes y fotografía con un grupo de control de estudiantes de económicas y de derecho comercial. Descubrieron que los estudiantes de arte mostraban una incidencia de dislexia casi tres veces mayor que los estudiantes de control o la población general.[29]

Aunque faltan estudios formales sobre la incidencia de la dislexia entre profesionales ampliamente cualificados en estos campos, existe un «saber popular profesional» en muchos de los campos de las fuerzas-M que habla de la estrecha relación entre la dislexia y la capacidad espacial. En su libro, *Thinking Like Einstein*, el autor Thomas G. West relata su conversación con la artista disléxica de gráficos por ordenador Valerie Delahaye, especializada en crear simulaciones de gráficos por ordenador para películas. Delahaye le contó que al menos la mitad de los artistas gráficos con los que ha trabajado en proyectos importantes, como *Titanic* y *El quinto elemento,* también eran disléxicos. West cita asimismo al fundador de MIT Media Lab, el disléxico Nicholas Ne-

26. www.timeshighereducation.co.uk/story.asp?storyCode=155324&sectioncode=26;
    www.hhc.rca.ac.uk/resources/publications/CaseStudies/id4307.pdf
27. B. Steffert, «Visual spatial ability and dyslexia». En *Visual Spatial Ability and Dyslexia*, ed. I. Padgett (Londres: Central Saint Martins College of Art and Design, 1999).
28. ddig.lboro.ac.uk/2004_conference/documents/sarah_parsons_notes.doc
29. U. Wolff y I. Lundberg, «The prevalence of dyslexia among art students». *Dyslexia* 8 (2002): 34-42.

groponte, y declara que la dislexia es tan común en MIT que se conoce localmente como la «enfermedad MIT».[30] La Dra. Maryanne Wolf, psicóloga en la Tufts University, ha escrito que las dificultades de ortografía están tan extendidas en la empresa de arquitectura en la que trabaja su cuñado que han instituido una norma que obliga a todos los arquitectos a comprobar dos veces las cartas que escriben.[31] Y la autora Lesley Jackson escribió en el periódico comercial de la industria del diseño, *Icon Magazine Online*: «Al haber conocido a tantos diseñadores disléxicos a lo largo de los años, me he convencido de que debe de existir algún tipo de relación entre los procesos subyacentes en la creatividad del diseño y los trabajos de la mente disléxica».[32]

Expertos en dislexia han dejado constancia, con sus propias observaciones, de las relaciones existentes entre la capacidad espacial y la dislexia. El Dr. Norman Geschwind escribió: «En los últimos años resulta más evidente que las personas con dislexia están dotadas de grandes talentos en muchos campos [...]. En los últimos tiempos ha habido un número creciente de estudios que han señalado que personas con dislexia poseen talentos superiores en algunos campos relacionados con capacidades no verbales, como el arte, la arquitectura y la ingeniería...».[33] La eminente neuróloga británica Macdonald Critchley, que examinó personalmente a más de 1.300 pacientes con dislexia, declaró que «un gran número» de esos pacientes habían mostrado unos talentos especiales en objetivos espaciales, mecánicos, artísticos y manuales, y que con frecuencia buscaban ocupaciones en las que pudieran utilizar estas capacidades.[34] Podríamos fácilmente citar muchas más observaciones.

---

30. T. G. West, *Thinking Like Einstein: Returning to Our Visual Roots with the Emerging Revolution in Computer Information Visualization* (Amherst, MA: Prometheus Books, 2004).

31. M. Wolf, *Cómo aprendemos a leer: historia y ciencia del cerebro y la lectura* (Ediciones B, 2008).

32. w.ww.iconeye.com/index.php?option=com_content&view=article&id=2714:dyslexia--icon-013--june-2004.

33. N. Geschwind, Why Orton was right.

34. M. Critchley and E. A. Critchley, *Dyslexia Defined* (Chichester, Inglaterra: R. J. Acford, 1978).

La base cognitiva de las fuerzas-M

Existen dos componentes clave para las excepcionales fuerzas-M. El primero es un sistema de imágenes que puede almacenar fijamente y mostrar con precisión la información espacial en una matriz espacial mental. El segundo es una capacidad para manipular estas imágenes espaciales, rotándolas, recolocándolas, moviéndolas o modificándolas, o bien haciendo que interactúen con otras imágenes mentales.

Recientemente, unos investigadores en la University College of London han descubierto un conjunto de células especializadas en el hipocampo del cerebro (una estructura compleja en la base del cerebro, cuyos dos lóbulos en forma de caballito de mar desempeñan unas funciones clave en la formación de memorias y en el procesamiento espacial), que parecen ser las responsables de crear la matriz mental del cerebro o el entramado espacial de 3D.[35] Han llamado a estas células «células rejilla», porque juntas crean una matriz de vectores de referencia que actúan como líneas de coordenadas en un mapa de 3D.[36]

Nos puede ayudar si imaginamos estos vectores de intersección como barras de un gimnasio infinito. Esta matriz espacial nos permite trazar información sobre el lugar en que se encuentran los objetos en el espacio, casi como un sistema de navegación de GPS en 3D. Este sistema espacial mental de coordenadas puede ayudarnos a interactuar con el mundo real, determinando dónde estamos en relación con otros objetos o los tamaños y formas de estos objetos, o cuándo y cómo estos objetos cambian de orientación o se mueven. Puede ayudarnos, asimismo, a razonar sobre entornos u objetos espaciales.

---

35. El hipocampo desempeña un papel importante en muchos aspectos de la memoria. En este caso, se trata de nuestra memoria relacionada con dónde están las cosas. Como veremos más adelante en este libro, el hipocampo desempeña, asimismo, un papel importante en el tipo de capacidades de memorias episódicas que Kristen mostraba de manera tan prominente, y que desempeña un papel fundamental en las capacidades de razonamiento de muchas personas con dislexia.

36. C. F. Doeller, C. Barry y N. Burgess, «Evidence for grid cells in a human memory network». *Nature* 463 (2010): 657-661.

Como vimos anteriormente, para que resulten útiles en nuestro razonamiento espacial de mundo real, nuestras imágenes espaciales deben formar una red continúa en 3D de perspectivas interconectadas. Una simple «fotografía instantánea» –independientemente de lo vívida o detallada que sea– tiene un uso limitado si no puede ser manipulada o no se puede conectar con otras vistas y perspectivas. El sistema de coordenadas espaciales creado por las células rejilla ayuda a juntar estas perspectivas, en colaboración con otros centros funcionales del cerebro.

La información espacial se puede presentar o «mostrar» a la mente en distintas formas de *imágenes espaciales*. La forma más obvia de imagen espacial es visual.

Un ejemplo excelente de una persona disléxica con unas fuerzas-M impresionantes y una capacidad visual significativamente clara y realista de imágenes espaciales es el empresario canadiense Glenn Bailey. Después de que unos problemas académicos provocaran su abandono de los estudios, Glenn se convirtió en un hombre de negocios de gran éxito. Una de sus muchas y exitosas empresas ha sido el desarrollo y la construcción de inmuebles residenciales. Glenn nos comentó que a menudo le resultó de gran ayuda para este negocio su capacidad de generar y manipular voluntariamente imágenes visuales vívidas y realistas en 3D. «Cuando veo una propiedad, puedo construir al instante una nueva casa sobre ella. Puedo ver exactamente qué aspecto va a tener la casa y puedo caminar por cada habitación y salir al jardín y a cualquier sitio. Puedo convertir en realidad estos pensamientos. Y es así cómo se creó mi empresa de desarrollo para viviendas de gama alta. Incluso ahora, aquí sentado, puedo realizar un recorrido detallado en mi mente de cada vivienda y propiedad que he construido».

Aunque historias como las de Glenn pueden hacernos suponer que las imágenes visuales intensas son esenciales para el razonamiento espacial, la experiencia de «MX» muestra claramente que este supuesto es falso. MX era un vigilante de edificios ya jubilado que vivía en Escocia y que había disfrutado siempre de un sistema de imágenes significativamente vívido y realista, o de un «ojo de la mente». Por desgracia, cuatro días después de someterse a una intervención cardíaca, MX se despertó y descubrió que su visión era normal, cuando abría los ojos ya no podía recordar voluntariamente ninguna imagen visual.[37]

MX fue examinado utilizando una serie de tareas de razonamiento espacial y de memoria visual. A efectos de control, un grupo de arquitectos con una alta capacidad de visualización realizó las mismas tareas. Con gran sorpresa se descubrió que, aunque MX ya no podía crear ninguna imagen mental mientras realizaba estas tareas, logró obtener prácticamente la misma calificación que los arquitectos. Al realizar las tareas, el cerebro de MX estaba siendo escaneado con tecnología IRMf. En comparación con los arquitectos, que activaron intensamente los centros visuales de sus cerebros para resolver estas tareas, MX no utilizó ninguna de sus regiones de procesamiento visual.

Estos estudios sugirieron que, aunque MX había perdido su capacidad de *percibir imágenes visuales* cuando utilizaba el razonamiento espacial, podía aún *acceder a la información espacial* desde su base de datos espaciales y aplicarla a las funciones de razonamiento material sin pérdida detectable de capacidad. En otras palabras, MX había pasado literalmente de la noche a la mañana de tener unas imágenes visuales vívidas a no tener ninguna en absoluto, sin ninguna pérdida aparente en sus capacidades de imaginación espacial. Ésta es una demostración impresionante de la diferencia existente entre el razonamiento espacial y las imágenes visuales.

Las imágenes espaciales se pueden percibir en realidad de muchas maneras, no sólo con formas visuales claras y realistas. Aunque el hipocampo puede crear su rejilla espacial de la información recopilada por los sentidos, parece poco importante qué forma de imágenes utiliza la persona para «leer» o acceder a la información. Pensemos, por ejemplo, en una persona ciega que recuerda los rasgos de la cara de un amigo: esta información espacial se recuerda de una forma no visual como una forma de imagen táctil o «muscular» (*somatosensorial*), y sin embargo puede ser tan precisa y detallada como una imagen visual.

---

37. La historia de MX aparece en *Discover* online: http://discovermagazine.com/2010/mar/23-the-brain-look-deep-into-mind.s-eye

Podemos, asimismo, demostrar la gran variedad de imágenes espaciales útiles al examinar lo que han dicho otras personas con dislexia, con impresionantes fuerzas-M, sobre sus propias formas de imágenes espaciales. Empecemos con el legendario físico Albert Einstein.

Además de tener unas fuerzas-M, Einstein mostró problemas relacionados con la dislexia, como un retraso en el habla, una dificultad para aprender a leer, poca capacidad de memorización de operaciones matemáticas y una dificultad durante toda su vida con la ortografía. Einstein describió sus propias imágenes espaciales de la siguiente manera: «Las palabras del lenguaje, tal y como se escriben o se pronuncian, no parecen desempeñar ningún papel en mi mecanismo de pensamiento. Las entidades físicas que parecen servir como elementos en el pensamiento son unas señales concretas y unas imágenes más o menos claras que pueden reproducirse y combinarse "voluntariamente"».[38]

Este tipo de imágenes abstractas son particularmente comunes entre físicos y matemáticos con talentos espaciales, para los cuales la flexibilidad de las imágenes parece ser particularmente valiosa. El matemático disléxico Kalvis Jansons, profesor en la University College en Londres, ha escrito: «Para mí, las imágenes y los diagramas abstractos son más importantes que las palabras [...]. Muchas de mis ideas matemáticas originales empiezan con alguna forma de visualización».[39]

Jansons ha descrito también haber experimentado imágenes espaciales en una forma completamente no visual, como sensaciones de movimiento, fuerza, textura, forma u otros tipos de imágenes táctiles motoras: «Sería un error creer que el razonamiento [espacial] no verbal implica imágenes. Por ejemplo, el espacio tridimensional puede representarse igualmente bien en lo que yo a menudo pienso que es un mundo táctil».[40] Jansons ha utilizado sus imágenes espaciales táctiles

38. J. Hadamard, *Psicología de la invención en el campo matemático* (Espasa-Calpe, 1947).

39. K. M. Jansons, «A personal view of dyslexia and of thought without language». En *Thought without Language*, ed. L. Weiskrantz (Nueva York: Oxford University Press, 2002).

40. *Ibid.* Einstein definió de manera similar algunas de sus imágenes mentales como de «tipo muscular». En J. Hadamard, *Psicología de la invención en el campo matemático*.

en su trabajo profesional, empleando nudos para estudiar importantes principios de probabilidad.

El Dr. Matthew Schneps, del Harvard-Smithsonian Center for Astrophysics, compartió con nosotros una forma relacionada de imagen espacial. Matt es un astrofísico, un realizador de documentales galardonado con varios premios y una persona con dislexia. Matt nos describió sus imágenes espaciales, que consisten en una sensación de movimiento o en un proceso, casi como si se tratara de una máquina en funcionamiento. Cuando busca una idea o una hipótesis, Matt siente a veces como si estuviera activando una palanca en una máquina que él imagina en el espacio para mover una serie de marchas y observar cómo cambia el mapa espacial a medida que prueba las distintas configuraciones.

El abogado disléxico David Schoenbrod nos describió otro tipo de imágenes espaciales no visuales. David es profesor de Derecho en la New York Law School, un pionero en el campo del derecho medioambiental y un abogado que ha desempeñado un papel fundamental en algunos de los más destacados casos medioambientales de los últimos cincuenta años, incluidos los importantes juicios que llevaron a la retirada del plomo en la gasolina. Es asimismo un escultor de talento, arquitecto, diseñador de paisajes y constructor. David nos describió sus imágenes espaciales como un fuerte sentido de la posición espacial sin acompañamiento de imágenes visuales claras: «Al recordar historias autobiográficas, me vienen a la mente disposiciones espaciales con gran detalle, como la disposición de la habitación, la colocación de los muebles, dónde estábamos todos situados y el orden con respecto a los puntos cardinales. Pero este recuerdo no es realista ni esquemático, se sitúa más bien en una escala de grises y está casi a punto de desaparecer. En general, conozco la forma de las cosas, pero no las veo realmente. Es llamativo que el hecho de ver la forma más que el color pueda ser el motivo de por qué me ha atraído más la escultura que la pintura».

Hemos descrito estas diferentes formas de imágenes espaciales con detalle porque nos reunimos a menudo con educadores y personas con dislexia que creen que las imágenes visuales realistas son la clave para el razonamiento espacial. Por ello, suelen pasar por alto el valor de otras formas de imágenes espaciales. En realidad, no parece importar mucho si nuestras imágenes mentales son realistas y visuales o si son abstractas, posicionales o relacionadas con el movimiento o el tacto. Mientras podamos utilizar estas imágenes para comprender las relaciones espaciales, podemos utilizarlas para realizar importantes comparaciones y predicciones, o para combinar, cambiar o manipular los datos espaciales de varias maneras. La capacidad para razonar espacialmente es muy valiosa para muchas tareas y profesiones, y las personas con dislexia a menudo han sido bendecidas con fuerzas-M prominentes. Sin embargo, como trataremos en el próximo capítulo, las fuerzas-M suelen ir acompañadas de varias compensaciones.

CAPÍTULO 7

Compensaciones
de las fuerzas-M

Dos temas recurrentes en este libro son, en primer lugar, que las ventajas disléxicas proceden de las variaciones en la estructura cerebral que han sido seleccionadas por sus beneficios; en segundo lugar, que estas variaciones aportan asimismo unas compensaciones de «otra cara de la moneda» que pueden dificultar algunas tareas. Como veremos más adelante, cada una de las Fuerzas de la MENTE tiene su propio conjunto de compensaciones, y las fuerzas-M no son una excepción. Ya hemos visto una de estas fuerzas-M y su relativa debilidad en algunas acciones de procesamiento de 2D. Aunque esta debilidad tiene pocas consecuencias en la mayoría de nuestras acciones cotidianas, existe un campo en el cual puede generar problemas importantes: la inversión de símbolos durante la lectura o la escritura.

Dificultades con los símbolos

Con frecuencia encontramos dos creencias opuestas e igualmente equivocadas sobre la inversión de símbolos y la dislexia. La primera es que todos los jóvenes que invierten los símbolos son disléxicos. La segunda es que esta inversión nunca se relaciona con la dislexia. Para descubrir la verdad sobre este tema, debemos examinar cómo se desarrollan las habilidades espaciales en el cerebro humano.

Ningún niño nace con la capacidad para identificar la orientación en 2D de símbolos impresos, pero tampoco de otros símbolos. La capacidad para distinguir un objeto de su imagen espejo es una capacidad adquirida, y se aprende con la experiencia y la práctica.

En la última década, los investigadores han descubierto que el cerebro humano de un recién nacido forma dos visiones de imagen espejo de todo lo que ve: una en el hemisferio izquierdo y otra en el derecho. Habitualmente, esta duplicidad de imágenes es útil, porque nos permite reconocer objetos desde múltiples perspectivas, de manera que un bebé que ha sido advertido de la presencia de un perro desde su perfil izquierdo, puede reconocer a ese mismo perro desde su derecha.

Por desgracia, cuando intentamos reconocer la orientación de símbolos impresos –o cualquier otro objeto con un espejo natural, como un zapato o un guante–, esta capacidad para generar imágenes espejo se convierte en una carga. Antes de que un niño pueda distinguir de manera fiable una imagen de su espejo, debe aprender a suprimir la generación de su imagen espejo.[41]

A algunos niños les cuesta mucho aprender a suprimir su función de espejo. Cuando aprenden a escribir, muchos invertirán no sólo los símbolos que tienen espejos reales (como *p/q* o *b/d*), sino esencialmente todas las letras o todos los números. Para muchos niños, estos errores empiezan a disminuir tan sólo después de unas cuantas repeticiones. Sin embargo, hasta la edad de ocho años una tercera parte de ellos siguen realizando sustituciones ocasionales de imágenes espejo al leer o escribir. Si esos errores son sólo ocasionales y el niño no tiene una dificultad real con la lectura y la ortografía, no son importantes ni una señal de dislexia.

Sin embargo, para algunos niños realmente disléxicos –en nuestra experiencia, aproximadamente uno de cada cuatro– la inversión de le-

---

41. S. Dehaene, *Reading in the Brain* (véase cap. 3, n.º 3).

tras puede suponer un problema de carácter más persistente e importante. Estos niños invierten palabras enteras o incluso frases enteras, y a un nivel de símbolos individuales pueden invertir no sólo espejos «horizontales», como *b/d* o *p/q*, sino también espejos «verticales», como *b/p*, *b/q*, *d/p*, *d/q* o *6/9*. Realizan asimismo muchas inversiones al leer que empeoran su comprensión.

Estudios publicados han demostrado que muchos jóvenes disléxicos tienen una mayor dificultad a la hora de determinar con rapidez la orientación de las letras que sus compañeros no disléxicos, aunque esta dificultad disminuye con la edad.[42] En nuestra experiencia, las inversiones persistentes –no sólo para letras y números, sino incluso para dibujos y otras figuras visuales– suelen ser un problema para las personas más dotadas de fuerzas-M. Leonardo da Vinci es un ejemplo extremo de este caso. Durante toda su vida, sus dificultades disléxicas con la lectura, el uso de las palabras, la sintaxis y la ortografía se combinaban con unas fuerzas-M excepcionales. Aunque mucha gente sabe que Leonardo escribía sus diarios con una escritura de imagen espejo, pocos saben que también dibujó bocetos y paisajes en forma de imagen espejo.

Hemos trabajado con muchas personas con dislexia que han seguido invirtiendo símbolos al leer –o más habitualmente, al escribir– incluso hasta sus años de universidad, y posteriormente. Gran parte de estas personas cometen unos errores esporádicos, pero hemos conocido a una estudiante que «caía» inintencionadamente en escribir párrafos enteros en forma de imagen espejo cuando estaba demasiado cansada. Probablemente no es una casualidad que ella estudie ahora historia de la arquitectura en la universidad.

Un motivo por el que las personas disléxicas con un talento espacial pueden ser especialmente susceptibles a las inversiones es que sus cerebros tienen una gran capacidad para realizar rotaciones de imágenes espaciales. Escuchemos al diseñador disléxico Sebastian Bergne: «Si estoy diseñando un objeto, sé la forma exacta en 3D, puedo recorrerlo

42. N. A. Badian, «Does a visual-orthographic deficit contribute to reading disability?». *Annals of Dyslexia* 55 (2005): 28-52.

en mi cabeza antes de dibujarlo. Puedo también imaginar una solución diferente al mismo problema».[43] Aunque esta flexibilidad de la imagen pueda resultar útil cuando estamos intentando diseñar una silla o una tetera, resulta menos útil cuando estamos intentando leer o escribir símbolos en una superficie de 2D. El Dr. Roy Daniels, un bioquímico disléxico, fue uno de los miembros más jóvenes seleccionados para la prestigiosa National Academy of Sciences, pero incluso de adulto sigue confundiendo los pares de letras espejo, como *b/d* y *p/q*, al leer y al escribir. Para compensar este problema, toda su caligrafía es en mayúsculas, «para ver la diferencia entre letras como la *b* y la *d*».[44] El Dr. Daniels no es ciertamente el único en hacer esto.

Es muy posible que las dificultades con el aprendizaje de procedimiento, que abordamos en el capítulo 3, puedan contribuir a estas inversiones persistentes, porque la capacidad para apagar el generador de imágenes simétricas es en sí un procedimiento que debe aprenderse con la práctica.[45] Por ello su control será más lento en las personas con dislexia con dificultades en el aprendizaje de procedimiento.[46]

Facilidad del lenguaje de salida

Una segunda compensación que vemos con frecuencia en las personas con dislexia con fuerzas-M prominentes es la dificultad con el lengua-

---

43. www.iconeye.com/index.php?option=com_content&view=article&id=2714:dyslexia--icon-013--june-2004

44. R. Fink, *Why Jane and John Couldn't Read—and How They Learned: A New Look at Striving Readers* (Newark: International Reading Association, 2006).

45. R. I. Nicolson y A. Fawcett, *Dyslexia, Learning and the Brain* (Cambridge, MA: MIT Press, 2010).

46. La generación persistente de símbolos de imagen espejo, derivada de la preservación de recorridos de procesamiento bilateral del cerebro, parece ser otro ejemplo de cómo la adquisición más lenta de un procesamiento «maduro» o «experto» en muchas personas con dislexia puede generar la persistencia de un procesamiento cerebral menos maduro y más bilateral (o bihemisférico).

je de salida. Los padres y los profesores descubren a menudo con sorpresa que sus brillantes estudiantes disléxicos tienen dificultades para responder a preguntas aparentemente «sencillas», sobre todo por escrito. Esta dificultad puede ser particularmente intensa cuando las preguntas no son concluyentes y a los estudiantes se les ofrece mucha libertad de respuesta. La dificultad para responder a preguntas de este tipo es uno de los motivos más comunes de las visitas de estudiantes disléxicos más mayores a nuestra clínica. Hemos descubierto que esta dificultad a menudo es particularmente molesta en las personas disléxicas con unos resultados particularmente buenos en las pruebas verbales del coeficiente intelectual, porque las ideas que estos estudiantes intentan expresar suelen ser muy complejas.

La literatura de investigación sugiere que existen varios motivos posibles que explican por qué las personas disléxicas con unas fuerzas-M impresionantes pueden ser particularmente vulnerables ante dificultades expresivas. En primer lugar, algunas de las variaciones cerebrales relacionadas con la dislexia pueden fomentar las capacidades especiales a costa directamente de las capacidades verbales. Los psicólogos George Hynd y Jeffrey Gilger han descrito una de estas variaciones. En esta variación estructural, las regiones del cerebro que se utilizan habitualmente para procesar sonidos de palabras y otras funciones del lenguaje[47] se «toman prestadas» fundamentalmente y se relacionan en su lugar con los centros cerebrales que procesan la información espacial. Los doctores Hynd y Gilger identificaron primero esta variación cerebral en una gran familia con muchos miembros que mostraban dislexia y unas elevadas capacidades espaciales. Posteriormente, identificaron esta misma variación en el cerebro de Albert Einstein, quien, como ya mencionamos, mostraba una combinación similar de talento espacial y de dificultades del lenguaje relacionadas con la dislexia.

Los comentarios de Einstein sobre sus dificultades a la hora de trasladar sus ideas a palabras ofrecen una información útil sobre las difi-

---

47. Estas regiones del cerebro incluyen el *planum temporale*, el *supramarginal gyrus* y el *angular gyrus*.

cultades que experimentan muchas personas disléxicas con fuerzas-M elevadas. Aunque Einstein se convirtió posteriormente en un escritor de talento, en una ocasión se quejó de que pensar con palabras no era lo natural para él, y que su forma usual de pensamiento era no verbal. Para comunicarse verbalmente primero necesitaba «traducir» sus pensamientos, casi totalmente no verbales, a palabras. Einstein describió el proceso de la siguiente manera: «El juego combinatorio [con símbolos no verbales] parece ser el rasgo esencial del pensamiento productivo, antes de que exista cualquier relación con una construcción lógica en palabras o en otro tipo de señales que puedan comunicarse a otras personas... Las palabras o las señales convencionales deben *buscarse laboriosamente* [la cursiva es un añadido] sólo en la fase secundaria».[48]

Hemos descubierto que personas con dislexia –sobre todo las que poseen fuerzas-M prominentes– se identifican bien con las descripciones de Einstein, tanto de su estilo de pensamiento principalmente no verbal como de sus dificultades a la hora de traducir sus pensamientos a palabras. Aunque traducir unos pensamientos no verbales a palabras puede resultar difícil en cualquier momento de la vida, resulta a menudo especialmente complicado para niños y adolescentes, cuyas capacidades de memoria de trabajo no se han desarrollado aún por completo. Seguramente éste es uno de los motivos que explican por qué los niños procedentes de familias con un nivel alto de alcance espacial y no verbal suelen ser más lentos que otros niños cuando empiezan a hablar.[49]

En efecto, muchas personas disléxicas (aunque no todas) con fuerzas-M elevadas razonan en gran parte de forma no verbal y a menudo tienen dificultad a la hora de traducir sus pensamientos a palabras. Es-

---

48. J. Hadamard, *Psicología de la invención en el campo matemático*.
49. Dos estudios adicionales, uno dirigido por el especialista en lenguaje de Vanderbilt, el Dr. Stephen Camarata, y otro por el economista de Stanford, el Dr. Thomas Sowell, han mostrado asimismo que un retraso grave en el habla es más común en niños cuyos familiares más cercanos trabajan en ocupaciones «analíticas». Muchas de estas ocupaciones, como ingeniería, investigación científica y pilotaje de aviones, son profesiones con unas fuerzas-M elevadas. Ambos estudios se tratan en T. Sowell, *The Einstein Syndrome: Bright Children Who Talk Late* (Nueva York: Basic Books, 2002).

to significa que mostrarán con frecuencia un vacío en su comprensión conceptual y su capacidad para expresar o demostrar esa comprensión en palabras. Existe una larga y bastante vergonzosa tradición entre algunos psicólogos y educadores de tratar el razonamiento no verbal como si fuera, en el mejor de los casos, un primo pobre del razonamiento verbal y, en el peor, un tipo de oxímoron, como «guerra civil» o «actuar con naturalidad».

En efecto, el razonamiento no verbal es real, científicamente demostrable y a menudo un componente clave de las percepciones creativas de todo tipo, y merece una atención seria en todas sus formas. Aunque los estudiantes con dislexia deberían procurar hacer todo lo posible por expresar sus pensamientos en palabras, resulta igualmente importante que los padres, los profesores y los empleadores futuros aprendan a reconocer que algunas formas válidas de razonamiento pueden ser difíciles de expresar en palabras y pueden expresarse mejor en forma de dibujos, diagramas u otras representaciones no verbales.

Además de esta clara compensación directa entre capacidad verbal y espacial, los estudios han demostrado asimismo la existencia de una manera más indirecta, con una fuerte capacidad de crear imágenes de tipo visual y espacial que puede impedir las funciones verbales. La Dra. Alison Bacon y sus compañeros de la Universidad de Plymouth, en Inglaterra, pidieron a sus estudiantes disléxicos y no disléxicos que les ofrecieran una conclusión válida a una serie de silogismos, para los cuales les habían dado unas premisas principales y secundarias.[50] Por ejemplo, al darles las premisas «Todos los perros son mamíferos» y «Algunos perros tienen pulgas», se les pedía que ofrecieran una conclusión, como, por ejemplo, «Algunos mamíferos tienen pulgas».

Los investigadores descubrieron que los estudiantes disléxicos razonaron igualmente bien que sus compañeros no disléxicos con las premisas que generaban pocas imágenes (por ejemplo, todas las *a* son *b*,

---

50. A. M. Bacon, S. J. Handley y E. L. McDonald, «Reasoning and dyslexia: A spatial strategy may impede reasoning with visually rich information». *British Journal of Psychology* 98 (2007): 79-82.

ninguna *b* es *c*, ¿cuántas *a* son *c*?), o cuando las imágenes visuales contribuían directamente a la solución del silogismo (por ejemplo, algunas *formas* son *círculos*, todos los *círculos* son *rojos*, ¿cuántas *formas* son *rojas*?). Sin embargo, cuando los silogismos contenían términos que generaban unas imágenes visuales fuertes *no relacionadas con el proceso de razonamiento* (por ejemplo, «Algunos *snowboarders* son acróbatas, todas las amazonas son acróbatas, ¿cuántas amazonas son acróbatas?»), los estudiantes disléxicos tuvieron unos resultados significativamente peores que los no disléxicos. Los autores concluyeron que sus vívidas imágenes mentales saturaban su memoria de trabajo e impedían su razonamiento verbal.

Esta capacidad potencial de distracción de la imagen visual tiene unas implicaciones importantes en cómo enseñamos a los estudiantes disléxicos con capacidades para crear imágenes. Pensemos, por ejemplo, el agobio innecesario que tendrá un estudiante con unas fuertes capacidades para crear imágenes al elaborar visualmente problemas de historia en matemáticas. A muchos profesores se les ha enseñado que el uso de imágenes ayuda a los niños con fuertes capacidades espaciales y visuales, pero esto es cierto únicamente si las imágenes resultan directamente útiles para resolver un problema. Las imágenes irrelevantes son un elemento de distracción y empeoran el rendimiento.

Un punto importante que es preciso recordar en relación con el desarrollo del lenguaje en personas disléxicas –particularmente aquellas con fuerzas-M prominentes– es que su lenguaje se desarrolla sencillamente siguiendo un recorrido distinto al de sus compañeros no disléxicos. Los sistemas del cerebro que ayudan a traducir ideas no verbales en palabras se encuentran entre las últimas partes del cerebro en desarrollarse.

Para muchos niños y adolescentes con dislexia, la dificultad de trasladar ideas complejas a palabras es una característica normal de desarrollo y una que disminuye con la edad. Por este motivo, su progreso debe juzgarse con sus propias normas, en lugar de utilizar las que se aplican a la población no disléxica. Fijarse demasiado en sus dificultades puede hacer que pasemos por alto sus fuerzas específicas, como pudimos observar en un niño muy especial llamado Max.

CAPÍTULO 8

Las fuerzas-M en acción

De pequeño, Max tardó en empezar a hablar, y cuando finalmente lo hizo tenía su propio lenguaje: *ma* era agua, *dung gung* era aspiradora y *wow wow* era chupete. Cuando empezó la educación infantil a los tres años y medio, la madre del Max recuerda que tenía problemas para «captar cosas que los otros chicos parecían absorber con facilidad. No aprendió nunca canciones ni rimas, no podía recordar los nombres de los otros chicos y apenas podía contar lo ocurrido durante el día». Al empezar primaria fuimos a una escuela Montessori, pero «no "descubrió" su conocimiento ni sus capacidades académicas por su cuenta. Necesitaba que le enseñaran explícitamente».

Hasta el final del curso Max hizo pocos progresos en lectura, matemáticas o escritura. Parecía costarle mantener la atención. También tenía problemas en recuperar las palabras y la información de la memoria. Sus maestros de educación infantil y del primer curso de la escuela primaria descubrieron que le resultaba más fácil aprender de una manera personalizada que en una clase grande, así que la madre de Max decidió sacarle del colegio y educarle en casa durante el siguiente año.

Con una enseñanza personalizada Max empezó lentamente a aprender. Aunque seguía necesitando repetir y reenfocar las ideas con frecuencia, al final del curso leía lentamente y su escritura empezó a despegar (aunque seguía retrasado en la ortografía). A continuación citamos una respuesta que escribió a la pregunta «Cuéntame algo sobre la visita al Centro de Ciencias [Seattle]»:

> ...we went a long wae and thin we wint in sid. And we qplab [played] with the ecsuvatr [excavator] and thin we trid too pla with the tic tac toe mushen [machine] and thin we wint too the bug thing and thin we wint too the binusho [dinosaur] thing and thin we wint toe the ecsuvatr and thin we left.

Fuera del colegio, Max ocupaba su tiempo con muchas cosas. De bebé le encantaban los cables y los circuitos, y al crecer desarrolló un interés específico por la electrónica. Le gustaba particularmente experimentar con generación de energía a pequeña escala, utilizando fuentes para generar electricidad, como energía solar, de viento y de agua.

Max también desarrolló un profundo interés por la naturaleza, y le encantaba pasar el tiempo en el bosque alrededor de su casa, cerca de Seattle. Compuso una pista natural en la propiedad de su familia, pero, como ya saben muchas personas de la zona noroeste de Estados Unidos, pronto descubrió que «caminar» más «bosque» equivale a «pies mojados». Así que Max empezó a instalar una serie elaborada de desagües para retirar el agua estancada que se acumulaba en su pista. También construyó puentes por encima de los lugares donde no podía colocar un desagüe. El proyecto de desagües de Max era extraordinario para un niño que no había cumplido aún los diez años. No es de extrañar que esto llamara la atención de los psicólogos.

Cuando Max estaba en cuarto de primaria, su madre le llevó a que le hicieran unas pruebas debido a sus dificultades con las tareas. El psicólogo diagnosticó un TDAH. Esto parecía posible, debido a los problemas de Max con la memoria de trabajo auditiva y visual, la facilidad para distraerse y la falta de atención en las tareas escolares. Sin embargo, el psicólogo se preocupó también por el «intenso» interés de Max por la electrónica y el desagüe, por las búsquedas en solitario y por su dificultad a la hora de hablar con otros niños. Así que, además de TDAH, el psicólogo diagnosticó a Max un síndrome de Asperger, un trastorno de espectro autista. Como una de sus recomendaciones, el psicólogo sugirió que Max recibiera clases de aptitudes sociales.

Aunque la madre de Max cuestionó el diagnóstico de Asperger, estuvo de acuerdo en que su hijo tenía que mejorar sus aptitudes sociales, así que le llevó a un logopeda. Afortunadamente, el logopeda comprendió que las aptitudes sociales consistían en complejas normas de conducta que se han aprendido y practicado hasta que se convierten en hábitos. Bajo la supervisión del logopeda, Max recibió clases de aptitudes sociales de una manera clara y explícita, y las practicó durante interacciones estructuradas con otros niños hasta que estas aptitudes fueron automáticas.

Max siguió mejorando tanto socialmente como académicamente. Entre los siete y los diez años y medio su vocabulario de lectura se disparó de un percentil de 35 a uno de 98, y el de su cálculo matemático aumentó de 45 a 99,9. Sin embargo, seguía mostrando unas puntuaciones más bajas de velocidad de procesamiento y memoria de trabajo con respecto a lo habitual en nuestros «jóvenes ingenieros».

En ese momento, Max estaba realizando grandes avances en muchos campos, aunque su comprensión y su fluidez en la lectura iban rezagadas en cuanto a sus capacidades conceptuales, y su escritura seguía siendo lenta. Asimismo, al escribir cometía errores frecuentes en la ortografía, el uso de normas, la estructura de la frase (sintaxis) y la organización. A continuación mostramos un ensayo que Max escribió a los diez años, cuyo título es *The Derte road*.

> This trip we whent to bary my Grate Grandma on this dert road. So when we got on the road in are fourrunner my teeth were chattring but they stoped when we got on the bumpy port. It was 13 miles in to the drte road so I just relaxed . . .

Conocimos a Max poco después de cumplir once años. Aunque los «números» que figuraban en nuestras pruebas confirmaban en gran parte lo que otros habían detectado, nuestra interpretación fue algo diferente. Identificamos sus dificultades con la fluidez, la ortografía, la sintaxis, la memorización y la memoria de trabajo, con respecto a la escritura y la lectura; tenía problemas para centrar la atención en el material auditivo y verbal, la velocidad de procesamiento, la división por secuencias y la organización; pero también descubrimos muchas de las maravillosas fuerzas que muestran a menudo las personas con dislexia. Max mostró unas inmensas capacidades no verbales y espaciales, su comprensión de conceptos matemáticos era sorprendente y su capacidad para interactuar conscientemente en una amplia gama de complejos temas científicos era extremadamente impresionante. Nos sorprendió asimismo el «aire» intelectual de Max al aproximarse al trabajo. Mostró una ingenuidad encantadora y una capacidad de inventiva en muchas tareas por las que los niños de su edad habitualmente pasan sin pensar, de manera que, aunque su trabajo era más lento, a menudo era más creativo. Realizó muchas observaciones interesantes que demostraron la forma en que su mente lograba averiguar las conexiones entre las ideas.

También descubrimos importantes detalles sobre la familia de Max. El padre tiene un doctorado en química y su madre una licenciatura en bioquímica, ambos campos importantes de fuerzas-M. La madre muestra asimismo unos talentos y unos rasgos de procesamiento relacionados con la dislexia. Aunque de pequeña le costó aprender a leer y escribir, ahora trabaja como escritora médica. Ambos abuelos maternos de Max eran también científicos, y la bisabuela ha observado en muchas ocasiones lo mucho que Max le recuerda a su abuelo de niño. Quizás el «parecido familiar» ofrece una explicación más satisfactoria que el autismo para el «intenso» interés de Max por el desagüe y la erosión, puesto que su abuelo fue profesor de geofísica en la UCLA.

Finalmente, hicimos muchas sugerencias para ayudar a Max en campos que aún le costaban, pero también explicamos que, en los aspectos más importantes, iba por buen camino hacia su desarrollo, es decir, el tipo de crecimiento y de madurez más tardíos que los niños muestran cuando combinan un procesamiento disléxico, unas destacadas fuerzas-M y unas dificultades de aprendizaje de procedimiento.

Fuerzas-M y desarrollo

Hemos compartido la historia de Max porque queremos mostrar cómo son los niños disléxicos con unas fuerzas-M impresionantes mientras están aún en la fase de desarrollo, antes de mostrar totalmente sus talentos al llegar a la madurez. Aunque resulta muy útil echar un vistazo a la infancia de adultos disléxicos exitosos, a veces la perspectiva que nos ofrece volver la vista atrás puede hacer que sus éxitos parezcan casi inevitables, como si sus dificultades no fueran realmente tan graves y nunca corrieran realmente el riesgo de fracasar. De alguna manera estas historias pueden no lograr convencernos de que los niños de primaria que tenemos ante nosotros, más lentos y torpes, con mayores dificultades para expresarse, con falta de atención y disléxicos, podrían en realidad llegar a convertirse en importantes ingenieros, arquitectos, diseñadores, mecánicos, inventores, cirujanos o constructores del siglo XXI. Y sin embargo esto es verdad, sin lugar a dudas.

Constantemente nos encontramos con escépticos que nos responden señalando que no todos los niños serán un Albert Einstein o un Isaac Newton. Esto es cierto, pero incluso Einstein y Newton no parecían «Einstein» ni «Newton» en segundo de primaria: se dice que Einstein era un niño lento, poco colaborador y con un mal temperamento, que repetía todo lo que decía (ecolalia); mientras que de Newton se dice que era un simplón, cuya única utilidad aparente era realizar pequeños juguetes de madera para sus hermanas y sus compañeros de colegio.

Aunque las pruebas del éxito en clase puedan ser limitadas para muchos niños con dislexia que poseen fuerzas-M, a menudo muestran su potencial creativo con bastante claridad fuera de las clases, en sus deseos por construir, experimentar, dibujar y crear. Sólo hay que recordar al inventor del compact disc, James Russel, que construyó su barco de control remoto a los seis años; a Lance Heywood «entreteniéndose» con sus proyectos electrónicos; o a Max, construyendo su pista de naturaleza y experimentando con la energía solar. Estas actividades deberían tomarse mucho más en serio, ya que para un niño disléxico con unas fuerzas-M importantes, un juguete nunca es «sólo un juguete» y un dibujo nunca es «sólo un garabato». Estas actividades proporcionan una ventana para asomarse a su futuro, y el hecho de no tratarlas con seriedad supone un grave perjuicio para estos niños. Un joven sorprendente con dislexia que encontramos en nuestra clínica construyó una estructura K'nex que ganó el segundo premio en una competición nacional. Sin embargo, cuando la llevó al colegio y le pidió a su profesor si podía enseñársela a la clase, éste respondió: «No tenemos tiempo para eso; hay mucho trabajo que hacer». Otro recibió una regañina de su profesor por garabatear: «Si te pasas el día dibujando edificios en los papeles, nunca llegarás a nada». Irónicamente, el padre de este niño es un importante arquitecto que trabaja haciendo precisamente eso.

De joven, el Dr. Fred Epstein, un neurocirujano pionero en su campo, mostró un interés por las actividades mecánicas, como construir elaboradas maquetas de aviones. Debido a su dislexia, Epstein logró a duras penas acabar la universidad y fue rechazado en las doce escuelas médicas a las que se presentó. Sin embargo, siendo ya adulto, Epstein desarrolló técnicas quirúrgicas innovadoras para tratar tumores de la médula espinal previamente inoperables, técnicas que han salvado miles de vidas de niños. Es importante comprender que, cuando Epstein ideaba estas técnicas, no estaba utilizando capacidades que había desarrollado en alguna clase, sino las que había desarrollado en su mesa de trabajo en el garaje, construyendo maquetas de aviones.[51]

Para identificar a nuestra próxima generación de ingenieros, inventores y físicos de talento, no deberíamos realizar «búsquedas de talento» con lápiz y papel ni comprobar quién es más rápido en rellenar fichas matemáticas, sino buscar los prodigios espaciales en las tiendas de LEGO y de aficiones, al igual que los atléticos exploradores merodean por los campos en busca de sus objetivos. Muchos de los cerebros más importantes de nuestra próxima generación están actualmente enfrentándose a dificultades en el colegio, mientras que sus talentos pasan desapercibidos. Prestar una mayor atención a sus formas de desarrollo es algo que les debemos.

---

51. Véase F. Epstein, *If I Get to Five: What Children Can Teach Us about Courage and Character* (Nueva York: Holt Paperbacks, 2004).

CAPÍTULO 9

Los puntos clave de las fuerzas-M

El razonamiento material –la capacidad para razonar sobre las características físicas de los objetos y el universo material– representa uno de los conjuntos de talentos más importantes y comunes detectados en los estilos de procesamiento de las personas con dislexia. Los puntos clave que es preciso recordar sobre las fuerzas-M son:

- El objetivo final de las fuerzas-M es crear una serie continua e interconectada de perspectivas en 3D como base de un razonamiento centrado en características espaciales de imagen general, globales o de mundo real, en lugar de basarse en características detalladas en 2D.
- Las imágenes espaciales percibidas por las personas con fuerzas-M pueden adoptar muchas formas, desde imágenes visuales claras a percepciones no visuales, como fuerza, forma, textura o movimiento.
- La forma que adoptan las imágenes espaciales es menos importante que los usos que la persona les pueda dar.
- Las fuerzas-M suelen aportar compensaciones, como inversiones de símbolos y dificultades leves del lenguaje.

- Las personas con dislexia en general –y aquellas con fuerzas-M prominentes, en particular– muestran un patrón de desarrollo tardío, y su progreso en el desarrollo debería juzgarse según sus propios términos, en lugar de basarse en las normas creadas para juzgar a los no disléxicos.
- Las personas con dislexia que muestran unas fuerzas-M prominentes pueden tener problemas durante los primeros años de primaria, pero suelen mostrar señales de una creatividad impresionante fuera del entorno escolar.
- Los niños disléxicos con unas fuerzas-M prominentes poseen un gran potencial y suelen convertirse de mayores en personas creativas e importantes.

Terminemos esta sección por donde empezamos: con Lance Heywood y su familia. No mucho después de entrevistar a Lance, recibimos una llamada de su mujer, Jenny. Tenía que hacernos algunas preguntas sobre su hijo mayor, Daniel. Habíamos visto a Daniel en nuestra clínica algunos años antes. Al igual que su padre, Daniel es disléxico; y como su padre, también posee unas extraordinarias fuerzas-M.

En los últimos cinco años, Daniel ha complementado su currículum escolar con cursos en una universidad estatal. Su trabajo se ha centrado en las disciplinas espacialmente relacionadas en las cuales destaca, como la física y las matemáticas. Al igual que su padre, Daniel suele resolver problemas utilizando técnicas propias, en lugar de utilizar procedimientos que le han enseñado en clase; pero habitualmente llega a la respuesta correcta, como demuestran sus extraordinarias notas.

En los últimos años, ha sido también miembro del equipo de robótica de la universidad y ha viajado con él para competir con otras universidades. Un año diseñó un componente crucial para el Explorador de Marte del equipo, que acabó segundo en una competición nacional.

Jenny nos informó de que Daniel estaba solicitando ahora la inscripción para algunas universidades con complejos programas de ingeniería y de robótica. Quiere aprender a construir dispositivos médicos para la gente con discapacidades físicas. Jenny mencionó una de las escuelas a las que su hijo quería ir, y le dijimos que teníamos un contacto allí que a Daniel le gustaría conocer. En realidad, se trata de la directora del departamento.

Hemos visto a sus hijos, por dislexia.

PARTE IV

Fuerzas-I
Razonamiento
interconectado

CAPÍTULO 10

Las fuerzas-I en la MENTE

«Todo gira alrededor de las relaciones. Las cosas son lo que son por su relación con otras cosas. No puedes mantenerte aislado».

Esto es lo que nos dijo Jack Laws por teléfono desde su casa de San Francisco, y nos dejó claro que su visión de las relaciones y de las interconexiones no es un simple comentario, sino una verdadera expresión de cómo comprender y experimentar el mundo. Es una visión que comparte con un número cada vez mayor de lectores de sus increíbles guías de campo sobre la fauna de California, publicadas con el nombre que sus padres le dieron en homenaje a otro gran naturalista: John Muir Laws.

Todo el que haya leído las guías de campo de Jack o haya asistido a sus conferencias sabe que es un profesor excepcional. Pero de niño Jack nunca pensó que tendría algo que enseñar, porque le costaba mucho aprender.

Jack estaba en segundo o tercero de primaria cuando se dio cuenta por primera vez de que «había algo raro en mi cerebro». Aunque claramente era brillante y trabajador, parecía que no era capaz de aprender muchas de las cosas que sus compañeros aprendían con facilidad, como leer, disponer las letras de manera correcta y memorizar operaciones matemáticas.

Los padres de Jack le llevaron a que le hicieran unas pruebas y le diagnosticaron dislexia. Una terapia dirigida al aprendizaje redujo en gran parte –pero no eliminó– sus dificultades con la lectura, la ortografía, la escritura y las matemáticas. «Los terapeutas intentaron contar a los profesores cómo podían ayudarme a aprender, pero el diagnóstico de "dislexia" no formaba parte de su formación, y no estaban en un lugar en el que lo pudieran escuchar realmente. Esto era algo nuevo, y yo tenía profesores que pensaban que la mejor manera de aprender era avergonzarme delante del resto de los estudiantes, y eso no funcionó conmigo. Así que fui de colegio en colegio. Era lo suficientemente inteligente para ver que otros chicos podían hacer su trabajo, pero por mucho que yo lo intentara, no lo lograba, y con el tiempo me fui convenciendo de que yo no era de "los listos"».

Aunque Jack no recibió estímulos en clase, fuera del colegio había muchos «rayos brillantes de luz» que fortalecían su espíritu y estimulaban el crecimiento de su mente. «Mi padre era un observador aficionado de pájaros y mi madre una botánica aficionada, así que en todos nuestros viajes familiares estudiábamos juntos la naturaleza. Yo guardaba apuntes de campo de mis observaciones, pero para mí era difícil escribir, así que, en su lugar, hice muchos diagramas y bocetos de los pájaros que solía ver, de las flores que encontraba, de lo que hacían los bichos y ese tipo de cosas. Estos cuadernos se convirtieron en mi manera de entrenamiento para observar más de cerca el mundo que me rodeaba. Si quería esbozar un objeto, tenía que verlo una y otra vez, y descubrí que incluso las cosas más comunes guardaban secretos para mí».

Fue en esas salidas familiares cuando Jack reconoció por primera que vez una intricada red de relaciones conectaba todo en la naturaleza. «En estos viajes familiares yo me tumbaba a observar las flores con mi madre o iba a buscar pájaros con mi padre o exploraba las praderas de las montañas para cazar ranas. Me encontraba en un lugar que tenía todos estos elementos diferentes, que interactuaban entre sí. De esta manera, mis cuadernos de bocetos estaban llenos de todo lo que observaba, no sólo insectos o pájaros, sino que desde un principio, en realidad, estaba observando ecosistemas».

El otro «rayo de luz» de Jack eran los Scouts. «Tuve una experiencia excelente con los Boys Scouts. Me convertí en un Scout Águila y en jefe de mi tropa, y descubrí que era el más rápido de toda la zona de la bahía de San Francisco en atar el nudo "as de guía". Se me daba bien dirigir a los chicos, resolver problemas, ayudar a la gente a llevarse bien entre sí, demostrar capacidades de primeros auxilios. Y leía correctamente mis mapas: podía ver un mapa topográfico y la forma del terreno surgía tridimensionalmente ante mí, y podía localizar la ruta mejor que nadie. Eso me ayudó a tener más autoconfianza, y fue una parte importante de mi infancia. Pero en el colegio no iba bien».

No fue hasta su segundo año de bachillerato cuando Jack empezó a encontrar su camino como estudiante. Concretamente, su avance tuvo lugar gracias a las relaciones que estableció con dos profesores, uno de biología y otro de historia. Él atribuye el profundo impacto que estos dos profesores ejercieron en su vida a que «dejaron de mirar mi ortografía y empezaron a mirar el contenido de lo que escribía. Hubo una revolución en mi cerebro, porque me ayudaron a ver que tenía buenas ideas, pero que lo único que sucedía es que no podía escribirlas bien. Y, cuando finalmente comprendí que se trataba de dos cosas diferentes, fue un descubrimiento enorme para mí. Me seguía costando una eternidad acabar las cosas, pero por estos dos profesores habría hecho lo que fuera. En un semestre, ambos me cambiaron: sencillamente, ellos abrieron la puerta y yo pasé y empecé a correr. Fue muy emocionante. Mi vida, y las vueltas que iba a dar, es fruto en gran parte de su influencia».

Aunque Jack pensó en estudiar las carreras de historia y biología, comprendió que «si optaba por la historia, iba a tener que leer y escribir mucho, y con biología podría salir y escuchar a los pájaros».

La elección de Jack de biología –y su visión del trabajo a lo largo de su vida– se cristalizó finalmente (y de manera adecuada) en un viaje escolar, cuando su clase realizó una excursión por el sendero de John Muir. «En esa excursión empecé a imaginar una guía perfecta de campo con fotografías a color de todo lo que veía».

Durante años, la producción de esa guía de campo sería un objetivo preciado y el protagonista de muchas de sus fantasías. «Podía visualizar secciones enteras del libro, el aspecto de las páginas y cómo organizarlas».

Los años siguientes fueron una época de un gran crecimiento para Jack. «Al final del bachillerato y al principio de la universidad empecé a comprender que había muchas cosas que podría hacer para compensar mis dificultades. Una vez que comprendes que tienes algo realmente bueno que compartir, entonces la dislexia se convierte en un obstáculo mucho menor y aprendes a compensarla y a tratarla». Las grabaciones de libros y un procesador de textos con revisión ortográfica resultaron particularmente útiles para que Jack pudiera mejorar sus calificaciones. «No tener miedo de la tecnología y aprovecharla es fundamental. Sigo sin saber deletrear y sigo sin saberme las tablas de multiplicar, y nunca he leído un libro entero sin la ayuda de grabaciones, pero no pasa nada. Yo estoy bien». «Estar bien» para Jack incluye una licenciatura en Estudios de Conservación y Recursos de la Universidad de California-Berkeley, un máster en Biología de la Fauna Silvestre de la Universidad de Montana y una licenciatura en Ilustración Científica de la Universidad de California-Santa Cruz.

Tras completar esta formación continúa diciendo: «Cogí mi mochila y me fui a Sierra Nevada, y empecé a pintar flores y animales. Me pasé así los siguientes seis años».

Mencionamos a Jack que la maravillosa empatía por los temas que transmitía en sus guías de campo nos recordaba a la extraordinaria capacidad de «introducirse en el interior» de las mentes de los animales que hemos visto en muchos niños con dislexia. «Es curioso que digas esto», respondió, «porque mi conexión con la naturaleza no es algo intelectual. Es profundamente espiritual y empática. Cuando doy conferencias sobre historia natural, todos los animales que hay en mi cabeza no son sólo un montón de factoides sobre estas o esas especies, sino que son personajes que tienen sus personalidades y voces. Algunas personas procuran no antropomorfizar las especies que ven, y en verdad no es científicamente correcto proyectar una perspectiva humana en todas las cosas que hay a tu alrededor; pero, aunque reconozco que mi perspectiva humana es distinta a la percepción del mundo de un carcayú, siempre me veo hablando en nombre del carcayú o de la ocholona e intentando fundamentalmente ponerme en su lugar y comentar los hechos desde su perspectiva.

»A veces tengo esta visión: estoy sentado en un lugar, me apoyo en un árbol, miro hacia un punto y pienso: "¿Qué relación hay entre esto y cualquier otra cosa que haya aquí?". Entonces imagino un tipo de línea coloreada de energía que se mueve entre esas dos cosas. Luego miro a otra cosa y veo cómo se relaciona con esto y empiezo a intentar imaginar realmente en mi cabeza el entramado de las relaciones existentes entre las cosas que surge ante mí: un entramado tridimensional. Y empiezo a pensar: "Esto es como lo que he experimentado o he estudiado", y hay muchas más cosas que no conozco ni comprendo. John Muir dijo que cuando intentas elegir algo, descubres que está conectada con cualquier otra cosa en el universo. Y cuanto más investiguemos como científicos y biólogos, más veremos que esto es absolutamente cierto. No podemos tener una visión aislada. No sé si a mí me resulta fácil ver las conexiones, pero a veces puedo visualizarlas realmente. Me imagino el denso entramado de redes flotando ante mí y entiendo que formo también parte de ese entramado: esas líneas están conectadas conmigo y yo estoy conectado con ellas».

Razonamiento interconectado: Un entramado de significados

Jack Laws es un ejemplo sorprendente de una persona con unas fuerzas-I impresionantes o un razonamiento interconectado. Las personas con unas fuerzas-I prominentes a menudo tienen maneras únicas de ver las cosas. Tienden a ser muy creativas, perceptivas, interdisciplinarias y tienen capacidades para hacer nuevas combinaciones. No importa lo que vean o lo que oigan, una cosa siempre les recuerda a otra. Una idea lleva a la siguiente. A menudo escuchamos a sus padres, profesores, parejas y compañeros comentarios como: «Sencillamente encuentran conexiones que otras personas no pueden ver»; o bien: «Suelen decir cosas que parecen estar fuera de lugar, y entonces, después de cinco minutos, por fin lo entiendo y veo que ella tenía razón».

Las fuerzas-I generan unas capacidades excepcionales para detectar conexiones entre objetos, conceptos o puntos de vista. Incluyen:

- La capacidad para ver las relaciones de los fenómenos (como objetos, ideas, eventos o experiencias) entre sí, tanto por «semejanza» (similitud) como por «unión» (es decir, asociación, como correlación o causa y efecto).
- La capacidad para ver fenómenos desde múltiples perspectivas, utilizando enfoques y técnicas tomadas de otras disciplinas.
- La capacidad para unir todo tipo de información sobre un objeto concreto de pensamiento en una visión única de imagen general o global, y determinar su esencia o sus aspectos más relevantes y fundamentales en contextos particulares.

Al observar esta lista nos podemos preguntar cómo pueden destacar las personas con dislexia en la realización de complejas conexiones como éstas cuando tienen problemas para formar conexiones que la mayoría de la gente realiza fácilmente, como las conexiones entre sonidos y símbolos o entre ecuaciones básicas de matemáticas y sus resultados. La respuesta a esta paradoja aparente es fácil: no todas las conexiones son parecidas.

En la primera parte vimos que las fuerzas-M ayudan a crear una matriz espacial en 3D que puede utilizarse para comprender y manipular la información espacial, y que esta matriz espacial resulta particularmente útil para comprender las relaciones espaciales de imagen general o global. En esta parte veremos que las fuerzas-I también trabajan para crear una matriz multidimensional, pero esta matriz es *conceptual* y no espacial. Al igual que la matriz espacial, la conceptual ayuda a organizar y manipular la información y parece reflejar una fuerza disléxica a la hora de formar circuitos cerebrales de gran escala, particularmente adecuados para procesar conexiones de imágenes generales y no de imágenes detalladas. En el siguiente capítulo examinaremos los tres tipos de fuerzas-I que forman las «dimensiones» de esta matriz conceptual.

CAPÍTULO 11

Las ventajas de las fuerzas-I

El poder del razonamiento interconectado reside en su capacidad para relacionar todos los conocimientos, las ideas y los planteamientos mentales de una persona en una matriz conceptual integrada. Esta matriz integrada es increíblemente poderosa, porque permite acercarse a los objetos del pensamiento desde muchos ángulos, niveles y perspectivas, de manera que pueden verse desde nuevos puntos de vista, relacionarse con otros fenómenos y comprenderse dentro de un contexto más amplio. Las tres principales capacidades o fuerzas-I que contribuyen a formar esta matriz conceptual son: la capacidad para detectar relaciones entre diferentes objetos de pensamiento, la capacidad para cambiar las perspectivas o los enfoques y para razonar utilizando una perspectiva global descendente.

Fuerza para percibir relaciones

La primera fuerza-I es la capacidad para detectar relaciones entre fenómenos, como objetos, ideas, eventos o experiencias. Estas relaciones son de dos tipos: relaciones de «semejanza» (similitud) y de «unión» (o asociación, como la correlación o la causa y el efecto).

Las relaciones de semejanza pueden vincular objetos, ideas, conceptos, sensaciones, emociones o información física de todo tipo, y las semejanzas pueden ser muy literales o meramente figurativas. Algunas personas con dislexia destacan en detectar únicamente tipos particulares de relaciones (por ejemplo, aquellas que relacionan los patrones visuales o las que relacionan los conceptos verbales), mientras que otras muestran unas fuerzas más generales. Varios estudios publicados respaldan la idea de que las personas con dislexia, como grupo, muestran talentos especiales para encontrar similitudes y semejanzas. En un trabajo publicado en 1999, los psicólogos ingleses John Everatt, Ian Smythe y Beverly Steffert compararon los rendimientos de estudiantes universitarios disléxicos con el de sus compañeros de clase no disléxicos en dos pruebas de creatividad espacial y visual.[52] Ambas pruebas medían la capacidad para reconocer similitudes entre diferentes objetos o formas, es decir, para ver de qué manera una cosa podía representar o sustituir a otra. La primera prueba era una tarea de «usos alternativos», en la cual los estudiantes debían nombrar todos los usos que recordaran de las latas de refresco o de los *bricks*. La segunda consistía en una tarea de «producción de imagen», en la cual los estudiantes debían formar tantas imágenes diferentes como pudieran utilizando cinco formas geométricas distintas.

Los resultados fueron sorprendentes. En ambas los estudiantes con dislexia superaron a sus compañeros no disléxicos, imaginando un 30 % más de posibilidades en la tarea de usos alternativos y dibujando aproximadamente un tercio más de imágenes en la tarea de producir imágenes. Everatt informó de resultados similares en pruebas a personas con dislexia más jóvenes.[53]

Hemos observado que muchas de las personas con dislexia que vimos en nuestra clínica muestran unas fuerzas extraordinarias a la hora de detectar similitudes entre objetos, estructuras o patrones físicos. Son numerosas las que muestran unas capacidades sorprendentes para reco-

52. J. Everatt, B. Steffert e I. Smythe, «An eye for the unusual: Creative thinking in dyslexics». *Dyslexia* 5 (1999): 28-46.
53. J. Everatt, S. Weeks y P. Brooks, «Profiles of strengths and weaknesses in dyslexia and other learning difficulties». *Dyslexia* 14 (2007): 16-41.

nocer, por su estilo característico, los trabajos de diseñadores, artistas o arquitectos concretos, mucho antes de tener la madurez suficiente para leer. Algunas personas son también inventores, constructores o escultores prolíficos. Suelen mostrar una capacidad especial para adaptar cualquier material que tengan a mano con el fin de construir sus proyectos, demostrando una habilidad inusual para establecer analogías entre estas «piezas sueltas» y otros objetos. En nuestra página web Dyslexic Advantage (http://dyslexicadvantage.com) se menciona un ejemplo sorprendente de esta habilidad en el trabajo de Mariel, una estudiante disléxica con talento que, como Jack Laws, es a la vez una gran naturalista y una artista. Cuando tenía once años, Mariel participó en un concurso muy competitivo de arte regional y ganó con una de sus «esculturas de basura» realizada a partir de piezas de objetos desechables.

Muchas personas con dislexia tienen una gran capacidad para detectar similitudes entre palabras y conceptos verbales. Estas conexiones pueden incluir analogías, metáforas, paradojas, alternar significados de conceptos o palabras (particularmente significados «secundarios» o más distantes), similitudes basadas en sonidos (como homónimos, rimas, aliteraciones o palabras «rítmicamente» similares) y similitudes en atributos o categorías (como aspecto físico, tamaño, peso, composición, usos y funciones).

Observamos en primer lugar que las personas con dislexia destacan a menudo en detectar conexiones conceptuales o verbales durante nuestras sesiones de prueba, en las cuales notamos las diferencias de cómo las personas con dislexia comprendían y entendían las palabras y los conceptos verbales. Como ya vimos en el capítulo 4, al procesar una palabra o un concepto muchas personas con dislexia activan un campo inusualmente amplio de posibles significados, en lugar de centrarse sólo en uno. Por ello tienen menos probabilidades de responder primero a las respuestas más comunes o principales y más probabilidades de dar respuestas inusuales o creativas o una gama de posibles significados y relaciones.

En algunas tareas, esta percepción de vinculaciones conceptuales más amplias puede suponer una ventaja. Por ejemplo, las personas con dislexia suelen mostrar una capacidad excepcional para detectar asociaciones en tareas que requieren relacionar objetos conceptualmente. En una tarea que forma parte de una prueba de medición del coeficiente intelectual, se entregan a las personas examinadas tres conjuntos de imágenes, y luego se les pide que encuentren una imagen de cada conjunto que pueda estar relacionada por un concepto común. Esta tarea puede liberar una creatividad sorprendente entre las personas disléxicas examinadas. Aunque hemos utilizado las mismas imágenes durante muchos años, nos sorprende comprobar que estas personas siguen dando respuestas completamente nuevas a estas series de preguntas.

Los disléxicos examinados tienen asimismo mayores probabilidades de detectar unas conexiones más distantes e inusuales en las tareas de similitud verbal. Por ejemplo, cuando preguntamos qué similitud existe entre el azul y el gris, mucha gente responde obviamente que ambos son colores. Por el contrario, los disléxicos examinados dan respuestas del tipo «son los colores de los uniformes de la guerra civil» o «son los colores del océano en los días soleados y de tormenta». Recientemente, un brillante estudiante de siete años con dislexia respondió a nuestra pregunta: «¿En qué se parecen un gato y un ratón?», anunciando con orgullo: «Son los protagonistas de un programa de televisión infantil muy popular llamado *Tom y Jerry*».

Asimismo, observamos con frecuencia esta importante capacidad de identificar conexiones distantes e inusuales cuando pedimos a personas con dislexia que interpreten frases ambiguas, es decir, frases que puedan interpretarse correctamente en más de un sentido. Las ambigüedades en los significados de las palabras son habituales en inglés, porque muchas tienen múltiples significados y pueden utilizarse como partes diferentes del discurso (nombre, verbo, adverbio, etc.). En efecto, las quinientas palabras más empleadas en inglés tienen una media de veinticinco significados diferentes cada una, según el *Oxford English Dictionary*.[54] Identificar correctamente el significado concreto

54. Tenemos esta interesante información gracias a Jeff Gray, en la página web *Gray-Area* (www.gray-area.org/Research/Ambig/).

en una frase requiere un sistema de procesamiento que sea capaz de identificar muchos significados posibles y de elegir el adecuado, basándose en el contexto general de la frase. Durante nuestra prueba, solemos pedir a las personas examinadas que encuentren dos o más significados para las frases que sean intencionalmente ambiguas, como por ejemplo:

«The chickens are too hot to eat».
«I saw her duck».
«Please wait for the hostess to be seated».
«Students hate annoying professors».
«They hit the man with the cane».
«I said I would see you on Tuesday».

A menudo comprobamos que los estudiantes disléxicos que han tenido muchas dificultades en las tareas del lenguaje más detalladas son capaces de interpretar correctamente estas frases sin ningún problema, mientras que los que han destacado en muchas de las tareas del lenguaje más detalladas pueden tener problemas. La capacidad para reconocer significados alternos resulta útil para interpretar todo tipo de mensajes complejos, como historias, bromas, conversaciones (sobre todo informales), poemas y el lenguaje figurativo de todo tipo (analogías o metáforas). Como ya vimos en el capítulo 4, esta capacidad resulta muy útil en la lectura, sobre todo para los lectores con dificultades.

Las personas con dislexia que poseen unas fuerzas-I prominentes muestran con frecuencia una impresionante capacidad para detectar relaciones de unión, es decir, correlaciones o causa y efecto entre cosas, ideas o experiencias. Esta capacidad se denomina en ocasiones *detección de patrones*, y los expertos en dislexia han observado que dicha detección es una fuerza disléxica especial.[55]

---

55. Estos expertos incluyen al Dr. Maryanne Wolf, a Thomas G. West y al Dr. Albert Galaburda.

La existencia de una fuerza capaz de detectar relaciones de correlación o de causa y efecto es una capacidad útil en muchos campos, como la ciencia, la actividad empresarial, la economía, las inversiones, el diseño, la psicología, el liderazgo y las relaciones humanas de todo tipo. Jack Laws expresó su conocimiento de la generalización de las relaciones de causa y efecto en la naturaleza en su descripción del «entramado tridimensional de las relaciones entre las cosas» que él suele ver y en su reconocimiento de que «las cosas son lo que son por su relación con el resto».

Otro científico disléxico que demostró tener una percepción muy desarrollada de las interconexiones en la naturaleza es el Dr. James Lovelock. Lovelock es más conocido como el formulador de la hipótesis Gaya, que afirma que los componentes climáticos y químicos de la corteza de la Tierra y de la atmósfera interactúan hasta formar un sistema complejo que mantiene al planeta en un «estado acomodado para la vida».[56] Lovelock planteó estas conexiones por primera vez cuando observó las útiles correlaciones existentes en las variaciones de la composición química de los océanos de la atmósfera terrestre. Aunque antes otros científicos habían reconocido que la atmósfera de la Tierra se ajustaba casi perfectamente a la vida biológica, ninguno había comprendido que este equilibrio especial se mantenía a través de interacciones de una red estrechamente relacionada de procesos químicos: observaron las mismas partes, pero no percibieron las interconexiones que forman todo el sistema.

Fuerza para cambiar perspectivas

La segunda fuerza-I es la capacidad para encontrar conexiones entre diferentes perspectivas, enfoques o puntos de vista. Esta fuerza-I ayuda a que los que la poseen vean que un problema, una idea o un fenóme-

---

56. J. Lovelock, *La venganza de la Tierra* (Planeta DeAgostini, 2008).

no concreto puede estudiarse utilizando diferentes enfoques y técnicas, procedentes de distintas disciplinas o profesiones.

Las personas con esta fuerza-I prefieren utilizar enfoques interdisciplinarios en lugar de especializados a abordar problemas o proyectos. Suelen rechazar las formas tradicionales de clasificar el conocimiento en campos o disciplinas «herméticas» y no están satisfechas con enfoques tan limitadores. En cambio, intentan utilizar tantos enfoques como puedan para resolver problemas y favorecer su comprensión, y a menudo toman prestadas y adaptan técnicas procedentes de muy diferentes fuentes, aplicándolas de una manera nueva.

Este tipo de información hace que las personas con dislexia se conviertan en especialistas múltiples, con un conocimiento que abarca varios campos, en lugar de especializarse en uno sólo. Como resultado de este conjunto mental interdisciplinario, encuentran a menudo formas nuevas y más creativas para aplicar enfoques de un campo a otros en los cuales no suelan utilizarse. A veces, su capacidad para reconocer que unos temas interesantes requieren nuevos planteamientos les lleva a buscar una formación más amplia. Por ejemplo, James Lovelock ya tenía su doctorado en fisiología cuando su creciente interés por la ciencia medioambiental y la climatología le llevó a obtener un segundo doctorado en biofísica. Finalmente, fue esta capacidad de adaptarse a las perspectivas profesionales lo que le sugirió que la biosfera de la Tierra podría comprenderse y estudiarse como si fuera un sistema fisiológico.

En el pasado, muchas personas con dificultades disléxicas especialmente graves, incapaces de concluir su formación profesional siguiendo un recorrido académico tradicional, se vieron forzadas a adquirir sus conocimientos a través de la experiencia laboral o de una formación académica propia. Por ejemplo, John «Jack» Horner siempre supo que quería ser paleontólogo, pero fracasó siete veces en la universidad debido a sus dificultades disléxicas y se vio obligado a abandonar la educación convencional. Posteriormente, Horner empezó a trabajar como técnico de museo y se convirtió en uno de los paleontólogos más importantes del mundo. Actualmente es profesor en la Montana State University y conservador de paleontología en el Museum of the Rockies.

La combinación especial de fuerzas y dificultades que poseen muchas personas con dislexia hace que suelan tener unas historias y unas trayectorias vitales inusualmente variadas. Hemos pensado a menudo que si las historias vitales de muchas de estas personas se colocarán en una especie de «mosaico de historia», sería imposible montarlo en la secuencia correcta. Sin embargo, retrospectivamente, los cambios que suelen producirse en sus vidas tienen sentido, lo que ocurre es que no podrían predecirse con antelación. La lógica del razonamiento interconectado que dirige sus trayectorias vitales es tan distinta a la tradicional que, si no se observa con cuidado, podría parecer que no hay lógica en absoluto.

Fuerza para el pensamiento global

La tercera y última fuerza-I es la capacidad para combinar diferentes tipos de información en una imagen general o en una visión global unificada y única. Esta fuerza-I refleja la capacidad para percibir la «totalidad», que puede generarse combinando diferentes «partes», y para identificar su esencia. Esta capacidad fundamental es uno de los componentes principales de la ventaja disléxica y, como ya vimos en el capítulo 4, procede de una variación fundamental en la manera en que se organizan y se estructuran los cerebros disléxicos para formar circuitos más amplios, que unen múltiples centros de procesamiento. Podemos comprender mejor esta fuerza de razonamiento de imagen general examinando uno de sus componentes clave: la esencia o *gist*.

El *gist* es el punto principal, la esencia o el significado general de una cosa, idea, concepto o experiencia. Es la visión «aproximada», ordinaria o general, en lugar de la visión detallada: el bosque en lugar de los árboles. El *gist* aborda la fórmula o el contorno general o el significado esencial. La detección del *gist* nos ayuda a reconocer el contexto o la configuración general, de manera que podamos tener una mayor oportunidad para completar cualquier información ambigua o poco clara que encontremos, y para determinar la relevancia o la falta de ella de las cosas. Por ejemplo, cuando un mensaje de radio o teléfono es confuso, utilizamos la detección del *gist* para determinar el contexto del mensaje en su conjunto, luego usamos este conocimiento del contexto para completar los detalles que nos faltan.

Todos los mensajes verbales tienen un *gist*, pero éste no puede determinarse añadiendo simplemente todos los significados principales de cada una de las palabras del mensaje, computando luego el significado global como una suma. En cambio, el *gist* o el significado general del mensaje deben obtenerse observando cuidadosamente todos los posibles significados de las palabras y las frases, y determinando luego la esencia del mensaje en su conjunto. A través de la búsqueda del *gist* pueden identificarse las claves sobre el significado y la intención de la fuente origen, así como su modo y estilo.

Estas claves revelan si la fuente es fiable, poco seria, alarmante, empática, etc. Finalmente, estas capacidades para determinar el *gist* se aproximan a lo que nosotros entendemos por «comprensión», y son fundamentales para determinar los significados de los mensajes verbales más sencillos, y sobre todo de los complejos, como historias, juegos, poemas, bromas o interacciones sociales.

El *gist* otorga, asimismo, poder a las otras fuerzas-I. Su detección nos permite determinar la idoneidad de analogías y metáforas. Nos ayuda también a decidir qué perspectivas, puntos de vista o enfoques deberíamos utilizar para comprender algunos objetos del pensamiento. De esta manera, el *gist* puede interpretarse como la capacidad para detectar el contexto relevante o un transfondo más amplio de un objeto, una idea o un mensaje.

Los investigadores han demostrado que las personas con dislexia tienden a confiar más en la detección del *gist* que las no disléxicas, con respecto a la comprensión de la información verbal. T. R. Miles y sus compañeros de la Universidad de Bangor, en Gales, presentaron a unos estudiantes universitarios disléxicos y no disléxicos cuatro frases con una complejidad en aumento y midieron cuánto tiempo tardaría cada estudiante en dominar la repetición *verbatim* de las frases. Aunque ninguno de los veinticuatro no disléxicos necesitó más de ocho repeticiones para dominar los detalles, los disléxicos necesitaron, como media, más pruebas, algunos incluso más de veinticinco. A pesar de estas dificultades en el dominio de los detalles, los disléxicos obtuvieron tan buenos resultados como los no disléxicos a la hora de plantear el *gist* de las frases.[57]

Muchos lectores disléxicos son particularmente dependientes de unas claves y de un contexto general para concentrarse en el *gist*. Por este motivo, un gran número de ellos muestran una mejor comprensión en los pasajes más largos que en los más cortos, *sobre todo si los pasajes adicionales contienen claves contextuales de ayuda*. A menudo, escuchamos que los estudiantes disléxicos fallan al leer la segunda o tercera palabra de un pasaje complejo y nos preguntamos cómo consiguen comprender lo que leen. Sin embargo, cuando los pasajes ofrecen un contexto general de ayuda, encontramos que la comprensión de los lectores, incluso muy lentos e imprecisos, es particularmente significativa y, en algunos casos, excepcional. Este tipo de «sorpresa positiva» se debe en gran parte a su capacidad para utilizar claves contextuales para captar el *gist* del pasaje, lo cual les permite suponer correctamente la identidad de las palabras concretas.[58] Por el contrario, cuando los pasajes contienen pocas claves contextuales, la comprensión suele empeorar a medida que se vuelven más largos.

Este efecto beneficioso del contexto adicional es el motivo por el cual muchos lectores disléxicos disfrutan con libros que forman parte de una serie. Numerosos libros de serie contienen los mismos persona-

---

57. T. R. Miles, G. Thierry, J. Roberts y J. Schiffeldrin, «Verbatim and gist recall of sentences by dyslexic and non-dyslexic adults». *Dyslexia* 12 (2006): 177-194.

58. Significativamente, encontramos aun este tipo de «sorpresa positiva» en la comprensión de historias en algunos niños con el diagnóstico de trastorno específico del lenguaje, que comparte muchas de las características del procesamiento de la dislexia, pero está relacionado con unas complicaciones más serias en la comprensión del lenguaje. Estos niños suelen tener dificultades de comprensión de las frases, con excepción de las más cortas y más sencillas. Cuando se les presenta una historia con un contexto y una repetición suficientes, estos niños suelen comprender mucho más de lo previsto. Hemos visto niños que consiguen hasta tres desviaciones estándar por encima de su comprensión verbal de la narración con respecto a su comprensión del vocabulario y de cada frase. Esto se debe probablemente a sus fuerzas en la detección del *gist* y a un procesamiento basado en un contexto descendente.

jes, escenarios y actividades, y utilizan a menudo palabras similares. Una mejora parecida en la comprensión se puede observar cuando se prepara previamente a los disléxicos con un resumen del pasaje que van a leer, se les enseña una versión en película o se les entrega una lista de palabras clave.

Esta capacidad para detectar el *gist* resulta igualmente útil en áreas que van más allá de la lectura. Muchas personas con dislexia y con fuerzas-I prominentes desarrollan el hábito de buscar atentamente el *gist* y el contexto en todas las áreas de su vida. Por ello, a menudo buscan capas cada vez más profundas del significado y del contexto, aparte de los significados obvios. Este patrón de «pelar continuamente la cebolla» para encontrar el significado más profundo de una idea, una cosa o una ocupación es algo que hemos visto repetidamente en las personas con dislexia a las que hemos estudiado. A menudo desempeña un papel fundamental en su éxito, llevándoles a cuestionarse cosas e ideas que siempre se han dado por sabidas, y permitiéndoles encontrar secretos que han estado «ocultos, pero a la vista», de una forma que hace que otras personas se pregunten «¿cómo es posible que no me diera cuenta?». Seguiremos mostrando el valor de esta capacidad para detectar el *gist* en un capítulo posterior, cuando tratemos el trabajo de una persona con dislexia que ha obtenido un gran éxito.

CAPÍTULO 12

Compensaciones de las fuerzas-I

Al igual que para el resto de las Fuerzas de la MENTE, las fuerzas-I se acompañan a menudo de compensaciones cognitivas. En efecto, cada una de las fuerzas-I que hemos tratado hasta ahora tiene su propio conjunto de dificultades que entrañan «otra cara de la moneda».

Compensaciones de la fuerza para percibir relaciones

Aunque la capacidad para descubrir amplios campos de significado resulte útil con el fin de detectar relaciones de similitud o de «semejanza», la tendencia a identificar relaciones más «distantes» o secundarias, en lugar de fijarse inmediatamente en conexiones primarias, puede empeorar el rendimiento en algunas situaciones. Sobre todo genera problemas en contextos en los que la velocidad, la precisión, la fiabilidad y la exactitud tienen más valor que la creatividad, la originalidad o la intuición.

Una de estas situaciones son las pruebas estandarizadas, incluidas las pruebas para medir el coeficiente intelectual que describimos anteriormente. Por ejemplo, en tareas como vincular conceptos de imágenes o identificar similitudes verbales (que revisamos en el último capítulo), muchas personas con dislexia son tan buenas en encontrar conexiones intuitivas, pero no primarias, que a menudo observamos que sus puntuaciones son engañosas, al basarse totalmente en el número de respuestas «correctas» o primarias que dan.

Este talento disléxico para encontrar conexiones inusuales puede generar dificultades en la clase. Muchas de las tareas que deben hacer los estudiantes en el colegio —como leer textos bastante literales, responder a preguntas sencillas o actuar según unas instrucciones directas— son más fáciles para mentes que se fijan, de manera rutinaria, en los significados primarios. Los estudiantes que evocan unos significados más distantes pueden parecer confusos o «fuera de lugar», sobre todo si no llegan a las respuestas sencillas a las que otros sí llegan, o si se confunden con ambigüedades que otros no detectan.

Este patrón más amplio de asociaciones puede empeorar asimismo la velocidad, la precisión, la exactitud y la fiabilidad en tareas que requieren una aproximación más literal y directa. Un ejemplo clásico es el examen con opciones múltiples. Se puede perdonar a los que sospechan, con cierto cinismo, que dichos exámenes —con sus frases concisas, densas, no contextuales— han sido diseñados específicamente para hacer que fallen las personas con dislexia, quienes destacan en detectar significados secundarios o relaciones de palabras distantes. Estas personas examinadas a menudo leen atentamente un examen de opciones múltiples como un abogado analiza un contrato, buscando resquicios, ambigüedades y excepciones potenciales que, en realidad, no existen. Aunque sus compañeros de clase evalúan las preguntas basándose en una norma de «duda razonable», ellos buscan la «prueba más allá de la sombra de toda duda». Por este motivo, incluso la menor incertidumbre les lleva a rechazar respuestas que muchos estudiantes identificarían como correctas. Si titubean al leer, un examen de opciones múltiples suele convertirse en una pesadilla. Pero incluso los estudiantes disléxicos que leen pasajes más largos o libros enteros con una compresión excelente pueden tener dificultades en los exámenes de opciones múltiples.

Para algunas personas con dislexia, cada palabra o concepto pueden evocar un rico entramado de asociaciones, hasta el punto de que estas asociaciones pueden resultar abrumadoras y originar sustituciones no previstas. A veces, estas sustituciones implican un «cuasi-accidente» o palabras de sonido similar,[59] como *adverse/averse, anecdote/antidote, persecute/prosecute, conscious/conscience, interred/interned, imminent/eminent, emulate/immolate.* Aunque estos errores se atribuyen habitualmente a problemas en el procesamiento de los sonidos (es decir, problemas en el conocimiento fonológico), un análisis atento de las sustituciones de palabras disléxicas sugiere que existen otros factores implicados, aparte del impedimento de procesamiento en el sonido de la palabra. Tomemos en consideración el caso de Mark, que vimos en nuestra clínica. Mark es un chico muy creativo con grandes conocimientos y una imaginación intensa. Sin embargo, suele tener problemas para expresar lo que quiere decir. A veces sus sustituciones verbales implican palabras con estructuras de sonidos similares, como por ejemplo:

«There were three people out in the missile» *[middle].*
«I was looking at an add column» *[ant colony].*
«Look at the winnows» *[minnows].*
«Those people are cocoa» *[cuckoo].*
«Being dizzy can really affect your carnation» *[coordination].*
«That purple light caused an obstacle illusion» *[optical].*

En otras ocasiones, sin embargo, Mark sustituye palabras que tienen solamente una ligera similitud estructural con la palabra prevista (por ejemplo, sonidos, longitud, rima), pero comparten algún tipo de relación de significado:

«We made this for Dad's graduation» *[celebration].*

---

59. También conocidos como *malapropismos.*

«Max, quit ignoring me» *[annoying]*.

«Jim was there at the book club» *[chess club]*.

Otras veces, Mark sustituye palabras casi sin ninguna similitud estructural, de forma que las relaciones son puramente conceptuales:

«Don't eat that—it will spoil your breakfast» *[dinner]*.

«That was a great Valentine's, wasn't it!» *[Christmas]*.

«Mom, where's the bacon?» *[baloney]*.

«Those curtains have polka dots» *[stripes]*.

Las sustituciones conceptuales de este tipo se denominan errores *paraléxicos* o *parafásicos*; y cuando se realizan durante la lectura a veces se denominan *sustituciones profundas*. Aunque son menos comunes que los errores de sonido básico, en nuestra experiencia existen más personas con dislexia que los realizan (al menos ocasionalmente) de lo que se suele pensar.

En su autobiografía, *Reversals*, la autora disléxica Eileen Simpson describe sus frecuentes sustituciones paraléxicas. Un ejemplo que ella cita es su sustitución no intencionada de la palabra *leaf* en lugar de *feather*, una sustitución conceptual y no basada en el sonido. Con el tiempo, Simpson aprendió a disimular esos deslices (cuando se le indicaba que debía hacerlo) fingiendo que eran juegos intencionados de palabras o bromas.[60]

Creemos que esta tendencia a sustituir puntos relacionados es la otra cara de la moneda de las fuerzas disléxicas de percibir relaciones conceptuales distantes. Para respaldar esta idea, hemos descubierto que las personas que realizan estas sustituciones destacan a menudo en pruebas que requieren la capacidad para detectar conexiones distantes, como ambigüedades o similitudes.

---

60. Thomas G. West expone un debate interesante y perspicaz sobre el fenómeno de la paralexia en *In the Mind's Eye*, p. 43ff.

La fuerza especial para reconocer relaciones de «unión» tiene un coste. Esto es debido a que se indica que la capacidad para detectar correlaciones o relaciones causales mejora si el sistema de atención está sujeto a alguna distracción. Muchos estudios han demostrado que las personas con dislexia experimentan dificultades a la hora de descartar estímulos ambientales irrelevantes, como sonidos, movimientos, patrones visuales u otras sensaciones. La sensibilidad a las distracciones ambientales es una de las principales razones de por qué los estudiantes disléxicos suelen necesitar adaptaciones para realizar exámenes y otros trabajos basados en la concentración: sencillamente no son tan buenos en descartar estímulos ambientales irrelevantes. Estas distracciones invaden su conocimiento consciente y disminuyen sus recursos de memoria de trabajo.

En el otro extremo de la escala de distracciones, la capacidad para distinguir rápidamente los estímulos relevantes de los irrelevantes, de manera que no se puedan ignorar los irrelevantes, se denomina *inhibición latente*. La inhibición latente parece una bendición, y resulta útil en circunstancias que exijan un enfoque muy preciso de la atención, como pruebas o trabajar en silencio en clase. En efecto, la inhibición latente le convierte a uno en el estudiante que todo profesor desearía tener. Sin embargo, antes de llegar a la conclusión de que los estudiantes con resultados buenos en las pruebas de inhibición latente y resultados malos en la capacidad de distracción son los afortunados, hay que decir que existe una correlación inversa entre la inhibición latente (o la libertad de la distracción) y la creatividad. Esto significa que los que logran una mayor creatividad tienden a puntuar más bajo en las pruebas de inhibición latente y a estar más sujetos a distracciones. De hecho, un estudio centrado en los estudiantes de Harvard mostró que aproximadamente el 90 % de aquellos estudiantes que mostraban inusualmente una alta creatividad puntuaron por debajo de la media en la inhibición latente, al igual que las personas con dislexia.[61] Éste es un

61. S. H. Carson, J. B. Peterson y D. M. Higgins, «Decreased latent inhibition is associated with increased creative achievement in high-functioning individuals». *Journal of Personality and Social Psychology* 85 (2003): 499-506.

aspecto importante que hay que tener en mente a la hora de evaluar el equilibrio existente entre atención y capacidad de distracción en las personas con dislexia.

Compensaciones con fuerzas para cambiar de perspectivas

La segunda fuerza-I –la capacidad para cambiar de perspectiva– es significativamente útil, mientras sepamos reconocer cuándo se producen los cambios y que están bajo control. Sin embargo, a menudo encontramos que las personas que pueden cambiar de perspectiva están sujetas fácilmente, sobre todo de jóvenes, a cambiar de perspectiva sin darse cuenta, y esto puede complicar algunas tareas. Por ejemplo, en un trabajo de biología sobre el comportamiento animal, un estudiante puede empezar a describir comportamientos, luego cambia (oportunamente) a un debate sobre los orígenes neurológicos de ese comportamiento, y más tarde cambia de tema para considerar otras cuestiones de la neurociencia que no guardan relación con el tema central. El estudiante puede aportar, asimismo, elementos de su experiencia o de su opinión personal cuando no es necesario hacerlo, y olvidar que está escribiendo un tratado científico y no una autobiografía ni una opinión. A menudo los trabajos de estos estudiantes tendrán un aire de asociación libre que puede resultar fascinante, pero que les aleja de la meta propuesta. Para los estudiantes con unas capacidades significativas de cambio de perspectiva, aprender a controlar el equipo de caballos de su carro mental a veces supone un gran esfuerzo y una formación explícita y prolongada.

Esta capacidad para cambiar perspectivas y ver las cosas de manera interdisciplinaria puede generar problemas también con la organización. Por ejemplo, personas con unas fuerzas-I altas y con dislexia a menudo archivan muy mal sus documentos. Esto no se debe solamente, como se acostumbra a suponer, a que tienen problemas para alfabetizar, sino porque pueden pensar en muchos lugares para archivar los documentos y tienen más propensión a perder los que han archivado cuidadosamente en carpetas diferentes. Como alternativa, suelen preferir guardarlos apilados, para que puedan encontrarlos más fácilmente. Hay algunas fotos estupendas de la oficina de Einstein en Princeton que muestran a la perfección este «sistema de archivado» disléxico. (Pueden encontrarse online buscando «oficina de Einstein»). Afortunadamente, los archivos informáticos de hipervínculos y las capacidades de búsqueda han ayudado a paliar este problema.

Compensaciones con fuerzas en el pensamiento global

La principal compensación con fuerzas en el pensamiento global o de imagen general es que puede crear una mayor dependencia de la información general y contextual. Los pensadores globales tienen una forma de razonamiento descendente que funciona mejor cuando se produce una visión general, de manera que pueden añadirse nuevas piezas de información a los marcos conceptuales que ya se han construido. Por este motivo, los pensadores de imagen general suelen aprender mejor cuando tienen por lo menos una comprensión general de los objetivos o de las metas que pretenden alcanzar.

Los alumnos con un pensamiento de imagen general y de razonamiento descendente suelen adaptarse mal al funcionamiento típico de una clase, donde predominan los enfoques de enseñanza ascendente. Los colegios con frecuencia piden a los estudiantes que memoricen determinada información antes de explicar su significado. Este enfoque no funciona realmente en los alumnos con un razonamiento descendente, porque sólo pueden recordar las cosas que para ellos tienen sentido y la nueva información que puede relacionarse con conceptos que ellos ya tienen. Si no ven la relación en lo que se les pide que aprendan, sencillamente no lo integran. Sin un marco de imagen general al que poder asociar su conocimiento, la información resulta sencillamente incomprensible.

Esta dependencia del contexto es el motivo por el cual «decapar» la instrucción hasta alcanzar el mínimo indispensable, con el fin de no sobrecargar a las personas con dislexia, a menudo implica un fracaso. Los disléxicos que tienen una forma de aprendizaje de imagen general y descendente suelen aprender mejor a partir de unos enfoques que transmiten la información con una mayor profundidad conceptual, y no a partir de unos enfoques de tipo general o superficial.

Las personas con esta forma de razonamiento muestran asimismo otros patrones característicos. Por ejemplo, es habitual encontrar en los últimos años del colegio pensadores disléxicos con un tipo de razonamiento global que siguen sintiéndose perdidos a mitad del curso, y que luego descubren, de repente, que las cosas se aclaran cuando las piezas empiezan finalmente a estar disponibles para revelar toda la imagen. Los estudiantes con este patrón son más conscientes (y esto suele molestarles) de las lagunas y de las deficiencias de la enseñanza que reciben, porque perciben las partes que faltan en ese conjunto. También suelen mejorar con el tiempo: los cursos superiores resultan generalmente más fáciles que los más básicos, y las escuelas de posgrado y el trabajo posdoctoral son para ellos incluso mejores que la facultad.

Para las personas con dislexia que tienen este aprendizaje tan interconectado y conceptual, unos pasos muy sencillos pueden ayudarles a aprender de manera más efectiva y a disfrutar más con el aprendizaje. En tareas de lectura prolongada, suministrarles de antemano una visión general (la esencia y el contexto) de los pasajes asignados puede mejorar su velocidad de lectura, su precisión y su comprensión. Si se incluye cualquier vocabulario especial o nuevo, puede resultar muy útil darles de antemano una lista con las palabras clave. Visualizar previamente la relevancia y la aplicación práctica de la información cuyo dominio se les exige mejorará la retención y la motivación. Relacionar la nueva información con las cosas que ya han aprendido mejora asimismo la memoria y la comprensión. Y empezar cada nuevo curso o unidad visualizando previamente los puntos principales que se abordarán y la ruta que se recorrerá para demostrarlos puede orientar mejor a los estudiantes disléxicos, que tendrán más confianza y más capacidad de aprendizaje.

Para demostrar de qué manera las fuerzas-I y las dificultades que conllevan pueden aparecer en diferentes etapas del desarrollo, echemos un vistazo en el siguiente capítulo a una persona con dislexia que destaca en el razonamiento interconectado. Su nombre es Douglas Merrill.

CAPÍTULO 13

Las fuerzas-I en acción

Cuando Douglas Merrill era joven tenía problemas para efectuar conexiones académicas básicas. Nos comentó que «la lectura es, y sigue siendo, difícil, así que conseguir hacer las tareas significaba utilizar un montón de trucos». Y con las matemáticas, «cada verano mi madre me volvía a enseñar a sumar, restar, multiplicar y dividir una y otra vez hasta que llegué a la universidad. Nunca conecté bien con las matemáticas. Incluso cuando estaba en el bachillerato fracasaba en álgebra».

No es de extrañar que la autoestima de Douglas se viera afectada. «Siempre me sentía defectuoso, lo cual generaba el tipo de cosas que se pueden prever en un chico, como estar muy a la defensiva y ser hostil, porque yo sentía que era un fracasado».

Douglas intentó arreglárselas realizando trabajo extra y con mucha fuerza de voluntad, pero los resultados fueron decepcionantes. Sólo cuando llegó a la escuela secundaria comprendió que, a pesar de sus dificultades con las tareas de memorización y de imagen detallada, también tenía unas fuerzas especiales. Una de sus fuerzas más importantes era su capacidad para pensar y comunicarse por medio de historias. «Desde muy temprano empecé a escribir historias como respuesta a los problemas, en lugar de hacer lo que la tarea realmente pedía. Así que si echas un vistazo a mis trabajos de bachillerato, lo que hacía en la mayor parte de mis clases era escribir pequeños relatos.

Nunca iba a ser capaz de recordar todos los detalles que eran necesarios para exponer un breve esbozo paso a paso. Pero podía recordar los arcos narrativos».

Douglas comprendió gradualmente la importancia de esta técnica, pero le costó entender su relevancia para las matemáticas. «Se produjo un avance en bachillerato, cuando suspendí álgebra. Mi padre tiene un doctorado en física y mi hermano uno en matemáticas, y una de mis hermanas es una física que trabaja en centrales nucleares, así que a todos, menos a mí, se les da fenomenal la matemática tradicional. Cuando suspendí, esto me obligó a buscar algo que hiciera inusualmente bien, porque tenía que encontrar alguna forma de equilibrar lo mal que me sentía. Me di cuenta de que podía contar historias mejor que mucha gente, y cuando pensaba en lo que había hecho mal en álgebra, comprendí que le estaba haciendo el juego a mis debilidades. No estaba intentando convertir las matemáticas en una historia. Estaba intentando memorizar "el paso A, el paso B, el paso C" sin crear ninguna historia significativa sobre sus conexiones, y esto maximizó mis posibilidades de fracaso».[62]

Aunque el colegio siguió siendo duro, Douglas empezó a realizar avances lentos, pero estables. Al acabar el bachillerato fue a la Universidad de Tulsa, donde descubrió una afición especial por estudiar las ideas y las fuerzas principales que modelan nuestro mundo y por los enfoques interdisciplinarios relacionados con estos temas: «Siempre me ha interesado el solapamiento entre psicología, sociología e histo-

---

62. También en la lectura Douglas desarrolló estrategias. «Cuando ya no pude manipular más a la gente, me inventé un montón de trucos para superar la lectura. Se trata sobre todo de unas metodologías centradas en hojear las cosas, en las que lo único que haces es marcar el material a medida que avanzas, porque no hay manera de poder efectuar una lectura con detalle. Pero podía hojear y solía marcar cosas del tipo "Esto podría ser interesante más tarde", y luego hojeaba las páginas una y otra vez, pero intentaba no pensar en esto como lectura, porque si pensaba en ello de ese modo, me preocuparía el fracaso y lo duro que era, y me pondría a trabajar frenéticamente, lo cual no era nada provechoso. Pero al hojear los temas una y otra vez y al efectuar marcas cada vez más organizadas, pude conseguir los elementos clave de un artículo, un trabajo o un capítulo».

ria; las tres trabajan juntas para limitar lo que podemos hacer, cómo lo podemos hacer y cómo nos vemos a nosotros mismos».[63] Al ser incapaz de limitar su enfoque a un tema, Douglas se especializó en economía y sociología. En su tiempo libre –que en su opinión era mucho, según sus palabras era un «bicho raro incapaz de conseguir una cita»–, Douglas escogió otras capacidades que luego desempeñaron un papel importante en su vida: se convirtió en un experto en descifrar programas informáticos y en seguridad informática.

Al acabar la facultad, combinó sus intereses en temas, aprendizaje y conocimiento de imagen general con la informática, y realizó un doctorado en ciencia cognitiva en Princeton, donde llevó a cabo una investigación pionera sobre el aprendizaje, la toma de decisiones y la inteligencia artificial. Cuando le preguntamos cuáles fueron los motivos que le impulsaron a estudiar psicología cognitiva, Douglas respondió: «Fue puro revanchismo. Pasé gran parte de mi vida pensando en consejos y trucos y en diferentes maneras para resolver problemas, y pensé que podría ser interesante pensar en cómo se podría modelar esa resolución de problemas, cómo pensar en ello y cómo describirlo formalmente».

A medida que estudiaba estas cuestiones, comprendió que sus intuiciones sobre su propio pensamiento podrían resultar útiles para otras personas. «Cuando investigué la capacidad humana para resolver problemas, una de las cosas que estudié fue la manera que tenía la gente para aprender matemáticas y programación –movido, en parte, por un sentido de la ironía– y descubrí que incluso la gente normal, que tiene buenas capacidades para la memorización tradicional, obtiene mejores resultados si forma historias con elementos de inicio, desarrollo y final, incluso en temas como escribir programas. Ahora bien, ninguna de las personas a las que estudié llegó al punto al que yo llegué, pero se produjo en mí un avance significativo en la resolución de problemas al enseñar a personas normales a hacer lo que yo hacía

---

63. http://otherendofsunset.blogspot.com/

instintivamente. Esto es algo que las escuelas tradicionales deberían enseñar sin ningún tipo de dudas para que sus estudiantes tuvieran más éxito».

Tras lograr su doctorado, Douglas empezó a trabajar como científico de la información para RAND Corporation, un prestigioso grupo de investigación que indaga en cuestiones relacionadas con la política pública. En RAND, Douglas combinó su experiencia en la toma de decisiones y en la seguridad informática, con el fin de realizar estudios para clientes –incluso el gobierno de Estados Unidos– sobre seguridad informática y guerra de la información o intentos por parte de entidades hostiles de paralizar un sistema de información. Entonces descubrió que su capacidad para pensar en historias y para ver «la imagen general» resultaba increíblemente útil para ayudarle a imaginar métodos de ataque, y que podría explotar esas debilidades y detectar vacíos en los sistemas de seguridad de la información. Douglas descubrió, asimismo, que su forma de pensamiento basado en historias, interdisciplinar y de imagen general se ajustaba a la perfección en RAND. Como nos comentó, «RAND es fundamentalmente un lugar narrativo, así que estás contando historias sobre lo que debería ocurrir, respaldado por unos datos, y esto funciona a la perfección con mis fuerzas. Puedo trabajar con la gente que realiza los análisis de datos, y puedo decir: "Aquí es adónde queremos llegar". No comprendí eso en su momento, pero esa capacidad de manifestar: "Creo que debemos dirigirnos a ese punto" era en realidad muy útil, sobre todo cuando me marché para entrar en el mundo de los negocios».

La combinación única de capacidades de Douglas llamó la atención del sector privado y le llevó a realizar una serie de trabajos en Price Waterhouse, Charles Schwab y posteriormente en una pequeña *start-up* en el Área de la Bahía, con el nombre poco común de «Google», donde trabajó hasta 2008 como director jefe de información. Desde que se marchó de Google, Douglas ha trabajado como presidente de Digital Music y COO de New Music para EMI Recorded Music, y ahora dirige su propia *start-up*. Y sólo tiene cuarenta años.

Cuando nos estábamos preparando para hablar con Douglas, notamos que en sus entrevistas anteriores solía utilizar analogías para demostrar sus puntos de vista. Le preguntamos si detectar similitudes era un elemento clave de su pensamiento. «Totalmente, me encantan las analogías. Son mi pan y mi mantequilla… si se me permite utilizar una analogía anticuada. A menudo, las cosas que me interesan surgen de alguna analogía que imagino. No entiendo lo que estoy haciendo hasta haber realizado algunas analogías. El primer elemento de mi historia es preguntarme: "¿Cómo va a ser esta historia?". Entonces, para cada cuestión importante surge en mi cerebro una tormenta de analogías».

Cuando le preguntamos si prefería resolver problemas utilizando enfoques multidisciplinarios y perspectivas múltiples, Douglas respondió: «Sí, totalmente. Creo que hay muchas visiones diferentes en los problemas y que es mejor ver más de una».[64]

Claramente, Douglas está dotado de unas extraordinarias fuerzas-I y, como veremos después de leer la parte quinta y sexta, también de unas extraordinarias fuerzas-N y fuerzas-D. Pero ¿y las fuerzas-M o el tipo de capacidad de razonamiento espacial que mucha gente piensa que es característica de la fuerza disléxica? Douglas se rio cuando le preguntamos: «Se me da genial el razonamiento espacial. Si cierro los ojos no puedo decirte dónde está la puerta de mi oficina desde donde estoy sentado. Pero lo que puedo hacer es decirte que hay que girar nueve veces desde mi oficina para llegar a mi casa y que hay una separación aproximada de tres bloques. Así que no sé dónde está mi casa desde aquí, pero te garantizo que te puedo llevar hasta allí».

Resulta que las personas con dislexia con excelentes fuerzas-I tienen muchas maneras de realizar conexiones.

---

64. Un buen ejemplo de esta creencia es uno de sus proyectos en Google: «Imagina que la gente pudiera hacer preguntas del mundo que les rodea y obtener respuestas que no se ajusten totalmente a su punto de vista. Sería increíble que pudiéramos leer lo que los periódicos árabes dicen de nuestras operaciones en Oriente Medio. Sería fantástico para el mundo si la democratización de la información llegara a un punto en que los consumidores pudieran ver sus propios puntos de vista, los de las personas en que confían y los de las personas con las que no están de acuerdo, todo ello a la vez, y compararlas». A. Lundberg, IT's Third Epoch…and Running IT at Google.

CAPÍTULO 14

Los puntos clave de las fuerzas-I

En los últimos capítulos hemos tratado el papel fundamental que desempeña el razonamiento interconectado en el pensamiento de muchas personas con dislexia. Los puntos clave que es preciso recordar sobre las fuerzas-I son los siguientes:

- La capacidad para detectar importantes conexiones entre diferentes tipos de información es una considerable ventaja disléxica, probablemente la más importante.
- Las fuerzas-I incluyen las capacidades necesarias para establecer las relaciones de semejanza y de «unión»; las conexiones entre perspectivas y campos de conocimiento; y las conexiones globales y de imagen general que generan capacidades significativas para detectar la esencia, el contexto y la relevancia.
- Las fuerzas-I son más importantes en personas con dislexia, porque el microcircuito de su cerebro se inclina hacia la creación de circuitos de larga distancia muy interconectados, que favorecen el procesamiento global descendente y el reconocimiento de relaciones inusuales.
- Esta tendencia estructural y cognitiva genera una compensación entre las fuerzas-I potenciadas y las dificultades, con un procesamiento detallado y preciso, eficiente y rápido.
- Se puede ofrecer una gran ayuda a los alumnos disléxicos con fuerzas-I prominentes a través de unos pasos sencillos, que incluyen la entrega de resúmenes o descripciones de pasajes largos de lectura, el

aprendizaje previo del vocabulario clave, la entrega de información sobre la importancia práctica y la utilidad del material de aprendizaje, relacionar la nueva información con un conocimiento preexistente de los conceptos y empezar cursos o unidades con una visión general de los objetivos, la «imagen general», y resaltar el plan de las lecciones que se pretende seguir.

El razonamiento interconectado en la vida real

Analicemos ahora cómo han ayudado las fuerzas-I a otra persona de talento con dislexia: el filósofo, líder de opinión, autor y CEO corporativo, Dov Seidman. Siendo un joven estudiante, Seidman tenía grandes problemas en el colegio. De hecho, bromea diciendo que sus únicos sobresalientes en bachillerato fueron en educación física y en un taller de automoción. Posteriormente, en la facultad, se produjo una revolución en su planteamiento de aprendizaje, debido a su encuentro providencial con la filosofía. Tal y como nos contó Seidman: «Me enamoré de la filosofía. Mis profesores me animaron y la filosofía me ayudó a superar mis dificultades disléxicas. Al ser incapaz de leer cientos de páginas, la filosofía me premió con la consideración atenta de una idea, y mi discapacidad se convirtió en una fuerza».

La filosofía, en sus raíces, es la búsqueda de lo esencial, del contexto y de las conexiones de todo tipo. Se centra principalmente en las visiones de imagen general, y no en los detalles, y Seidman descubrió que su mente se adaptaba perfectamente a la filosofía y que ésta se desarrollaba en su mente de una manera increíble.[65] Los métodos y las

---

65. El interés por la filosofía ha sido un tema común entre las familias disléxicas con las que hemos trabajado. Anteriormente mencionamos que la especialización universitaria más común entre los padres de nuestros niños disléxicos era la ingeniería, la segunda más común, la filosofía. Aunque sólo el 3 % de los licenciados universitarios en Estados Unidos escoge la especialización de filosofía, más del 12 % de nuestros padres con historias personales o familiares de dislexia hicieron esta elección. Esto supone cuatro veces más del índice previsto.

disciplinas que aprendió a través de su estudio enseñaron a Seidman a llegar «por medio de las palabras, a las ideas subyacentes» y a centrarse en principios generales, lo que hemos llamado esencia o *gist*.

Seidman descubrió que tenía una capacidad natural para crear marcos que le ayudaran a comprender el mundo, tratando el tema de cómo nosotros, los humanos, buscamos una alineación en nuestras relaciones y entre nuestros intereses contrapuestos. Seidman siguió estudiando hasta obtener simultáneamente una licenciatura y un máster, *summa cum laude*, en filosofía en la UCLA. Posteriormente se licenció con mención honorífica en filosofía, política y economía en la Universidad de Oxford.

Seidman decidió entonces poner a prueba sus capacidades e intereses en la Harvard Law School, e inmediatamente empezó a trabajar en un importante bufete. En su libro, *How: por qué cómo hacemos las cosas significa tanto*, Seidman describe lo que ocurrió después: «Trabajando en la biblioteca jurídica se me ocurrió que alguien, en algún lugar, había investigado ya el tema sobre el que estaba trabajando, y que inevitablemente sabía más del tema que yo (que no sabía nada). Vi la oportunidad de hacer que el conocimiento jurídico fuera accesible a un gran número de gente por un precio muy bajo».[66]

Hagamos una pausa por un momento para repasar lo que ocurrió. Seidman estaba realizando el tipo de investigación jurídica rutinaria que miles de jóvenes abogados llevan a cabo cada día sin preguntarse realmente lo que están haciendo o por qué lo hacen. Pero Seidman era diferente. Solamente había empezado a sintonizar para buscar con mayor profundidad en el trabajo que estaba realizando, y este «hábito filosófico» le llevó a apartarse de su tarea para buscar su *gist* y su contexto.

La búsqueda de Seidman reveló dos cosas: lo innecesario que era para él investigar un tema que cientos de abogados habían investigado previamente, y la oportunidad que esta inutilidad suponía para

---

66. D. Seidman, *How: por qué cómo hacemos las cosas significa tanto* (Aguilar, 2013).

crear una empresa que ofreciera una investigación jurídica experta sobre una amplia gama de asuntos. Así es cómo nació LRN, la empresa de Seidman.

A medida que LRN crecía, Seidman realizó otro descubrimiento importante: «El tema central de nuestros esfuerzos era ayudar a los clientes a "apagar sus fuegos", respondiendo a los problemas legales que les habían surgido previamente. Empecé a creer que podríamos ser de más ayuda si lográbamos evitar que estos problemas legales surgieran desde un principio». En otras palabras, en lugar de centrarse simplemente en su necesidad inmediata de investigación, Seidman decidió buscar las fuentes subyacentes de esa necesidad.

A medida que analizaba las causas de los problemas de sus clientes, comprendió que éstos, en definitiva, no estaban siendo comprendidos desde una perspectiva legal, reglamentaria o de conformidad, sino desde una perspectiva de conductas individuales y organizativas, y de los valores que originaban y orientaban esas conductas. Según nos comentó Seidman, «el antiguo filósofo Heráclito dijo en una ocasión que el carácter es el destino, y las empresas son análogas a los individuos al tener un carácter, unos patrones de conducta y la capacidad para ganarse una reputación».

Gracias a esto, Seidman comprendió que la clave para evitar los problemas jurídicos de las empresas era enseñarlas a hacer todo lo que hacían –desde dirigir a sus empleados hasta producir productos y tratar con los clientes– de la misma manera en que lo haría una persona con buen carácter. En otras palabras, Seidman combinó las perspectivas de la filosofía, el derecho y los negocios para crear una nueva forma de visualizar las interacciones, las conductas, los intereses y las obligaciones de las personas y las empresas, que generaría unos comportamientos corporativos y unos resultados empresariales mejores.

Las impresionantes fuerzas-I de Seidman, sus capacidades para detectar relaciones entre conceptos y eventos, para entender los beneficios de adoptar diferentes perspectivas y para ver más allá de lo que es inmediatamente aparente, con el fin de encontrar el significado más profundo y más amplio, todo ello ha sido crucial para su éxito. Seidman ha sido nombrado uno de los «Top 60 Global Thinkers of the Last Decade» por *Economic Times,* el «asesor más influyente en el circuito de virtud corporativa» por la revista *Fortune* y su empresa ha ayudado a más de diez millones de personas en más de quinientas compañías en todo el mundo. Éste es el poder del razonamiento interconectado.

PARTE V

Fuerzas-N.
Razonamiento narrativo

CAPÍTULO 15

Las fuerzas-N en la MENTE

Anne era «una mala lectora» hasta bien entrada la edad adulta. Al igual que muchos lectores con dificultades, sus recuerdos del colegio son muy negativos. «El colegio era una tortura. Era como estar en la cárcel. La cautividad, el tormento y el fracaso».[67] Aunque le encantaban los cuentos y se pasaba las horas ojeando libros con imágenes, sus pocas capacidades para la lectura le impedían dibujar poco más que un boceto de la «acción y del incidente» descritos en la página. En cambio, empezó a descubrir el ritmo y la fluidez del lenguaje gracias a la lectura en voz alta de los libros en el colegio y en casa y a las películas y los programas dramatizados de radio con los que tanto disfrutaba.

Anne tuvo dificultades con la lectura durante la escuela primaria, pero poco a poco la escritura empezó a ser más fácil. Desde quinto de primaria, escribía historias y obras de aventura para sus compañeros. Ellos respondieron con entusiasmo y no le daban importancia a los errores de ortografía. Por desgracia, Anne no consiguió que su talento en la escritura se tradujera en un éxito en clase.

---

67. Esta y otras citas atribuidas a Anne Rice se han tomado, salvo otras indicaciones, de su autobiografía *Called Out of Darkness: A Spiritual Confession* (Nueva York: Alfred A. Knopf, 2008).

Sólo en el último año de bachillerato ella pudo leer lo suficientemente bien para apreciar las palabras reales que aparecían en los libros que leía. «La primera novela que recuerdo con la que realmente disfruté por su lenguaje, así como por su historia, fue *Grandes esperanzas,* de Charles Dickens. La otra novela fue *Jane Eyre,* de Charlotte Brontë. Creo que tardé un año en acabar estos dos libros. Podría haber tardado dos años. Era un punto de partida muy lento».

A pesar de estas dificultades, el amor de Anne por la literatura y la escritura fue creciendo. Cuando fue a la universidad, decidió especializarse en inglés. Por desgracia, pronto tuvo que abandonar este plan debido a que seguía siendo «una lectora con grandes discapacidades», por lo que no podía terminar las tareas para sus clases. Conseguir leer una obra de Shakespeare a la semana era prácticamente imposible para ella, y el trabajo escrito era igualmente difícil: «Logré arreglármelas, porque no me consideraban una escritora eficaz. La única historia que presenté en la revista literaria de la facultad fue rechazada. Me dijeron que no era una historia». La ortografía de Anne también era un problema. Según nos comentó: «Aún hoy no puedo escribir bien. No veo las letras de las palabras, veo las formas y las escucho. Así que sigo sin poder escribir bien. Siempre estoy revisando la ortografía y cometiendo errores».

Anne empezó a buscar otro tema en el que pudiera tener más éxito. Estaba muy interesada en las grandes ideas y creencias que habían formado el mundo moderno y quería crear una «teoría coherente de la historia». Pensó en especializarse en filosofía, pero en esa especialidad también su mala lectura suponía un obstáculo. Anne descubrió que «sólo lograría leer las narraciones cortas de Jean-Paul Sartre y algunas de Albert Camus. De los grandes filósofos alemanes que surgían en los debates de aquellos días [a principios de los años sesenta] tan sólo podría leer alguna página». En cambio, Anne optó por una licenciatura en ciencias políticas, donde ella podría entender los conceptos clave en su totalidad a partir de las conferencias. Obtuvo su licenciatura en cinco años.

Tras graduarse, mantuvo su atracción por la literatura y la escritura. A los veintisiete años, volvió a la facultad para estudiar un máster de inglés, que acabó en cuatro años. «Incluso entonces leía muy lentamente y muy mal, y tuve que hacer los orales del máster sobre tres autores, Shakespeare, Virginia Woolf y Ernest Hemingway, sin haber leído todas sus obras. No podría haberlas leído todas».

Afortunadamente, Anne pudo seguir escribiendo y poco después de obtener su título de máster, empezó a trabajar en una nueva novela. Uno de los temas principales de esa novela era la experiencia de ser apartado de la vida real y, pese a todo, cumplir los sueños, una experiencia que Anne conocía muy bien por haber sido apartada «del aprendizaje de los libros». Tres años más tarde, esa novela se publicó y se convirtió en un *best seller*. Después de esa primera novela, que tituló *Entrevista con un vampiro*, Anne escribió otras veintisiete. Del conjunto de sus obras se han vendido casi cien millones de ejemplares, Lo que ha convertido a Anne Rice en una de las escritoras de *best sellers* más importantes de todos los tiempos.

Razonamiento narrativo: La estructura de la experiencia

Se podría pensar que es extremadamente inusual que una escritora de éxito y talento tenga problemas con la lectura y la ortografía, pero esto es una equivocación.

Muchos escritores de éxito han tenido que enfrentarse a dificultades disléxicas con la lectura, la escritura y la ortografía, y sin embargo han aprendido a elaborar una prosa clara y efectiva. Aun limitando nuestra selección a los escritores contemporáneos cuyos síntomas disléxicos pueden ser confirmados claramente, la lista de autores disléxicos famosos es impresionante e incluye a personas tan conocidas como:

- Richard Ford, novelista y ganador del Premio Pulitzer (*Independence Day*).
- John Irving, novelista, autor de *best sellers* (*El mundo según Garp*, *Oración por Owen*) y guionista ganador de un Premio de la Academia (*Las normas de la casa de la sidra*).

- Robert Benton, guionista, ganador del Premio de la Academia en dos ocasiones (*Kramer contra Kramer*, *En un lugar del corazón*).
- Vince Flynn, escritor de *best sellers* policíacos, de sus novelas se han vendido más de 15 millones de ejemplares en la última década.
- Lynda La Plante, escritora de *best sellers* de misterio, guionista (*Prime Suspect*) y ganadora del Premio Edgar.
- Sherrilyn Kenyon, novelista, autora de *best sellers* (que escribe también con el pseudónimo de Kinley MacGregor), de sus novelas se han vendido más de 30 millones de ejemplares.[68]

No mencionamos a estos escritores creativos tan destacados únicamente para que sirvan de ánimo e inspiración por sus extraordinarios logros. Ni siquiera estamos sugiriendo que el procesamiento disléxico pueda resultar útil para lograr una escritura creativa, aunque, por motivos que explicaremos en breve, creemos que esto es cierto. En cambio, nos centramos en estos escritores de talento porque creemos que ellos revelan algo importante sobre el procesamiento disléxico *en general*, no sólo con respecto a los escritores disléxicos, sino también con relación a muchas otras personas con dislexia que nunca han escrito nada. Lo que estos autores muestran es el carácter profundamente narrativo del razonamiento y la memoria que poseen muchas personas con dislexia. Este razonamiento narrativo es la fuerza-N de la MENTE.

Las fuerzas-N son la capacidad para crear una serie conectada de escenas mentales a partir de fragmentos de la experiencia personal pasada (es decir, de la memoria personal o episódica), que puedan utilizarse para recordar el pasado, explicar el presente, simular un futuro potencial o unos escenarios imaginarios y captar y probar los conceptos importantes.

---

68. Hemos publicado una lista un poco más larga, aunque no exhaustiva, de estos y otros escritores en nuestra página web Dyslexic Advantage (http://dyslexicadvantage.com).

Aunque un gran número de personas con dislexia no afirmarían de forma instintiva que su pensamiento es de estilo «narrativo», mostraremos las formas en que los estilos de razonamiento y de memoria que muestran muchos disléxicos son, de hecho, profundamente narrativos. Mostraremos, asimismo, las diferentes y sorprendentes formas de utilizar las fuerzas-N.

CAPÍTULO 16

Las ventajas de las fuerzas-N

Las fuerzas-N reciben su poder de un tipo de memoria conocido como memoria personal o episódica. Con el fin de comprender de qué manera la memoria episódica sirve de apoyo para las fuerzas-N, será necesario resumir y revisar la estructura general del sistema de memoria.

El sistema de memoria se puede dividir en dos ramas principales: memoria a corto plazo y memoria a largo plazo (*véase* la figura 1). La memoria a corto plazo, que contiene la *memoria de corto plazo* y la *memoria de trabajo*, es la responsable de guardar en la mente la información que estamos utilizando justo ahora. La memoria a largo plazo almacena la información que podemos recuperar y utilizar más tarde.

La memoria a largo plazo, que será nuestro foco de atención en este capítulo, tiene dos ramificaciones: la *memoria de procedimiento* y la *memoria declarativa*. La memoria de procedimiento guarda los «procedimientos y las normas» que nos ayudan a recordar cómo hacer las cosas. La memoria declarativa guarda «hechos sobre el mundo».

La memoria declarativa se puede dividir asimismo en *memoria episódica* y *semántica*. La episódica (conocida también como *memoria personal*) contiene unas memorias basadas en hechos, en una forma que simula eventos, episodios o experiencias. La memoria semántica almacena hechos, como datos abstractos e impersonales, sin contexto ni experiencia.

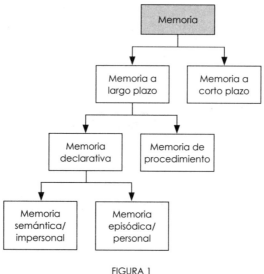

FIGURA 1

Muchos hechos sobre el mundo pueden recordarse como memorias episódicas o semánticas. Por ejemplo, el hecho de que las «lágrimas tengan un sabor salado» puede recordarse como un episodio que hemos experimentado o como un hecho que sencillamente sabemos sin necesidad de recordar nada sobre el episodio que lo generó. Nos centraremos en la memoria episódica porque es la base de las fuerzas-N y para muchas personas con dislexia es la forma preferida de almacenar el conocimiento basado en hechos.

Comprender la memoria episódica

La memoria episódica es el teatro de la mente. Las memorias históricas no se almacenan como grabaciones intactas en una parte individual del cerebro, como las películas antiguas en una bobina. Por el contrario, los componentes visuales, auditivos, espaciales, lingüísticos, táctiles y emocionales de las memorias episódicas están desmontados, y se almacenan luego en sus áreas respectivas de procesamiento dentro del cerebro, como los accesorios de un escenario en un almacén. Posteriormente, al recordar una memoria episódica, estos «accesorios» se recuperan de su lugar de almacenamiento y se vuelven a montar en una forma que se asemeja estrechamente (o que «vuelve a poner en escena») la experiencia original.

Al igual que muchas obras dramáticas, las memorias episódicas describen cosas que suceden o que se han experimentado, como eventos, episodios u observaciones. Contienen asimismo elementos tradicionales de la historia, como personajes, argumento y escenario. Esto les confiere un carácter narrativo o de tipo argumental.

Este proceso de volver a escenificar «escenas» mentales a partir de fragmentos de la experiencia personal pasada es una forma extremadamente poderosa de recordar hechos relacionados con el mundo. Podemos echar un vistazo a este poder al examinar los recuerdos de una persona con una memoria episódica muy rica, la novelista Anne Rice. Una de las cosas que más llaman la atención de la autobiografía de Anne, *Called Out of Darkness*, es la claridad y la intensidad de sus memorias de la infancia, tal y como muestra en esta descripción de un paseo que solía dar con su madre:

Salimos de casa y caminamos por la avenida, bajo los robles, y casi siempre cerca del lento rugido de los tranvías que pasaban y del ruido de los coches, luego cruzamos hacia Garden District [...] Esto era como sumergirse de lleno en una forma de quietud [...] Recuerdo la calzada con tanta claridad como el canto de las cigarras en los árboles; eran de ladrillos en espiga, muy oscuros, desiguales, y a menudo recortados por un musgo verde aterciopelado. Incluso los raros tramos de cemento puro eran interesantes, porque el cemento se había roto y estaba combado en muchos lugares por las raíces de magnolias y robles gigantes.

Esta descripción es tan clara, tan rica en detalles sensoriales y atenta al ambiente, que traslada al lector directamente al lado de Anne, mientras está realizando ese recorrido. Y sin embargo, cuando ella escribió este fragmento, estaba describiendo paseos que había dado unos sesenta años antes.

Por muy poderosa que sea esta función de «volver a escenificar» los hechos, recordar el pasado es tan sólo una de las muchas funciones de la memoria episódica. La Reina Blanca observaba correctamente en *A través del espejo*, de Lewis Carroll, que «es un tipo de memoria muy pobre la que sólo funciona hacia atrás». La memoria episódica huye de esta crítica, porque no sólo nos ayuda a recordar el pasado, sino porque también nos ayuda a comprender el presente, a predecir y a visualizar el futuro, a simular mentalmente las acciones o las intervenciones planificadas, a imaginar eventos de los que no hemos sido testigos o que son ficticios, a resolver problemas, a navegar y a crear narrativas que puedan persuadir o iluminar a otras personas.

Para explicar las diferentes funciones de la memoria episódica hablamos con el Dr. Demis Hassabis, un neurocientífico que ha desempeñado un papel fundamental en este campo tan nuevo, que avanza con tanta rapidez.[69] En 2007, el Dr. Hassabis coescribió con su colega, la Dra. Eleanor Maguire, un artículo que fue pionero en su campo, en el cual se describía la extraordinaria versatilidad del sistema de memoria episódica.[70] Su artículo, elegido como uno de los diez artículos científicos más importantes del año por la prestigiosa revista *Science*, introdujo el término de *construcción de escenas* para describir el proceso principal que utiliza la memoria episódica para realizar sus diferentes funciones.

---

69. El Dr. Demis Hassabis tiene un *curriculum vitae* que parece creado por Stan Lee para uno de sus superhéroes. Aunque no lanza redes ni se vuelve verde y musculoso cuando se enfada, era maestro de ajedrez a los doce años, ganó cinco veces el campeonato mundial Pentamind en la Mind Sports Olympiad y a los diecisiete años era ya un diseñador de éxito de videojuegos. También obtuvo una licenciatura en ciencias informáticas en Cambridge y creó una empresa de producción de videojuegos de gran éxito, con sesenta y cinco empleados, todos ellos, en ese momento, de unos veintitantos años. Tras vender su empresa, decidió combinar sus intereses en la imaginación, la creatividad y la inteligencia artificial realizando un doctorado en neurociencias cognitivas en el University College de Londres.

70. D. Hassabis, D. Kumaran, S. D. Van y E. A. Maguire, «Patients with hippocampal amnesia cannot imagine new experiences». *Proceedings of the National Academy of Sciences, USA* 104 (2007): 1726-1731. Véase también D. Hassabis y E. A. Maguire, «Deconstructing episodic memory with construction». *TRENDS in Cognitive Science* 11 (2007): 299-306.

Cuando hablamos con el Dr. Hassabis desde su oficina de Londres, él explicó este proceso de *construcción episódica* de la siguiente manera: «La memoria episódica reconstruye cosas que has experimentado previamente a partir de los elementos recordados que has adquirido a través de tus experiencias vitales. Por ejemplo, pongamos que estás dando un paseo por un bonito jardín o parque y ves una bonita rosa y la hueles: todos estos elementos de experiencia se convierten en componentes de tu memoria. Posteriormente, cuando quieres recordar lo que has experimentado, reúnes esos componentes de una manera que parezca familiar. Puedes recordar mal algunos detalles, porque la memoria a menudo es imprecisa, pero en cuanto a la parte que recuerdas bien, ésa es una reconstrucción precisa de una memoria episódica».

Cuando le pedimos al Dr. Hassabis que nos explicara algunas de las funciones adicionales de la memoria episódica, nos respondió: «Recientemente hemos descubierto que utilizar la construcción de escenas para recordar el pasado es tan sólo una pequeña parte de un sistema mucho más grande, al que llamamos *sistema de simulación episódica*. La simulación episódica es muy potente, porque permite utilizar la memoria creativamente. Con la creatividad se recopilan los mismos tipos de elementos de la memoria que se utilizan para recordar el pasado, pero en lugar de reconstruir algo que hemos experimentado antes, combinamos los elementos en nuevas formas para construir un conjunto que sea totalmente nuevo, porque contiene conexiones sin precedentes entre los elementos. En otras palabras, la creatividad utiliza el mismo proceso de construcción que empleamos para reconstruir las memorias, pero la construcción es creativa porque genera algo que nunca hemos experimentado antes. El proceso es similar, pero el resultado es totalmente nuevo».

Este sistema de recombinación creativa puede ser utilizado como un tipo de laboratorio mental para simular lo que podría ocurrir en determinadas condiciones o circunstancias iniciales. Según el Dr. Hassabis, «esta función de simulación episódica es muy valiosa en muchos campos, entre los cuales destacan la previsión financiera, diseñar juegos de ordenador e imaginar cómo juegan los jugadores, o para pensar en la escena de una película y en cómo podría interpretarse».

Teniendo en cuenta los numerosos usos de este sistema de simulación episódica, la inclinación hacia una memoria episódica en lugar de semántica, que muestran muchas personas con dislexia, tiene unas implicaciones que van más allá de la memoria y que llegan al verdadero meollo del proceso de razonamiento. Las personas disléxicas con fuerzas-N prominentes suelen razonar simulando mentalmente eventos o acciones potenciales, «observando» luego cómo se «representan» estas simulaciones, en lugar de razonar abstractamente utilizando definiciones o fórmulas que carecen de contexto. Estas simulaciones se basan en la información que han recopilado de una experiencia real, y no de principios abstractos.

Memorias basadas en escenas frente a un conocimiento abstracto no contextual

Hemos descubierto que una gran mayoría de personas con dislexia muestran esta preferencia por la memoria episódica en lugar de por la memoria semántica para muchas tareas, y aparece de varias maneras tanto en el entorno clínico como en la vida real. Una de estas maneras es una tendencia a almacenar un conocimiento conceptual y verbal como *descripciones o ejemplos basados en escenas*, en lugar de *definiciones verbales abstractas*.

A menudo, como parte de nuestras sesiones de pruebas, preguntamos a las personas que definan términos o conceptos. Aunque muchas personas responden con definiciones abstractas típicas del diccionario, las personas con dislexia suelen responder con ejemplos, ilustraciones, anécdotas o descripciones de usos o rasgos físicos. Por ejemplo, cuando pedimos a los disléxicos que definan la palabra *bicicleta*, tienen mayor propensión que los no disléxicos a responder con una analogía («es como una motocicleta, pero tú haces que funcione») o una descripción («es una cosa con un asiento, dos ruedas, un manillar y pedales que tú haces que funcione porque pedaleas con los pies»), en lugar de utilizar una definición abstracta («es un dispositivo de transporte de dos ruedas impulsado por el hombre»). Esto se aplica también cuando pedimos a personas con dislexia que definan un concepto que es inherentemente abstracto, como «rectitud». Éstas tienen una mayor propensión a responder con un ejemplo («es como cuando juegas a un juego y no quieres que te hagan lo que tú no le harías a nadie»), en lugar de utilizar una definición abstracta («significa que todos deben recibir el mismo trato» o «que tienes lo que te mereces»). Esta dependencia de *descripciones* basadas en escenas de hechos en lugar de *definiciones* abstractas o sin contexto refleja una mayor dependencia de una memoria episódica en lugar de semántica, y muchas de las personas disléxicas más mayores con las que hemos hablado confirman que este patrón es característico de su pensamiento.

Cuando les pedimos a estas personas más mayores con dislexia que nos cuenten algo sobre su estilo de pensamiento, a menudo describen otra característica que hace referencia a la memoria episódica. Cuando piensan en un hecho o en un concepto, habitualmente descubren que ese concepto no está representado en su mente por una descripción generalizada individual de dicho concepto, sino más bien por una serie de distintos ejemplos a través de los cuales ellas pueden «desplazarse» mentalmente. El concepto se entiende como la recopilación completa de todos estos ejemplos, y aunque se centra en los más comunes y representativos, incluye asimismo los más atípicos. Jack Laws nos describió muy bien este estilo conceptual. Cuando hablamos con él, mencionó que había descubierto que le resultaba mucho más fácil que a otra gente hacer una distinción entre animales diferentes de la misma especie, por ejemplo, entre diferentes cuervos o petirrojos. Así que le preguntamos qué surgía en su cabeza al mencionar el concepto «petirrojo»: ¿sólo un petirrojo idealizado o una serie de diferentes petirrojos? Él respondió tajante: «Diferentes petirrojos, sin duda. Mi mente empieza a pensar en los petirrojos que forman parte de mi experiencia, en lugar de en un petirrojo generalizado único o en la idea platónica de petirrojo». Cuando dibujó un petirrojo para su guía de campo, dibujó al petirrojo único que representaba mejor las características de todo el grupo, pero era un petirrojo *concreto,* en lugar de una generalización idealizada. En otras palabras, dibujó a partir de una memoria episódica y no de una memoria semántica.

Cuando mencionamos estas preferencias de memoria disléxica al Dr. Hassabis, nos respondió: «Eso es muy interesante, porque hace referencia a una importante compensación entre la memoria episódica y la memoria semántica que las personas que estudiamos el campo de la memoria hemos estado analizando. Estos tipos de memoria dependen fundamentalmente del hipocampo [el cual, como mencionamos anteriormente, desempeña un papel fundamental en la formación de memorias y en los recuerdos]. Pero lo interesante –y esto no está escrito en ningún sitio, pero es el tipo de argumento que la gente más innovadora está pensando en este momento– es si quieres ser muy bueno en la memoria episódica, si quieres que tu hipocampo se implique en un proceso denominado *separación de patrones*. La separación de patrones implica lo siguiente: supongamos que hemos experimentado algo nuevo, y aunque se parece bastante a otra cosa que también hemos experimentado, queremos recordarlo como un elemento distinto, por ejemplo, qué hice ayer para comer en comparación con lo que hice hace tres días, aunque a lo mejor comí con las mismas personas y en el mismo lugar, y muchos elementos eran comunes. Una de las funciones que realiza el hipocampo es guardar estas memorias similares por separado. En realidad, hace que éstas sean más divergentes de lo que podríamos imaginar, y eso es exactamente lo que querríamos hacer si quisiésemos tener una buena memoria episódica. «Por el contrario, si quisiéramos ser buenos en aprender hechos semánticos que generalizan y son ciertos a través de múltiples experiencias –por ejemplo, el hecho de que París es la capital de Francia– entonces no nos importaría el episodio específico que hemos aprendido. Lo que nos importaría es básicamente "la perla dentro del hecho". El contexto en el cual aprendimos ese hecho sencillamente no es relevante para esta pieza de información. En ese caso, queremos algo que el hipocampo hace, que es la *terminación de patrones*. La terminación de patrones es un proceso que une cosas divergentes. Por ejemplo, pongamos que escuchamos un hecho concreto en diferentes clases. Lo importante realmente es *ese hecho* y no los diferentes contextos en los cuales nos hemos encontrado ese hecho. De forma que la terminación de patrones solidifica nuestra memoria del hecho que escuchamos en cada ocasión, pero elimina cualquier registro de las diferencias en la forma en que los experimentamos.

«Ahora bien, si el hipocampo es responsable de hacer ambas cosas, entonces quizás lo que estamos viendo con estas personas disléxicas es que algunas de las mismas diferencias de conexión cerebral que hacen que sean disléxicas les predisponen también en favor de una separación de patrones por encima de una terminación de patrones. Esto supondría que a estas personas se les daría muy bien la memoria episódica y recordar cosas que les han ocurrido. Esta mayor diversidad de patrones separados podría, asimismo, hacer que se les diera mejor que a la gente no disléxica detectar conexiones inusuales entre hechos».

Esta última observación es muy importante, porque se refiere al debate que mantuvimos sobre las fuerzas-I en la cuarta parte. Allí sugerimos que la creatividad puede mejorarse en las personas con dislexia porque tienen una predisposición a realizar unos circuitos neurales más amplios, capaces de crear una mayor amplitud, diversidad e innovación de conexiones, y de mejorar la percepción del *gist* y del contexto. La separación de patrones otorga poder a la mente disléxica, porque «almacena» un gran número de patrones separados que pueden ser utilizados para realizar conexiones novedosas. En pocas palabras, las personas con dislexia pueden tener una doble ración de hechos cognitivos que mejoran su capacidad para realizar conexiones diferentes y más creativas.

Estas características resultan ideales para mentes con poderosas capacidades narrativas. ¿Qué podría resultar más útil para un narrador de historias que una mente en la que se hayan almacenado un sinfín de diferentes personajes, experiencias y escenarios, dispuesta a detectar nuevas conexiones, asociaciones, patrones y relaciones, y dotada de la capacidad de unirlo todo en una gran narración única, a través de la búsqueda de un contexto o de un *gist* de orden superior?

Pensando en historias: Una fuerza disléxica común

Este tipo de pensamiento narrativo altamente creativo suele reflejarse en una tendencia a pensar y a transmitir la información en forma de historia. Observamos en primer lugar esta tendencia durante nuestras sesiones de prueba, cuando pedimos a las personas que escribieran una imagen llamada «ladrón de galletas».[71] En dicha prueba se muestra a una mujer de pie en primer término, secando un plato con un trapo y mirando ensimismada hacia el observador. Detrás, a su izquierda, cae agua del fregadero, que tiene el tapón puesto, y se está empezando a formar un charco en el suelo. A su derecha, y claramente sin que ella lo sepa, un joven está de pie en un taburete, buscando en lo alto de un armario un envase de galletas que está justo en el estante superior. Junto al taburete, una niña espera impaciente recibir una galleta. Nadie parece darse cuenta de que el taburete está inclinándose y que el chico está a punto de caer.

Muchos observadores consideran que los eventos en esta escena son bastante triviales e improbables —sobre todo las acciones de la mujer, que parece estar extrañamente al margen del caos que hay a su alrededor— así que hacen pocos esfuerzos por conciliar los diferentes eventos en una historia individual coherente. En cambio, describen sencillamente las características más obvias de la imagen. Sin embargo, con el tiempo encontramos que un número reducido de observadores proponía detalles adicionales, en un esfuerzo por conciliar los elementos aparentemente irreconciliables de la imagen. A menudo, los detalles adicionales implicaban a una persona o un objeto situado «frente» al plano de la imagen (como el padre o una televisión), que estaba distrayendo la atención de la mujer y provocando que ignorara lo que ocurría con el fregadero y los niños. Significativamente, casi todas las personas que daban estos elementos adicionales eran disléxicas y las soluciones que propusieron se centraban claramente en identificar el *gist*, con el fin de ofrecer una explicación coherente de la acción en la imagen.

Observamos, asimismo, que las personas con dislexia tenían mayor probabilidad de utilizar técnicas convencionales de narración de histo-

---

71. De una prueba llamada «Test de Boston para el diagnóstico de la afasia». H. Goodglass y E. Kaplan, *Test de Boston para el diagnóstico de la afasia*, (Madrid: Médica Panamericana, 2005).

rias para describir la imagen. Los más jóvenes incluían fórmulas de apertura como: «Un día, mientras ella estaba lavando los platos…» o «Había una vez…», pero incluso las personas más mayores con dislexia estaban más predispuestas a dar los nombres de los personajes, las líneas de diálogo, los rasgos distintivos de la personalidad, el sentido del humor, las motivaciones y las historias familiares y personales. Encontramos que muchos disléxicos utilizan estos tipos de elementos narrativos, personales o episódicos, en todo tipo de tareas descriptivas, y que sus descripciones suelen contener elementos como analogías, metáforas, personalizaciones o antropomorfizaciones, así como vívidas imágenes sensoriales.

Esta tendencia al razonamiento narrativo se puede observar también en las vidas profesionales de muchas personas con dislexia, que utilizan sus fuerzas-N de todas las maneras posibles. A continuación damos algunos ejemplos de personas con dislexia en campos distintos a la escritura narrativa que se han desarrollado utilizando capacidades narrativas.

Duane Smith es profesor y director del equipo de oratoria en Los Angeles Valley College, un colegio en el que fracasó como estudiante debido a sus dificultades relacionadas con la dislexia. Según nos comentó: «Toda mi vida ha girado alrededor de las historias y de cómo contarlas, y en mis clases de oratoria hago hincapié en la necesidad de contar historias. La mitad de lo que hacemos en los concursos es interpretar historias, pero para mí, literalmente, todo gira alrededor de esto». Antes de ser profesor, Duane hizo una brillante carrera en ventas, donde descubrió también que sus capacidades narrativas eran de gran valor.

Cuando describimos una «memoria episódica» a Duane, empezó a reírse al reconocer el tema. «Si escucho una canción o huelo algo o veo una pieza de ropa o un coche de un año concreto, puedo imaginar inmediatamente la escena de un día particular o de un evento. Mi mujer se vuelve loca, porque estamos escuchando la radio y le cuento que esa música me hace volver a 1985, cuando estaba con un grupo de amigos un sábado por la noche en el In-N-Out Burger, escuchando esa canción, y recuerdo de lo que hablábamos y lo que decíamos. Y ella me dice: «¿Es que no puedes escuchar sólo la canción?». Por el contrario, Duane nos comentó que no recuerda casi nada de forma abstracta y no contextual: «Las únicas cosas que recuerdo son experiencias, ejemplos e ilustraciones».

El profesor de derecho David Schoenbrod recuerda que, cuando estaba en bachillerato, su profesor de inglés les dijo a sus padres: «David no conoce ningún lenguaje». Éste es un problema que ya ha superado hace tiempo, como demuestran los cuatro libros tan valorados que ha escrito sobre derecho medioambiental. ¿A qué atribuye David su éxito como abogado? Según nos comentó: «Creo que mi fuerza como abogado reside en ser capaz de contar una historia. Tenía un compañero de carrera que me dijo que uno gana un caso contando una historia de una manera que logre convencer al juez. Y siempre sentí que eso se me daba bien. Me gusta contar historias, y es algo fácil para mí».

El empresario y psicólogo cognitivo Douglas Merril atribuye su supervivencia en la escuela y su dominio de las técnicas matemáticas principalmente al uso de estrategias narrativas. «Siempre pienso en historias, me pasaba el día [de adolescente] leyendo o contando historias o jugando a juegos de fantasía sobre historias del tipo *Dungeons and Dragons*.

»Conocí entonces a Charles Schwab, y Charles —alias Chuck— es disléxico; y se sienta en las reuniones con los ojos cerrados, escucha a la gente mientras habla y lee los folletos con antelación. Está bastante claro que lo único que hace es escuchar y pensar. Y cuenta esas historias increíbles sobre lo que quieren los clientes. Encuentro que esto es muy liberador, porque por primera vez pensé: "Esto que hago bien tiene valor, en comparación con lo que hago mal, que parece ser a lo que todo el mundo da importancia"».

Después de dejar Google, Douglas trabajó un tiempo como presidente de New Music en EMI Recorded Music. «Pensé que uno de los problemas que tenía el sector era que no sabía nada de sí mismo. Así que pasé un tiempo intentando comprender qué es lo que ocurre realmente en la industria de la música. La manera más directa de hacerlo es con las matemáticas, y yo era un desastre en matemáticas, así que, en cambio, me puse a leer artículos y estudios de economía, y a tomar apuntes en pósits que luego pegaba en la pared. Más tarde, una vez a la semana, los quitaba y los movía de sitio, y lo que ocurrió es que esto acabó siendo una historia».

En resumen, las fuerzas-N pueden resultar muy útiles en cualquier trabajo o tarea en donde las experiencias personales pasadas se puedan utilizar para resolver problemas, para explicar, persuadir, negociar, aconsejar o, de alguna manera, para dar forma a las perspectivas de uno mismo o de los demás.

CAPÍTULO 17

Compensaciones
de las fuerzas-N

Además de las numerosas capacidades, las fuerzas-N pueden aportar también numerosas compensaciones. La más importante, y la más común, se refleja en el siguiente comentario: «Sammy no recuerda nunca nada del colegio. Olvida lo que le han enseñado y si tiene una tarea o un examen. Y cuando le pedimos que haga algo en casa, le entra por un oído y le sale por el otro. Su memoria es terrible. Lo extraño, sin embargo, es que Sammy es el historiador de nuestra familia. Puede recordar lo que hemos hecho en cada período de vacaciones o qué regalos recibió su hermano hace cinco años en su fiesta de cumpleaños y quién se los hizo o qué mascota tiene cada niño de su clase. Entonces ¿por qué puede recordar todas estas cosas, pero no sus horarios o los nombres de las capitales de los estados?».

Esta clásica descripción, aunque aparentemente paradójica, del «historiador de la familia» con poca memoria, es algo que escuchamos en numerosas ocasiones. Esto es más fácil de comprender si recordamos los diferentes tipos de memoria que hemos descrito al principio del capítulo anterior.

Todas las personas, disléxicas o no, muestran un conjunto característico de fuerzas y debilidades en la memoria episódica, semántica y de procedimiento, y este conjunto afecta en gran medida a su aprendizaje y a sus tipos de memoria. Al igual que Sammy, muchos disléxicos tienen una memoria episódica mucho más fuerte que una memoria semántica y una debilidad relativa en la memoria de procedimiento (tal y como vimos en el capítulo 3). Las personas disléxicas con este tipo de memoria suelen recordar muy bien las cosas que han hecho o experimentado, así como las historias que han oído o la información incluida en un contexto narrativo. Sin embargo, les cuesta mucho más recordar meros hechos semánticos o abstractos, impersonales y que carecen de contexto.

Anne Rice es el ejemplo perfecto de una persona con este patrón de memoria. Como mencionamos anteriormente, Anne tiene una buena memoria fenoménica para detalles episódicos y personales, es decir, para cosas que ha experimentado. Sin embargo, tiene muy mala memoria para hechos abstractos e impersonales. Según lo que nos contó: «No pienso de manera abstracta en absoluto. Todo es imagen y narración para mí. No puedo recordar los números y cometo muchos errores, a veces doblo los precios o los importes, porque mi memoria es borrosa».

Es fundamental identificar a los estudiantes con dislexia que muestran principalmente un tipo de memoria episódica y de procesamiento narrativo, porque sus fuerzas-N pueden proporcionar la llave para desbloquear su potencial de aprendizaje. Esto es cierto tanto para su forma de asimilar la información como para su forma de expresarla.

Cuando adquieren información nueva, los estudiantes con dislexia que muestran una fuerte memoria episódica y un tipo de procesamiento narrativo aprenderán habitualmente mucho mejor si las definiciones abstractas o generales se apoyan en ejemplos o descripciones basados en escenas. Cuando la información se integra en un contexto que resulta coherente y familiar para el estudiante, y que incorpora experiencias, casos, ejemplos, historias o vivencias personales (como el humor, la participación, la novedad o la «rareza»), muchos estudiantes con dislexia aprenderán esta información con mayor rapidez y la retendrán de manera más duradera.

Estas aseveraciones se ven reforzadas por la siguiente experiencia compartida con nosotros por la madre de un niño disléxico. Nos contó que cuando ella era estudiante siempre destacaba en clase porque recordaba muy bien hechos, definiciones y fórmulas, mientras que su marido, disléxico, siempre había tenido problemas en estos campos. Ella siempre había sido la mejor estudiante, cuando su marido apenas lograba aprobar en el colegio. Así que asumió, de manera natural, que ella sería la mejor tutora para su hijo. Se sorprendió entonces al comprobar que su marido era un maestro mucho más efectivo que ella, sobre todo en temas con muchos conceptos, como historia, estudios sociales y ciencias. Más tarde comprendió que esto era así porque su marido enseñaba utilizando ejemplos, casos y analogías, mientras que ella intentaba «quitarle la grasa» a sus clases y presentar sólo lo esencial de los hechos, para que su hijo tuviera que memorizar menos cosas. Sin embargo, su problema no era la cantidad de información, sino la forma. Podía controlar hechos que estaban integrados en una historia o en un contexto coherente, pero olvidaba con rapidez las que carecían de contexto o de significado. Ésta es una experiencia común en los estudiantes con dislexia.

Los estudiantes disléxicos con un tipo de razonamiento narrativo se enfrentan, asimismo, a importantes dificultades cuando intentan expresar sus ideas. Puesto que su conocimiento conceptual se almacena a menudo en casos, imágenes o narraciones, y no en definiciones o principios abstractos, cuando se les pide que respondan a preguntas en los exámenes o en las tareas, o incluso que declaren oralmente en clase una serie de principios generales o abstractos, pueden responder en su lugar con historias o ejemplos. Por ello, sus respuestas pueden parecer deslavazadas y carentes de estructura. Puede parecer que «dan un rodeo» para responder y que tienen dificultades para ir al grano. Douglas Merrill compartió con nosotros un ejemplo de ello con algo que le había ocurrido.

«Cuando hice los exámenes de calificación en la universidad, me hicieron una pregunta sobre el desarrollo del conocimiento. Se suponía que yo tenía que empezar con Piaget y pasar a Erikson, para luego llegar a la resolución moderna del problema cognitivo. Comprendía todos los conceptos importantes, pero realmente no había sido capaz de memorizar todos los detalles, así que, en su lugar, escribí una historia sobre los diferentes recorridos del desarrollo en dos personas. Desarrollé todos los conceptos correctamente, pero me suspendieron en esa pregunta, porque no les había dado los detalles específicos que ellos habían pedido».

Como ya hemos mencionado, esta tendencia disléxica a pensar en ejemplos o historias y no en definiciones abstractas puede tener como resultado la pérdida de puntos en las pruebas estandarizadas, incluida (y quizás, sobre todo) la parte relacionada con el vocabulario en las pruebas de medición del coeficiente intelectual.

Los colegios y los exámenes suelen tratar los hechos y los principios abstractos como si fueran las únicas formas de conocimiento que realmente «cuentan»; asumen que si los estudiantes no pueden memorizar ni regurgitar hechos en su forma no contextual «más pura», realmente no los saben. Aunque las definiciones abstractas son importantes y útiles, no debemos infravalorar el conocimiento que está integrado en experiencias, historias, casos o ejemplos. Este conocimiento basado en casos es muy valioso por mérito propio, y es más fácil de dominar que la información abstracta para muchos estudiantes con dislexia.

Resulta, asimismo, importante reconocer que las personas con un tipo de razonamiento en gran medida basado en casos o narrativo mostrarán a menudo una trayectoria muy diferente del desarrollo cognitivo con respecto a las personas con un tipo de razonamiento más abstracto o semántico. Esto resulta particularmente cierto en relación con el desarrollo de su conocimiento conceptual. En edades más tempranas, las personas que almacenan conceptos en forma de casos y ejemplos pueden parecer concretas porque tienen pocos casos y experiencias con los que razonar, así que pueden parecer apegadas a casos específicos cuando se les pide que piensen en un concepto más amplio. Desde muy temprano, estos estudiantes suelen tener más dificultades que sus compañeros a la hora de generalizar su conocimiento. Afortunadamente, a medida que aumenta su experiencia, también lo hará la fluidez de su pensamiento. De hecho, una vez que hayan acumulado un conjunto más amplio de experiencias, con frecuencia serán menos concretos que otras personas, porque sus conceptos incluyen una amplia gama de casos y no un único principio generalizado. Asimismo, esto hace que sean menos propensos a equivocarse en una abstracción o generalización en una descripción completa de la realidad.

Finalmente, debido a que las narraciones ofrecen tanta información a las personas con dislexia que poseen fuerzas-N prominentes, es fundamental que las narraciones que les contemos sobre la dislexia sean precisas y oportunamente esperanzadoras. Uno de nuestros objetivos principales a la hora de escribir este libro es corregir la narración común y profundamente equivocada que afirma que las diferencias disléxicas son principalmente, o incluso totalmente, unas disfunciones. La historia que deberíamos leer en las vidas de las personas con dislexia no es una tragedia, sino una historia emocionante llena de esperanza, oportunidad y promesa con respecto al futuro.

CAPÍTULO 18

Las fuerzas-N en acción

Veamos en detalle los diferentes usos de las fuerzas-N en una persona con dislexia de gran talento.

A Blake Charlton le diagnosticaron dislexia a mitad del primer curso de primaria. Aunque le apasionaba escuchar y contar historias, Blake no lograba avanzar con la lectura y la escritura, y tenía problemas con las matemáticas básicas.

Blake pasó dos años en una clase especial, donde empezó a realizar avances. Disfrutaba sintiéndose el «chico listo» de la clase, y se alegró mucho cuando pudo finalmente empezar a trasladar las historias al papel.

En cuarto de primaria, había progresado lo suficiente como para poder regresar a una clase de educación regular. Su sensación de logro desapareció enseguida cuando pasó de ser el «chico listo» de la clase a ser el «fracasado». Únicamente sus habilidades deportivas y teatrales –que le granjearon la admiración de sus compañeros de clase– le permitieron mantener una imagen positiva de sí mismo y responder a los contratiempos de la clase con determinación e intención de mejorar.

En los últimos años de primaria, esta resolución contribuyó a que Blake estimulara su velocidad de lectura –sobre todo leyendo novelas de fantasía que atrapaban su imaginación– y su ritmo de trabajo. Sin embargo, siguió cometiendo errores «tontos» en ortografía y en matemáticas, que afectaron a sus notas.

Finalmente, Blake pudo avanzar cuando se le permitió utilizar una calculadora y un revisor ortográfico para sus trabajos. Sus notas se dispararon, y también su autoestima. «De repente, volví a ser un cerebrito». Blake disfrutaba porque reconocían su inteligencia, y empezó a aplicarse en los estudios incluso con mayor determinación. Obtuvo buenos resultados en los exámenes para el College Board, tan buenos, de hecho, que fue admitido en la Universidad de Yale.

Aunque Blake guarda buenos recuerdos de Yale, también recuerda la facultad como una época terrorífica. Estaba tan preocupado porque sus dificultades disléxicas no obstaculizarán sus estudios, que lo compensó dedicándose a ellos «cada momento del día». Por fortuna, recibió un apoyo inestimable de la Oficina de Recursos para Discapacidades de Yale. El personal de esta oficina le ayudó a obtener las adaptaciones necesarias para la clase, con un teclado para su trabajo, tiempo adicional en los exámenes y ayuda extraescolar con documentos, planificación y calendarios relativos a las pruebas.

Debido a que desde hace tiempo soñaba con ser médico, empezó unos cursos de ciencias y descubrió que tenía un talento especial para la química. Destacaba particularmente en la química orgánica, sobre todo en el razonamiento espacial tridimensional, y obtuvo la más alta calificación en esta materia tan difícil y competitiva. Blake obtuvo igualmente buenos resultados en química inorgánica, porque, aunque, tenía poca capacidad de memorización, era capaz de recordar un número sorprendente de hechos sobre los elementos químicos en la tabla periódica con tan sólo crear imaginativas historias sobre ellos. Atribuyó a los elementos personalidades, historias pasadas, motivaciones y objetivos, y estos detalles narrativos le ayudaron a recordar sus «comportamientos» y sus posiciones en las filas y las columnas de la tabla. Blake utilizaba unas estrategias similares de memoria basada en narraciones también en otros cursos. Debido a estos resultados tan positivos, nos dijo que por primera vez en su vida se sentía verdaderamente una persona de «talento intelectual».

Blake habría sido muy feliz en la especialización de química de no ser por su intenso amor presentía por las historias. Se especializó en inglés y, gracias a un esfuerzo persistente, sus habilidades para la escritura empezaron a florecer. De hecho, ganó dos premios con sus escritos durante su estancia en Yale.

Después de su graduación en 2002, empezó a trabajar como profesor de inglés, asesor en discapacidades de aprendizaje y entrenador de fútbol. Luego volvió a casa para cuidar de su padre, que estaba enfrentándose a un cáncer. En los pocos momentos libres que le quedaban, escribía historias sobre los mundos imaginarios que había soñado durante toda su vida, al tiempo que seguía soñando con convertirse en médico.

En 2007, Blake entró finalmente en la Stanford Medical School. Al mismo tiempo firmó un acuerdo para publicar tres libros con un editor especializado en literatura fantástica. La primera novela de Blake, *El despertar del dragón*, se publicó en 2010. Precisamente esta novela narra la historia de un mago disléxico en formación que debe resolver el acertijo de su propia «cacografía» –o su incapacidad para manejar los hechizos basados en textos sin «corromperlos»– con el fin de evitar el triunfo del mal sobre el bien. Es una lectura absolutamente apasionante, y el elaborado sistema de magia creado por Blake es sorprendentemente innovador.

Cuando hablamos con Blake, estaba tomándose unos días de descanso entre su segundo y tercer año en la escuela médica para enseñar escritura creativa a los estudiantes del primer año de medicina (y animarles de esta manera a utilizar el razonamiento narrativo en la medicina clínica) y para publicar el análisis de narraciones literarias relacionadas con la medicina (como, por ejemplo, *La muerte de Ivan Ilich*, de Tolstoi).

Durante nuestra conversación, Blake se refirió a la gran utilidad que habían tenido para él las estrategias de memorias basadas en narraciones para enfrentarse a la abrumadora tarea de memorización en sus primeros dos años en la escuela de medicina. Incluso compartió algunas de las historias que había desarrollado para recordar las ramas de las arterias en los nervios. El razonamiento narrativo sigue siendo un tema dominante en su vida.

Y además, en su tiempo libre, Blake se dedicó a terminar la segunda novela de su trilogía, *Spellbound*. Ésta, al igual que la primera, combina elementos de las experiencias de Blake con la dislexia con el importante sistema de magia creado por él. Naturalmente, no debería sorprendernos descubrir que alguien que puede pasar de ser un estudiante de educación especial a un licenciado con un título de la Sociedad Académica Phi Beta Kappa de Yale sepa algo sobre magia.

CAPÍTULO 19

Los puntos clave de las fuerzas-N

El razonamiento narrativo desempeña un papel fundamental en el pensamiento de muchas personas con dislexia. Los puntos clave que debemos recordar sobre las fuerzas-N son:

- Muchos disléxicos muestran una profunda diferencia entre sus poderosas memorias episódicas (o personales), de eventos y experiencias, y sus memorias de procedimiento y semánticas (de hechos impersonales o abstractos), mucho más débiles.
- La memoria episódica tiene un formato «basado en escenas» o muy narrativo, en el cual los conceptos y las ideas se conciben o se recuerdan como experiencias, ejemplos o representaciones, y no como definiciones abstractas y no contextuales.
- El sistema de construcción episódica puede utilizar fragmentos de la experiencia almacenada no sólo para reconstruir y recordar el pasado, sino también para imaginar el futuro, resolver problemas, probar la idoneidad de los inventos o planes propuestos, o crear historias o escenarios imaginarios.
- La creatividad y la construcción episódica se pueden relacionar estrechamente.
- Las personas que confían en conceptos narrativos o históricos en lugar de en hechos abstractos y no contextuales suelen razonar, re-

cordar y aprender mejor utilizando ejemplos e ilustraciones, en lugar de definiciones o conceptos abstractos.

- Numerosos disléxicos aprenderán y recordarán mejor transformando la información abstracta en información narrativa o basada en casos, a través del uso de estrategias de memoria o historias.

- Muchas personas con dislexia disfrutan (y tienen un talento especial) con la escritura creativa, aunque tengan dificultades con la escritura o la lectura académica formal; por ello, los profesores deberían prestar mucha atención a los indicios de capacidades narrativas en los estudiantes con dislexia, y deberían ayudar a los disléxicos con talento a desarrollar sus capacidades, a través de las adaptaciones más adecuadas o del apoyo escolar correspondiente.

- Los enfoques narrativos pueden resultar útiles para todo tipo de tareas educativas y ocupacionales, no sólo en la escritura creativa.

Estudiemos ahora el caso de una joven y extraordinaria escritora con dislexia que está aún al comienzo de su carrera. Esta joven de once años vino a vernos desde Inglaterra. Cuando le preguntamos si podría compartir su trabajo con nosotros, accedió, pero nos pidió que la llamásemos con su pseudónimo, Penny Swiftan. A continuación citamos una parte de un relato que escribió justo antes de venir a vernos:

> Durante un instante las estrellas brillaron, y Lady se quedó mirando maravillada la vista que surgía ante ella. El claro estaba lleno de dedaleras, robles y abedules. Las dedaleras parecían doncellas, con coronas de dulces yemas púrpuras y sus largos brazos se alzaban hacia el cielo estrellado. Los robles eran los reyes y las dedaleras sus hijas.

Observa la maravillosa riqueza de los detalles sensoriales, las analogías y las increíbles imágenes animísticas que están presentes en este pasaje. Observa también la notable claridad de la sencilla estructura sujeto-verbo-objeto, tanto en la cláusula principal como en las relativas. Cuando las personas con dislexia aprenden a escribir bien, este estilo claro, directo y tan rico en imágenes suele caracterizar su trabajo.

La similitud estructural con la escritura tan lúcida de Anne Rice es evidente, ya que es el potencial literario importante de Penny.

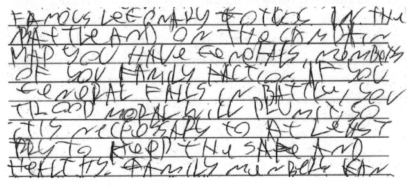

FIGURA 2

Si eres como muchas otras personas, incluidos muchos profesores, podrás preguntarte cómo es posible que una joven con importantes problemas disléxicos haya podido escribir este pasaje. Parte de la respuesta es que está escrito utilizando un procesador de textos con una función de revisión ortográfica. Con el fin de mostrarle lo esencial que resulta para Penny (y para muchos otros niños con dislexia) la tecnología, comparemos el pasaje anterior con la muestra de su escritura espontánea, tal y como parece en la figura 2. En este pasaje, Penny estaba escribiendo sobre su juego favorito. Observa que ha elegido escribirlo todo en letras mayúsculas para eliminar los errores de inversión. Como parte de esta escritura puede resultar difícil de entender, «traducimos» el pasaje con los errores de ortografía:

… FAMOUS LEGENARY TOTUOUS [ed. «tortoise»]. IN THE BATTLE AND ON THE CAMPAIN MAP YOU HAVE GENERALS, MEMBERS OF YOU FAMILY FACTION. IF YOU GENERAL FALLS IN BATTLE, YOU TROOP MORAL WILL PLUMIT, SO IT IS NECESSARY TO AT LEAST TRY TO KEEP THE SAFE AND HEALTHY. FAMILY MENBERS CAN . . .

Resulta difícil para muchos profesores que se hallan ante este tipo de caligrafía percibir el impresionante talento literario subyacente. Pero es realmente importante verlo, porque las fuerzas-N son muy comunes en estudiantes con dislexia, y en nuestra experiencia hemos visto que existen muchas más Pennys y Anne Rices y Blake Charltons de lo que cabría imaginar. Con la ayuda y las estrategias adecuadas, así como con las adaptaciones necesarias, es ahora más posible que nunca que las personas disléxicas con poderosas fuerzas-N alcancen su pleno potencial, como escritores o en cualquier otro campo en el que puedan utilizar sus destacadas fuerzas para el razonamiento narrativo.

PARTE VI

Fuerzas-D.
Razonamiento dinámico

CAPÍTULO 20

Las fuerzas-D en la MENTE

Cuando era una niña con problemas en el colegio, la madre de Sarah Andrews la llamaba «mi pequeña rezagada». Como veremos, ya hace mucho que a Sarah nadie la llama rezagada.

Como muchas otras personas con dislexia, Sarah era lo que se llama una *late bloomer* o una persona con un desarrollo tardío. Y como muchas otras personas con dislexia, el «florecimiento» de Sarah no fue nada parecido al desarrollo gradual de una yema en una flor, sino más bien una transformación sorprendente de un gusano en una mariposa.

Sarah nació en una familia académicamente cualificada, con unos padres profesores y unos hermanos que eran unos estudiantes brillantes, pero desde muy pronto ella tuvo dificultades con habilidades académicas, como ortografía, cálculo y procedimientos matemáticos (sobre todo al «mostrar su trabajo») y cualquier tipo de memorización. Aunque su mayor dificultad fue aprender a leer. Sarah nos describió algunos de sus primeros problemas: «Las letras vibraban en la página. Veía las fibras en la pulpa de madera del papel. Acercaba tanto la cara a la hoja que mi barbilla estaba justo encima, y el profesor colocaba una regla debajo de mi barbilla para alejar mi cabeza de la hoja».

Debido a sus dificultades, Sarah fue incapaz de conseguir el nivel de lectura de primero de primaria hasta tercero o cuarto. (Actualmente su lectura sigue siendo muy lenta). Tenía que leer cada frase varias veces para comprenderla, y le resultaba difícil no desconcentrarse, porque cada palabra «desencadenaba un torrente de ideas y asociaciones», que ella consideraba que debía «comprobar e integrar».[72]

Sarah relata sus primeros años del colegio: «Adquirí una inmensa cantidad de información, que empecé a reunir y clasificar, pero sin obtener ningún resultado». La madre de Sarah, que también era la profesora de inglés en el pequeño colegio privado al que acudía su hija, estaba decidida a solucionar esta falta de resultados, así que entrenó a Sarah a escribir, sobre todo a escribir ensayos. Con gran placer para ambas, Sarah (al igual que Anne Rice) descubrió que era más fácil «codificar que descodificar».

Por desgracia, la lectura sigue siendo un problema. Cuando Sarah llegó a bachillerato, seguía sin poder «leer ni una pizca», y finalmente esto le pasó factura en el examen del SAT.[73] Aunque obtuvo notas «decentes» en el colegio, su rendimiento en el SAT fue tan deficiente que sorprendió a sus profesores.[74] Como Sarah recuerda, «alguien finalmente me preguntó si había terminado la prueba, y respondí: "Estoy a medio camino"». El acertijo de su bajo rendimiento se había resuelto o casi.

Enviaron a Sarah al laboratorio de lectura. Como podía aprobar todas las pruebas de fonética, pero apenas podía leer con fluidez ni rete-

---

72. S. Andrews, «Spatial thinking with a difference: An unorthodox treatise on the mind of the geologist». *AEG News* 45, n.º 4 (2002) y 46, n.º 1-3 (2003).

73. El SAT es un examen estandarizado que se usa para la admisión universitaria en Estados Unidos. *(N. de la T.)*

74. En comparación con su rendimiento verbal tan poco satisfactorio, Sarah destacó en la parte de matemáticas del examen SAT –a pesar de ser una estudiante de suficiente en esta materia lo que hizo que su profesor le preguntara: «¿Dónde tenías escondido todo esto?». Sarah explicó que la diferencia se debía enteramente al formato de opciones múltiples de la prueba SAT, que eliminaba sus problemas mostrando el trabajo así como cualquier penalización por su manera «original» de hacer matemáticas. Al igual que muchas de las personas que hemos mencionado en capítulos anteriores, Sarah tenía problemas para memorizar y seguir las fórmulas y los procedimientos matemáticos estándar, así que creó el suyo propio y hacía la mayor parte del trabajo en su cabeza. Esto generó un conflicto con sus profesores. «Mi objetivo era "a ver si consigo la respuesta correcta", pero el suyo era "a ver si lo haces de la manera correcta"».

ner lo que leía, el profesor le hizo este comentario: «Tú no tienes dislexia. Lo que te pasa es que eres una vaga». A pesar de este diagnóstico incorrecto, Sarah practicó con diligencia y mejoró su velocidad lectora lo suficiente, de forma que cuando volvió a presentarse al SAT, no sólo lo acabó, sino que dobló su calificación anterior. Sin embargo, incluso con esta mejora, Sarah seguía sin alcanzar el nivel de lectura necesario. Según sus propias palabras, ella era «una brillante estudiante de bachillerato que leía con un nivel de segundo de secundaria».

Tras la graduación, Sarah desestimó dos importantes escuelas de arte y se matriculó en el Colorado College. Al principio no estaba segura de lo que quería estudiar y, al igual que muchos estudiantes universitarios con dislexia, tuvo dificultades en los cursos elegidos durante los dos primeros años. Realizó un curso de poesía para cumplir su objetivo en la materia de inglés –principalmente porque pensaba que no tendría que leer demasiado– y recibió el primero y único suspenso de su carrera. Para compensar esos créditos, Sarah realizó un curso de escritura creativa. Con gran sorpresa y placer comprobó que no sólo disfrutaba con la escritura, sino que realmente tenía un talento para narrar historias. Aunque no podía «sostener la actividad» de sus historias durante más de tres o cuatro páginas, su profesor las alabó como si fueran miniaturas sorprendentes. Sarah no lo comprendió entonces, pero esta nueva capacidad desempeñaría un importante papel en su vida.

Otro descubrimiento que cambió su vida ocurrió cuando se matriculó de su curso obligatorio de ciencias. Eligió geología, casi por puro capricho, porque la única científica en la familia, su tía Lysbeth, era geóloga y, al igual que Sarah, disléxica.[75]

Sarah comprendió pronto que: «En la geología había descubierto el ámbito correcto para mi mente. Por fin había encontrado profesores que percibían mis talentos y pude aprender a partir de mapas e ilustraciones, en lugar de textos inabarcables. Por primera vez me encontraba

---

75. En un giro fascinante de esta historia, en lugar de trabajar como geóloga, la tía de Sarah, Lysbeth, enseñó en la escuela primaria y se convirtió en una especialista en la enseñanza de lo que ella llamó "lectores reacios".

cerca de gente que pensaba como yo y que no me trataba como a un bicho raro».

Incluso entre esas mentes parecidas, Sarah estaba viendo que sus talentos eran excepcionales. «Era la mejor intérprete de mapas, realmente rápida a la hora de considerar la información gráfica holísticamente, de ver los patrones, comprender su significado y realizar interpretaciones. Ser la mejor en clase era una nueva experiencia para mí, y me aferré a ella». A medida que esto ocurría, las dudas producidas por las etiquetas anteriores de «vaga» y «rezagada» se disiparon. «Cuando empecé comprender que no era vaga en absoluto, ya había obtenido mi licenciatura y mi máster en geología».

En su primer trabajo como geóloga, Sarah ocupó el cargo de científica de investigación para el U.S. Geological Survey (USGS). Tenía que estudiar las dunas de arena actuales, con el fin de determinar cómo retirar los fluidos y los gases de las rocas que se habían formado en tiempos prehistóricos a partir de dunas similares. Durante su trabajo, Sarah descubrió que era especialmente buena en visualizar cuerpos en tres dimensiones y en imaginar cómo actuaban los procesos en esos cuerpos a lo largo del tiempo. Estas habilidades hicieron que se le diera particularmente bien detectar analogías entre dunas actuales y rocas antiguas, así como predecir la estructura y el comportamiento de las formaciones rocosas enterradas.

Tras abandonar el USGS, Sarah empezó a trabajar como geóloga de explotación (es decir, una geóloga especializada en detectar formas para retirar depósitos conocidos de petróleo del terreno) para diferentes compañías de gas y petróleo. La función de Sarah en esas compañías era mejorar la extracción de gas y petróleo desde los pozos perforados, prediciendo el movimiento de estas sustancias a través de las rocas a su alrededor. En este contexto también resultaron inestimables sus capacidades de imagen espacial y de lectura de patrones. Sarah descubrió que era especialmente buena en la lectura de «registros de cableado», una compleja lectura visual muy útil y casi incomprensible de las características físicas de las rocas y los fluidos alrededor del eje del pozo. Sarah aprendió pronto que estos «garabatos en una página» (parecidos a los EEG utilizados por los neurólogos para analizar la actividad cerebral) podían predecir las propiedades de los fluidos y las rocas circundantes. Descubrió que podía transformar esos garabatos abstractos en imágenes mentales tridimensionales. «Podía visualizar en el tiempo y el espacio cómo iba a moverse el petróleo a través de la roca, incluso cuando se fragmentaba y se rompía».

Sarah encontró una profesión que parecía hecha a la medida de su mente. La geología aprovechó sus fuerzas, no reparó en sus debilidades y le ofreció una cadena infinita de rompecabezas fascinantes que atrapó su intelecto.

La pregunta que responderemos en los siguientes capítulos es: ¿cuáles son esas fuerzas tan poderosas que prepararon a Sarah para trabajar en la geología?

El razonamiento dinámico: El poder de la predicción

Las capacidades de «razonamiento geológico» de Sarah sin duda se deben en parte a sus sorprendentes fuerzas-M. Su poderoso sistema de imágenes en 3D le permite visualizar y manipular mentalmente imágenes realistas en color, que le resultan muy útiles para llevar a cabo tareas como lectura de mapas y navegación, así como para recordar entornos en 3D.

Y sin embargo, si examinamos de cerca el gran número de capacidades de razonamiento que utiliza Sarah como geóloga, podemos ver que no sólo son de carácter espacial. El razonamiento geológico requiere no sólo visualizar y manipular imágenes espaciales basándose únicamente en principios espaciales, sino también una capacidad para imaginar o predecir cómo cambiarán esas imágenes en respuesta a procesos que no tengan sólo un carácter espacial, como erosión, terremotos, sedimentación y glaciación.

Estos procesos implican una serie de factores complejos, dinámicos y variables, sujetos a menudo a otros procesos más largos, como variaciones climáticas o placas tectónicas.

Nos referimos a las capacidades de razonamiento necesarias para pensar en sistemas complejos, variables y dinámicos con la denominación de razonamiento dinámico o fuerzas-D en la MENTE.

Las fuerzas-D generan la capacidad para predecir con precisión unos estados pasados o futuros, utilizando una simulación episódica. Las fuerzas-D son especialmente valiosas para pensar en estados pasados o futuros, cuyos componentes sean variables y su conocimiento incompleto o ambiguo, así como para realizar predicciones prácticas o con un «ajuste óptimo» o bien para trabajar hipótesis en escenarios en los que unas respuestas precisas no sean posibles.

Por una parte, las fuerzas-D pueden verse como un subconjunto de las fuerzas-N: se basan principalmente en la simulación episódica, que es un componente de las fuerzas-N. Sin embargo, las fuerzas-D son lo suficientemente importantes, complejas y diferentes en sus aplicaciones como para considerar que merecen su propia enumeración dentro de las Fuerzas de la MENTE.

La diferencia esencial entre las fuerzas-N y las fuerzas-D es la distinción entre creatividad, en general, y predicción creativa. Como ya hemos descrito en el capítulo 16, las fuerzas-N incluyen todas las funciones del sistema de construcción episódica, cada una de las cuales funciona combinando elementos de experiencias pasadas para construir narraciones o «escenas» realistas. Estas escenas pueden «volver a escenificar» experiencias pasadas reales –que llamamos *memorias episódicas*– o recombinar elementos de la experiencia personal pasada de formas completamente nuevas, con el fin de constituir simulaciones creativas o trabajos de la imaginación. Únicamente podemos decir que estas construcciones emplean fuerzas-D creativas cuando se encaminan a la predicción de eventos futuros, a la reconstrucción de eventos pasados que no hemos presenciado o a resolver nuevos problemas. Cuando se utiliza un sistema de simulación episódica para recombinar elementos de memoria, con el fin de entretener, persuadir, dibujar una imagen fascinante o formar una visión atractiva –pero no para predecir ni reconstruir eventos o condiciones reales–, nos referimos a esas acciones como fuerzas-N y no como fuerzas-D.

Las fuerzas-D no son sólo creativas de una manera general o ilimitada, sino que su objetivo es predecir, simular el mundo tal como es realmente, como ha sido o será. Las fuerzas-D utilizan la simulación episódica para construir narraciones verdaderas; son fuerzas-N en la forma más práctica, que se ponen su ropa de trabajo y se suben las mangas de la camisa. Las fuerzas-N pueden centrarse sencillamente en ser persuasivas, mientras que las fuerzas-D deben ser precisas. Comparemos las semejanzas y las diferencias entre unas y otras viendo cómo las utiliza Sarah en sus dos carreras tan diferentes, pero sorprendentemente similares.

CAPÍTULO 21

Las ventajas de las fuerzas-D

La primera vez que hablamos con Sarah enseguida nos dijo: «Os voy a contar todo como si fuera una historia, porque así es como yo percibo el mundo». La conversación posterior demostró que esta afirmación era totalmente cierta.

No es de sorprender que Sarah tenga una memoria narrativa y un estilo de razonamiento muy altos. Tal y como tratamos en la quinta parte, muchas personas con dislexia los tienen, y Sarah muestra muchos rasgos en común con esas personas. Según nos comentó: «Soy el elefante de la familia: todos mis primos acuden a mí cuando quieren saber qué ha ocurrido y dónde». Sarah tiene también dificultades con la memorización, algo común en personas disléxicas con este patrón: «No tengo ninguna capacidad de memorización. Sólo puedo recordar las cosas si encajan en una estructura». Esta estructura suele ser una historia: «Las historias son lo que yo recuerdo, se adhieren a mi memoria».

En efecto, para Sarah la narración es más que un tipo de razonamiento, también es una segunda carrera. Sarah Andrews es autora de diez novelas de misterio muy valoradas, que narran las aventuras de Em Hansen, una geóloga profesional y una detective aficionada. En estas novelas, Em utiliza sus capacidades como geóloga –y sus prodigiosas facultades de simulación episódica– para resolver misterios.

Pero el primer problema que Em resolvió fue uno de Sarah, quien nos contó: «A los treinta y muchos años trabajaba en un entorno de mucho estrés en una compañía de petróleo, me costaba estar tranquila para hacer mi trabajo de geología si había presenciado un evento que implicara una historia fuerte. Pero descubrí que, si me ponía a escribir la historia o la anécdota, podía lograr que saliera de mi mente y centrarme en el trabajo que se suponía que estaba realizando. Al parecer, escribir me ayuda a conseguir que las historias salgan de mí».

Sarah describió el mecanismo mental que utiliza para construir sus historias de una manera que refleja claramente nuestra descripción de construcción episódica. «A medida que pasaba el tiempo, las anécdotas se agrupaban en mi mente como si fueran hebras, así que hice una tela con esto y los trozos de la tela necesarios para recomponerlos, con el fin de encaminar las tensiones y los problemas hacia una resolución... [esta tela formaba] una colcha de *patchwork* de memorias, de la cual tomaba varios eventos y los reorganizaba en nuevos eventos».

Sarah pronto comprendió que antes de poder convertir este trabajo de «*patchwork*» en novelas, necesitaba descifrar cómo explicar a los no geólogos lo que hacen los geólogos y su manera de pensar; pero antes de poder hacerlo, tenía que explicarse estas cosas a sí misma. Esta preparación necesitó dos años de introspección, pero mereció la pena, porque hizo posible que Sarah percibiera la geología en todos sus aspectos complejos y maravillosos, de una manera que sus lectores pudieran comprender. También generó muchas percepciones profundas sobre el «razonamiento geológico», que ha descrito en varios ensayos fascinantes. Una de estas percepciones se refiere a la naturaleza narrativa de la geología. Aunque las rocas y los minerales, que son el punto central de la geología, pueden parecer inicialmente elementos «no narrativos» e «impersonales», Sarah insiste en que la geología es tan narrativa como la escritura de novelas de misterio, porque las cosas cuentan historias si estamos sintonizados para escucharlas.

Sarah no está sola en esta contienda. Jack Horner, el famoso paleontólogo (disléxico) que conocimos en el capítulo 11, ha identificado asimismo un elemento narrativo en la geología, que describe en su libro *Dinosaurs under the Big Sky*: «La geología es la ciencia más importante que debe conocer un paleontólogo que estudia a los dinosaurios, porque encontramos esqueletos de dinosaurios en las rocas. Nuestro conocimiento de la geología nos ayuda a comprender dónde mirar, qué mirar y la antigüedad de los fósiles. La información geológica es fundamental, porque ayuda a que los paleontólogos descifren qué ocurrió con los animales, qué pudo matarlos y qué pasó con sus restos después de morir. La geología nos cuenta las historias de las rocas».[76]

La construcción narrativa en la geología difiere de la escritura de novelas principalmente en las limitaciones que la realidad impone a los procesos de construcción. Mientras que un novelista busca crear una escena interesante y atractiva que se parezca a algo que pudiera ocurrir en una situación hipotética concreta –una escena, como nos dijo Sarah, que «parezca real»– el geólogo intenta utilizar hechos disponibles para predecir con precisión cuáles fueron o serán realmente las condiciones pasadas y futuras de la Tierra. Este requisito que predicen las escenas construidas con exactitud establece la distinción entre las fuerzas-D y las fuerzas-N.

Razonamiento dinámico: Cómo convertir elefantes en profetas

El papel que la simulación episódica desempeña en el razonamiento geológico puede apreciarse en la descripción que Sarah hizo de su investigación sobre la formación de las rocas: «Asimilé todo lo que había observado anteriormente y me proyecté a mí misma atrás en el tiempo, viendo el paisaje sobre el que se habían depositado las arenas antes de que se convirtieran en rocas».

Esta descripción refleja algunas características de la construcción episódica que ya hemos tratado. «Asumirlo todo» significa formar memorias a través de la observación, de manera que los componentes de

---

76. J. Horner, *Dinosaurs under the Big Sky* (Missoula, MT: Mountain Press, 2001).

estas memorias puedan utilizarse posteriormente para la construcción episódica. «Me proyecté a mí misma atrás en el tiempo» significa combinar fragmentos de memoria a través de la simulación episódica en escenas mentales que «predicen» cómo fue el pasado. En otras palabras, el método de Sarah de razonamiento geológico implica la construcción de imágenes mentales de paisajes pasados, recopilando memorias de observaciones personales del paisaje actual, en lugar de razonar de una manera lógica, secuencial y gradual, utilizando principios abstractos o modelos verbales o matemáticos.

Sarah describió, además, este proceso de construcción al escribir acerca de pensadores como ella: «Somos grandes esponjas para los patrones observados, tanto para los patrones concretos de observaciones visuales como para patrones abstractos de procesos y respuestas [...] Los patrones repetidos se convierten en ideas, y los nuevos patrones generan nuevos paradigmas [...] Podemos "ver", utilizando tan sólo los fragmentos más básicos, a través de la roca sólida, atrás en el tiempo y en eventos futuros».[77]

Según Sarah, este proceso constructivo puede combinar incluso los «fragmentos más básicos» de patrones observados –patrones de objetos físicos, como rocas o dunas de arena, o de procesos que afectan a estos objetos, como el viento y las inundaciones– para construir escenas mentales en las cuales pueda simularse el pasado remoto, el presente inobservado o el futuro distante. Significativamente, este proceso constructivo no se limita a construir escenas «estáticas» o «instantáneas» de puntos únicos en el pasado o en el futuro, sino que puede generar una serie de escenas continuas e interconectadas, que permitan al observador «ver a través del tiempo» de una forma muy parecida a lo que ocurre en una película con una cámara rápida.

Esta capacidad de crear una serie de escenas conectadas continuamente resulta particularmente valiosa para imaginar y predecir efectos de procesos que tengan lugar en períodos largos de tiempo, como ero-

---

77. S. Andrews, *Spatial thinking with a difference.*

siones, inundaciones o movimientos de la corteza de la Tierra en las fallas. Cada uno de estos procesos se produce con su propio y único ritmo o con su propia «dimensión temporal». La simulación episódica es importante para pensar en estos procesos, porque puede utilizarse para predecir sus efectos combinados sin perder de vista el impacto que cada uno ejerce. Permite a los geólogos «experimentar mentalmente», variando independientemente estos procesos, cambiando el alcance de sus efectos. Por este motivo es la herramienta ideal para «leer historias» en campos complejos y generar hipótesis, evaluar soluciones o planes o predecir los resultados posibles de las diferentes acciones.

En la siguiente declaración, Sarah apunta a por qué la simulación episódica resulta particularmente valiosa en situaciones que son cambiantes, inciertas o ambiguas: «Al trabajar cualitativamente, podemos cruzar espacios mentalmente, sin tener que conectar hipótesis, de forma que resulte posible trabajar con incertidumbres, en lugar de hacer caso omiso de ellas».[78]

Al decir «trabajar cualitativamente» Sarah se refiere a trabajar con datos cuya forma se asemeje aún a las observaciones originales. Estos datos consisten en fragmentos de memoria que han sido adquiridos a partir de las observaciones originales y que pueden utilizarse para construir escenas que simulan condiciones pasadas, presentes o futuras de una forma similar a las observaciones originales.

Podemos hacernos una idea del poder de este enfoque basado en la simulación episódica «cualitativa» al compararlo con su alternativa: el razonamiento abstracto. El razonamiento abstracto utiliza abstracciones verbales, matemáticas o simbólicas, en lugar de fragmentos de memoria episódica. Estas abstracciones se han generado combinando las observaciones originales y convirtiéndolas en generalizaciones que difieren de esas observaciones en la forma. Estas abstracciones se almacenan en la memoria semántica como hechos descontextualizados. Las

---

78. *Ibid.*

generalizaciones abstractas resultan útiles a menudo para razonar sobre casos rutinarios o habituales, pero resultan menos útiles para pensar sobre casos inusuales, inesperados o sin precedentes. Esta pérdida de utilidad en escenarios inusuales se produce porque el verdadero proceso de crear generalizaciones significa que los datos deben igualarse, lo que hace que la información procedente de los casos excepcionales se atenúe efectivamente a través de unos resultados más habituales.

Podemos destacar algunos de los beneficios de utilizar más datos «primarios» o «separados», que reflejen mejor las tendencias existentes en los casos, con varios ejemplos. Piensa primero en un equipo de béisbol con treinta jugadores. El promedio de bateo del equipo se puede calcular combinando las medias personales de todos los jugadores. Pongamos que nuestro equipo tiene una media de 0,250 o de un acierto cada cuatro al batear. Ahora bien, la mayoría de los jugadores individuales tendrán medias próximas a 0,250, pero unos pocos malos bateadores pueden tener medias de 0,100 aproximadamente, y unos pocos jugadores excelentes pueden tener medias próximas a 0,350. Si deseamos predecir el rendimiento futuro, la media del equipo será muy buena para predecir el éxito de bateo del equipo en su conjunto. Será, asimismo, muy buena para predecir el éxito de la media de bateadores. Pero esta media generalizada no será adecuada para predecir los rendimientos de los mejores y peores bateadores. Podríamos predecir con mayor precisión los rendimientos de estos jugadores «atípicos» utilizando sus rendimientos pasados individuales, es decir, considerando los datos en una forma que refleje mejor los eventos originales y que no atenúe la información relativa a estos casos especiales con más datos típicos.

Aquí tenemos un segundo ejemplo que demuestra también cómo puede ser mejor el razonamiento cualitativo en situaciones nuevas o sin precedentes. Pongamos que queremos predecir qué hará un bateador particular frente a un *pitcher* al que nunca se ha enfrentado. La media global de bates del jugador –que combina los resultados de los bateos frente a todos los *pitchers*– será menos útil que considerar cómo ha bateado ese jugador frente a *pitchers* con estilos similares al nuevo *pitcher*. Esta comparación entre *pitchers* es precisamente el tipo de proceso de razonamiento «cualitativo» descrito por Sarah, y da una información que las generalizaciones abstractas no ofrecen.

Estos ejemplos ayudan a mostrar algunas de las ventajas que tienen las fuerzas-D (como la simulación episódica o el razonamiento cualitativo) para trabajar y realizar predicciones en situaciones en las que la información importante es cambiante, no completa o ambigua. Al construir imágenes mentales utilizando «datos primarios» de patrones observados tal y como existen en el mundo real, en lugar de utilizar abstracciones verbales o numéricas, podemos llegar a soluciones prácticas y adecuadas para problemas difíciles, inusuales o sin precedentes, sin tener que ignorar las ambigüedades. Este proceso de «utilizar lo más adecuado», en lugar de depender enteramente del análisis abstracto o de modelos de segunda mano, resulta extremadamente eficaz a la hora de resolver problemas prácticos.

CAPÍTULO 22

Compensaciones de las fuerzas-D

Las fuerzas-D pueden ofrecer enormes ventajas en situaciones dinámicas, y crear obstáculos en otros escenarios. Uno de los mayores obstáculos es la reducción de la velocidad y la eficiencia.

Hasta ahora hemos hablado de razonamiento dinámico y del narrativo como si fueran procesos muy activos en los cuales una persona construye, busca, clasifica y simula a su voluntad. Sin embargo, a menudo éste no es el caso.

Cuando pedimos a las personas con dislexia, que se amparan en gran parte en el razonamiento dinámico o en el narrativo, que nos describan sus métodos de razonamiento, es sorprendente ver que muchas de ellas describen un tipo de proceso inverso, en el cual las respuestas aparecen primero, totalmente formadas en esencia, para seguir luego un proceso más consciente que conecta esta respuesta con las condiciones iniciales. Es habitual encontrar la descripción que hace Douglas Merrill de su método para resolver problemas: «Normalmente empiezo visualizando lo que creo que debería ser la fase final y luego trabajo hacia atrás. No puedo describir exactamente lo que hago, porque es más intuitivo que la deducción o la narración tradicional de historias».

Sarah Andrews evocó esta descripción al escribir sobre ella o sobre otras personas como ella: «Ante un problema y con una hora de tiempo para resolverlo, solemos pasar los tres primeros minutos intuyendo la respuesta, luego pasamos los otros cincuenta y siete retrocediendo, para comprobar nuestros resultados a través de la recopilación de datos y de la lógica deductiva». Según Sarah, este planteamiento intuitivo «funciona a saltos, en lugar de a intervalos regulares», y es «menos lineal que iterativo o circular».[79]

Este planteamiento intuitivo –muy utilizado por las personas con dislexia que destacan en el razonamiento dinámico y en el narrativo– puede ser muy potente, pero presenta un problema: visto desde fuera, puede parecerse mucho a hacer el vago. Sarah compartió un ejemplo de esto a partir de algo que le ocurrió a ella. Un día, en el trabajo, estaba de pie contemplando tranquilamente por la ventana de su oficina las montañas a lo lejos, mientras intentaba que su «mente se relajara para resolver un problema». Su CFO entró por la puerta, echó un vistazo a la sala y vio a «una de sus empleadas» mirando por la ventana, así que le gritó que volviera a su trabajo. Sarah respondió con calma: «Usted trabaja a su manera, yo a la mía. Ahora no me interrumpa». Sarah escribió más tarde acerca de este episodio: «Lo que este CFO no sabía era que observar el horizonte es precisamente nuestra manera de trabajar. Es la capacidad de lanzar nuestros cerebros hacia lo neutral y permitir que las conexiones se realicen. Esto hace posible que nosotros podamos ver conexiones que otras personas no pueden. Nos relajamos en el trabajo».[80]

Esta necesidad de una reflexión paciente puede generar inmensos problemas en la escuela, donde el tiempo para la reflexión escasea. Intenta convencer a un profesor que mirar por la ventana es su mejor manera de trabajar o que «estar ocupado» significa que conseguirá acabar menos cosas. Sin embargo, este planteamiento pasivo y reflexivo es realmente un método válido para resolver problemas, y existen numerosas pruebas científicas que respaldan esta validez y efectividad. En la literatura de investigación, este método para resolver problemas se denomina percepción o *insight*.

---

79. S. Andrews, *Spatial thinking with a difference*.
80. *Ibid*.

Una percepción implica el reconocimiento repentino de que existen conexiones entre los elementos de un problema. El clásico ejemplo histórico de percepción es Arquímedes gritando «¡Eureka!» y saltando desde su tina, al descubrir repentinamente que el desplazamiento del agua podía utilizarse para medir el volumen de objetos con formas irregulares.

La percepción resulta muy útil cuando la resolución de problemas de manera analítica y gradual se ve obstaculizada por la ambigüedad o la falta de información, es decir, en situaciones en las que son necesarias las fuerzas-D. La percepción depende asimismo en gran medida de las fuerzas-I descritas en la cuarta parte. Esto es así porque la percepción depende de las mismas conexiones cognitivas «distantes» y amplias entre conceptos e ideas que son característicos de las fuerzas-I. Debido a que la percepción está tan estrechamente relacionada con las fuerzas-D y las fuerzas-I, sería lógico suponer que las personas con dislexia son especialmente buenas en resolver problemas basados en la percepción; y eso es precisamente lo que corroboramos en nuestra experiencia.

Aunque la resolución de problemas basada en la percepción es muy potente, debido a que la mayor parte de su proceso de realizar conexiones tiene lugar fuera del conocimiento consciente de la persona, a menudo puede parecer de segunda clase, mística, de mala calidad o incluso de dudosa reputación. Pero existe un mecanismo neurológico observable que subyace a la percepción, con el que han trabajado mucho los investigadores en la última década.

Uno de los científicos que más ha contribuido a nuestra comprensión de la percepción es el Dr. Mark Beeman, a quien conocimos en el capítulo 4, al hablar de su trabajo sobre las funciones del lenguaje hemisférico. La aportación del Dr. Beeman ha sido especialmente decisiva para demostrar que los procesos de la percepción implican varias fases diferentes.

En primer lugar, la mente se centra activamente en el problema que tiene ante sí y plantea las preguntas que necesitan una respuesta. Esta fase con un foco de atención tan alto da pie enseguida a una fase de relajación, donde la mente afloja su foco de atención y empieza a vagar. Tal y como el Dr. Beeman ha descrito, en esta fase «se produce un acallamiento general del proceso cerebral, porque está intentando calmar todo y esperar a que surja algo». Ese «algo» que está esperando el cerebro es el reconocimiento de asociaciones o relaciones «distantes» o nuevas,[81] que son precisamente el tipo de conexiones que las personas con dislexia suelen hacer especialmente bien. Cuando se encuentra una conexión adecuada, el resultado es la activación simultánea de una amplia red celular que se extiende por todo el cerebro. Esta explosión eléctrica generalizada crea la sensación subjetiva de un momento de Eureka.

Observa la estrecha relación existente entre este mecanismo de la percepción y los estados mentales, como la relajación, la reflexión y el fantasear, con capacidades productivas, como la creatividad, la capacidad para detectar conexiones distantes y la de resolver problemas. Un estudio realizado por el Dr. Demis Hassabis y otros investigadores ha demostrado que los circuitos cerebrales que se activan durante el proceso de fantasear o de divagar (definidos como la «red por defecto» del cerebro) son esencialmente idénticos al sistema de construcción episódica. En otras palabras, fantasear consiste en una construcción no dirigida de escenas de forma libre o en la recombinación creativa de memorias episódicas. Esto es en gran parte lo que significa la imaginación. No es de extrañar que exista una laguna tan amplia entre la imaginación y la percepción, fantasear y resolver problemas, o entre mirar hacia las montañas y resolver complicados problemas geológicos.

Factores como el bienestar emocional y el ánimo positivo parecen desempeñar un papel particularmente importante a la hora de respaldar unas percepciones satisfactorias, y éstos trabajan para mejorar la fase de relajación. Por este motivo, muchas grandes percepciones parecen ocurrir en la ducha, en el baño, la cama, en la playa o al mirar por la ventana hacia un espacio vacío en el horizonte. Intentar forzar o meter prisa a la percepción sólo conseguirá inhibirla. Ésta es una de las

---

81. M. Jung-Beeman *et al.*, «Neural activity when people solve verbal problems with insight». *Public Library of Science—Biology* 2 (2004): 500-510.

características más confusas de la percepción: su éxito parece variar casi inversamente al esfuerzo, de manera que una vinculación profunda exige una especie de desvinculación profunda. Cuanto más intentes resolver un problema utilizando la percepción, menos probabilidades de éxito tienes. La percepción es más posible que ocurra cuando la mente se encuentra en un estado relajado, y no cuando tiene prisas por llegar a un objetivo específico.

Ésta no es la primera vez en este libro que afirmamos que una atención y un planteamiento mental limitado pueden inhibir las conexiones creativas. Volvamos atrás al debate mantenido en el capítulo 12 sobre la inhibición latente, donde mencionamos que un planteamiento mental limitado y una resistencia a la distracción establecen una relación inversa con el logro creativo. Por el contrario, la realización de conexiones distantes, creativas y perspicaces se puede fomentar a través de un sistema de atención ligeramente permeable, que permita una mezcla de ideas.

La infancia puede ser el momento ideal en que la naturaleza nos favorece con la capacidad para realizar conexiones creativas y perspicaces. El Dr. Beeman especulaba con nosotros sobre el valor que puede tener un período de inmadurez de la atención inusualmente prolongado de la especie humana en el desarrollo de la creatividad: «A lo mejor existe algún beneficio en posponer el desarrollo del enfoque mental. Quizás por este motivo los humanos en general se desarrollan con tanta lentitud. Tal vez aquellos niños que desarrollan más lentamente sus capacidades de atención se desarrollan más rápidamente en algunos aspectos de la creatividad, y a lo mejor, esta creatividad adicional significa que en realidad se están desarrollando muy bien, si entretanto no les confundimos demasiado».

El Dr. Beeman fue tajante sobre el tipo de «confusión» al que se refería. «Una importante preocupación que tengo se refiere al uso de medicamentos estimulantes utilizados para tratar el TDAH [por ejemplo, Ritalin, Concerta, Adderall, Vyvanse]. Estos medicamentos mejoran la concentración mental y la resistencia a la distracción, pero conseguir que la gente se concentre más puede perjudicar, en última instancia, el pensamiento creativo. En realidad, podemos estar inhibiendo el crecimiento en áreas muy útiles, como la creatividad y la percepción, y esto es algo que realmente no deberíamos hacer, a menos que resulte absolutamente necesario». En lugar de juzgar el desarrollo de un niño únicamente basándonos en cualidades como velocidad, cantidad y concentración durante el trabajo, deberíamos supervisar tan sólo su desarrollo de la creatividad, el uso de la percepción y el tiempo empleado en la reflexión. Al no reconocer el valor del sistema de la percepción, más lento pero increíblemente rico, y al centrar en cambio toda nuestra atención en las formas del pensamiento lineal, basado en normas y deductivo, obstaculizamos el desarrollo de todos los niños, pero sobre todo de aquellos que son más creativos y más dependientes de la percepción.

Un campo en el que sufren innecesariamente las personas que resuelven problemas basándose en la percepción son las matemáticas. Es habitual encontrar unos jóvenes matemáticos estupendos en nuestra clínica, incapaces de demostrar —e incluso en algunos casos de describir— los pasos que dan en su trabajo, pero que, sin embargo, consiguen resolver bien cada problema. Estos estudiantes solucionan los problemas a través de la percepción, ajustando los patrones de los nuevos problemas con los que han visto anteriormente, y buscando en sus almacenes de memoria las respuestas que mejor se ajusten, en lugar de emplear un razonamiento analítico de paso a paso. Aunque es importante ayudar gradualmente a estos estudiantes a aprender a localizar los pasos intermedios, en los años anteriores a la adolescencia, mientras sean capaces de conseguir respuestas correctas de manera coherente, se debería valorar su comprensión, aunque no logren demostrar todos los pasos en su trabajo. Al crecer y aislar mejor sus circuitos de larga distancia, mejorará su eficiencia para moverse entre una resolución de problemas analítica y otra basada en la percepción, y serán más capaces de llegar a una «deducción inversa» de los pasos intermedios y de mostrar su trabajo. Por desgracia, hemos visto algunos casos verdaderamente desastrosos, en los cuales unos jóvenes matemáticos muy dotados han perdido su amor por las matemáticas, sencillamente porque se ha hecho demasiado hincapié en que mostraran su trabajo cuando no tenían el desarrollo suficiente para hacerlo.

Es importante reconocer que algunas personas están más predispuestas a resolver problemas a través de la percepción que a través del análisis. En nuestra experiencia, esto es cierto con respecto a muchos disléxicos. Las personas cuyos razonamientos se basan principalmente en la percepción pueden parecer a veces desconcentradas, ineficaces, «no lineales» o lentas ante otras personas que no comprenden plenamente la naturaleza del mecanismo de la percepción que están utilizando, y a menudo tienen problemas para lograr que otros acepten los resultados de su proceso de razonamiento si no pueden «mostrar su trabajo». Sin embargo, el razonamiento basado en la percepción merece mucho más respeto del que recibe. Como profesores, padres, compañeros de trabajo y empleadores, debemos permanecer atentos a las personas que suelen alcanzar los resultados correctos a través de la percepción, y al encontrarlos debemos tratar su forma diferente de razonar con la seriedad que se merece. Mirar por la ventana no siempre es un razonamiento productivo, pero con frecuencia sí lo es. Y es importante comprender que algunas personas, incluidas muchas de las más creativas, realmente necesitan «relajarse durante el trabajo».

CAPÍTULO 23

Las fuerzas-D en acción

Las cosas que no te enseñan en el colegio

Hemos visto cómo puede ayudar el razonamiento dinámico en situaciones que son cambiantes, inciertas o ambiguas. Ahora echemos un vistazo a algunas pruebas que demuestran cómo han logrado alcanzar las personas con dislexia, como grupo, un éxito conspicuo en uno de los entornos más cambiantes e inciertos: el mundo de los negocios.

Empecemos con un empresario disléxico que ha demostrado poseer un don para lograr tener éxito en el negocio de la construcción. Su nombre es Glenn Bailey.

Desde que Glenn fundar a su primera empresa, a los diecisiete años, ha creado muchos negocios rentables en una amplia gama de sectores, que incluyen servicios, construcción y venta al por menor. Y sin embargo, a pesar de su éxito en el mundo de los negocios, Glenn no tuvo ningún éxito en el colegio.

«Mi trayectoria escolar fue pésima. Tenía una mente hiperactiva, así que no me concentraba en lo que ocurría en clase. Mi mente tendía a distraerse, en general, para entretenerme. Estaba en otro mundo y pensando en otras cosas.

»Mi mente es muy visual: puedo ver todo en imágenes, y siempre visualizo las cosas. No puedo evitarlo. Es mi manera de funcionar. Así que todo lo que habléis, yo lo veré en imágenes en mi cabeza. Unas imágenes muy vívidas, coloristas y realistas. No son sólo imágenes. Puedo hacer que se muevan. Realidad, ficción, lo que sea. Realmente tengo que ponerle freno para lograr concentrarme. Esto supuso también un problema en clase, porque me sentaba allí e imaginaba adónde me gustaría ir, lo que me gustaría hacer y lo que me gustaría llegar a ser, me concentraba en pensamientos felices y, sencillamente, estaba desintonizado con respecto al resto de la clase. Me sentaba allí asintiendo y sonriendo, pero en realidad pensaba: "¿De qué estáis hablando".

»Yo era también muy curioso y, por muy extraño que parezca, esto fue una dificultad en el colegio. Hacía preguntas del tipo: "¿Por qué esto es así?", y esto se trataba como si fuera un problema. La enseñanza se consideraba un camino de un solo sentido, pero yo aprendía realmente mejor a través de la interacción.

»Mi mayor problema era el inglés. Ser capaz de leer es la "cara de inteligencia" que presentas ante la sociedad, y si no sabes leer, la gente automáticamente asume que eres tonto. Lo que ocurre con las personas con dislexia en el colegio es que la lectura se convierte en un peso de cincuenta kilos que arrastra a tu cuerpo hacia el fondo. Así que no confiaba demasiado en ningún departamento de estudios académicos. Sencillamente, pensaba que yo no era tan inteligente. Me llamaba a mí mismo "la sombra", porque sólo estaba intentando sobrevivir cada día».

Glenn dejó el colegio a los diecisiete años, cuando descubrió que no aportaba demasiado a las capacidades que pretendía. «Mi último día en el colegio me encontré estudiando inglés –una materia en la que no destacaba y que ni siquiera me gustaba– durante la de matemáticas. Y pensé que esto era irónico, porque me gustan las matemáticas y los números. Son lógicos y puedo hacer operaciones en mi cabeza con rapidez. Y sin embargo, aquí estaba yo, estudiando para una materia que odiaba –inglés– en una clase de matemáticas, y que entonces no estaba aprendiendo matemáticas. Esto fue suficiente para mí. Dejé el colegio y ese momento se convirtió en un punto clave en mi vida. Me dije: "Mira, no puedes hacer nada por remediar los últimos dieciséis a diecisiete años, pero puedo hacer mucho por el futuro. ¿Dónde quiero estar en los próximos cinco, diez, quince, veinte, veinticinco años?"».

Así que Glenn se fijó unos objetivos y empezó a perseguirlos. Tras abrir y dirigir su propia tienda de esquí durante varios años, vio la oportunidad de introducir agua embotellada en Vancouver. En ese momento tenía veintitrés años. En diez años la empresa de Glenn tendría treinta y dos mil cuentas y unos ingresos anuales de 14 millones de dólares. Tuvo tanto éxito en la creación de la Canadian Springs Water Company que en su ciudad natal de Vancouver le conocían como «el chico del agua». En 1996, Glenn vendió su participación en el negocio por 24 millones de dólares y recibió la distinción de *Young Entrepreneur Award* del Business Development Bank of Canada. Desde entonces ha creado muchos otros negocios de éxito, incluida otra empresa de agua que ofrece un sistema de purificación en el acto, en lugar de entregar agua embotellada.

Cuando le pedimos que identificara la clave de su éxito como «empresario de serie», mencionó sus capacidades para detectar oportunidades y desarrollar una visión, pero también citó su capacidad para establecer relaciones con otra gente. «Para mí, como disléxico, lo importante es tener la gente adecuada a mi alrededor. Motivar y delegar es una gran parte de lo que hago. No puedes hacerlo todo solo. Confío mucho en la gente y en su apoyo. También tengo una familia increíble, unos padres que siempre me han querido y que han creído en mí totalmente, y buenos amigos y profesores, y mi mujer es realmente genial. Todo lo que he hecho se lo debo a ellos».

Los empresarios disléxicos: Una historia real de crecimiento

Glenn Bailey es una historia real de éxito, pero no es el único empresario disléxico con éxito. Mientras escribíamos este libro, una búsqueda de Google sobre el término «empresario disléxico» tuvo un resultado de aproximadamente treinta y siete mil enlaces. Muchos de estos enlaces muestran listas de empresarios disléxicos o biografías de historias particulares de éxito, como la de Glenn. Pero una gran parte te remite al trabajo de la Dra. Julie Logan, profesora de Empresariales en la Cass School of Business, City University, Londres. Aunque la Dra. Logan no es disléxica, durante una década ha estudiado a muchos empresarios disléxicos y ha publicado varios estudios muy reconocidos sobre su trabajo. Hablamos con la Dra. Logan y le preguntamos cuándo se interesó por primera vez por las capacidades de los empresarios disléxicos.

«Solía pasar mucho tiempo realizando formación de dirección y desarrollo estratégico para directivos en grandes empresas, y más tarde empecé a trabajar con empresarios. Enseguida noté una diferencia. Aunque muchos empresarios eran muy buenos a la hora de presentar una imagen clara y convincente del negocio que pretendían crear, eran bastante reticentes a trasladar sus ideas al papel o para elaborar un plan escrito de negocios. Esto era algo que no había encontrado cuando trabajaba con directivos corporativos. Un directivo con una empresa grande normalmente podía elaborar un buen plan estratégico por escrito. Así que pensé que era bastante extraño, y empecé a preguntarme por qué ocurría esto. Realmente así fue como empecé a interesarme. Después de eso, cuando me reunía con empresarios que comunicaban maravillosamente sus visiones, pero que parecían reticentes a la hora de escribirlas, empecé a preguntarles qué tal les había ido en el colegio, y si alguno de sus hijos era disléxico, etc. Así es como desarrollé un interés por los empresarios disléxicos. Ese patrón aparecía una y otra vez».

La Dra. Logan llevó a cabo posteriormente una investigación formal sobre los empresarios, primero en el Reino Unido y luego en Estados Unidos. En el Reino Unido descubrió que la incidencia de dislexia entre los empresarios era dos veces mayor con respecto a la población general, y en Estados Unidos era por lo menos tres veces mayor.[82] En Estados Unidos, el 35 % de los empresarios a los que estudió eran disléxicos, mientras que menos del 1 % de los directivos corporativos de Estados Unidos lo eran.

---

82. La Dra. Logan determinó que la incidencia de dislexia es del 20 % entre los empresarios del Reino Unido, donde la incidencia de dislexia en la población se estima en el 4 %, y del 35 % entre los empresarios de Estados Unidos, donde la incidencia en la población es aproximadamente del 10 y el 15 %.

La Dra. Logan descubrió unos rasgos esenciales entre los empresarios disléxicos. El primero de ellos es un sentido extraordinario de la visión para sus negocios. «Tienen una idea muy clara de hacia dónde van y de lo que están haciendo, y tener este punto a la vista es una herramienta muy poderosa, porque puede ser utilizada para conseguir que otra gente se una a esta visión».

El segundo es una actitud confiada y persistente: «Al haber logrado superar y resolver todos los problemas con los estudios y al haberles hecho frente, tienen un enfoque positivo que ellos aportan a las nuevas situaciones. No sólo saben lo que quieren, sino que confían en que su idea va a funcionar».

El tercero es la capacidad para pedir e incluir la ayuda de otras personas. La Dra. Logan descubrió que muchos empresarios disléxicos contrataban a un número significativamente mayor de empleados que los empresarios no disléxicos, y que tenían una mayor propensión a delegar tareas operativas en ellos, mientras se concentraban en la visión y en la misión global de sus empresas. «Saben que no se les dan demasiado bien los detalles, así que se rodean de personas a las que se les da bien la financiación o prestar atención a los detalles, o lo que sea; y a diferencia de muchos empresarios que no delegan, sino que interfieren constantemente, los empresarios disléxicos se rodearán de los mejores y confiarán en ellos para realizar su trabajo. Muchas personas con dislexia han utilizado la misma frase para describirme esta actitud: "Contrato a la mejor gente que puedo encontrar, aunque sean más inteligentes que yo". Esto aparece una y otra vez».

El cuarto rasgo es una excelente comunicación verbal, que utilizan para inspirar a su personal. «Suelen tener unas relaciones personales carismáticas con sus empleados, y aun teniendo imperios enormes, logran crear de alguna manera ese tipo de relaciones. Los empleados reciben su energía de ellos. Un buen ejemplo de esto es cuando los empleados de British Airways y Virgin Atlantic se disponían a ir a la huelga. Los trabajadores de ambas empresas solicitaban un aumento del salario. Pero Richard Branson [el CEO disléxico de Virgin Atlantic] asistió a la reunión de los empleados, habló con ellos y les explicó por qué motivo no podía ofrecerles un aumento del salario; y todos volvieron a su trabajo y siguieron adelante». Por el contrario, el CEO de British Airways no utilizó ese planteamiento y su enfrentamiento laboral continuó.[83]

El quinto y último rasgo que la Dra. Logan ha observado repetidamente, pero que no ha confirmado aún con su investigación, es que «gran parte de estos empresarios de éxito utilizan mucho la intuición. Por ejemplo, recientemente he hablado con un exitoso empresario disléxico y me ha dicho que él nunca realiza un estudio formal de mercado. Le basta con colocarse cerca de la tienda que pretende comprar, y ver el fútbol y cosas de ese tipo. Ciertamente se trata más de un planteamiento de cerebro derecho y no de un planteamiento de razonamiento lógico».

En resumen, las capacidades que la Dra. Logan ha identificado en estos empresarios disléxicos consisten, hasta un extremo sorprendente, en las capacidades de las fuerzas D y N que hemos tratado en esta parte y en la anterior: el razonamiento dinámico para «leer» oportunidades futuras, establecer puntos finales y resolver problemas, y el razonamiento narrativo para transmitir a otros la visión, inspirarles y convencerles para que se unan al proyecto. Éstos son los tipos de capacidades necesarias para funcionar en cualquier entorno que sea cambiante, incierto o desconocido, en parte.

---

83. Glenn Bailey nos dio, asimismo, un gran ejemplo de lo mucho que pueden afectar las relaciones personales a la satisfacción y al rendimiento de los trabajadores. «Cuando dirigimos nuestra primera compañía de agua, teníamos una estupenda relación con nuestro equipo y prácticamente no había ninguna reclamación sobre accidentes en el trabajo, a pesar de entregar personalmente esas enormes botellas de casi 20 litros de agua purificada. Cuando vendimos la empresa, la gente que la compró quería sólo cobrar y recibir beneficios. Tiraron la mesa de ping pong y la barbacoa, se sindicalizaron y sus reclamaciones se dispararon. Se convirtieron entonces en los mejores de la Columbia Británica en reclamar accidentes laborales de los trabajadores».

CAPÍTULO 24

Los puntos clave de las fuerzas-D

En estos capítulos hemos tratado las fuerzas-D que muestran muchas personas con dislexia. Los puntos clave que debemos recordar acerca del razonamiento dinámico son:

- El razonamiento dinámico es la capacidad para «leer» patrones en el mundo real, que nos permitan reconstruir los eventos pasados que no hemos presenciado, predecir posibles eventos futuros o simular y previsualizar posibles resultados de invenciones o varias formas de proceder.
- Resulta particularmente valioso en situaciones en las que todas las variantes relevantes sean cambiantes, ambiguas o no se conozcan del todo.
- Su poder reside en que se basa en ajustar patrones que son similares en la forma a las observaciones originales, en lugar de basarse en generalizaciones abstractas.
- El razonamiento dinámico emplea a menudo un procesamiento basado en la percepción, que es poderoso pero con frecuencia lento, puede parecer pasivo y generar una dificultad a la hora de explicar los pasos intermedios.
- Su efectividad en situaciones excepcionales mejora a través de unas fuertes capacidades para separar patrones, que aumentan los patrones disponibles de memoria, y a través de unos circuitos cerebrales

muy interconectados, que favorecen la capacidad para conectarse con patrones más distantes e inusuales.

- Las personas con dislexia que poseen fuerzas-D prominentes suelen prosperar en el tipo de escenarios ambiguos y que cambian con rapidez que otros encuentran más difíciles y confusos.

El poder de la predicción: Vince Flynn

Para concluir, estudiemos a una persona que muestra unas fuerzas-D extraordinarias, el novelista Vince Flynn. En la última década, las doce novelas de Vince centradas en el contraterrorismo han vendido más de quince millones de ejemplares, convirtiéndole en uno de los novelistas más vendidos y más importantes del mundo. Las historias de Vince son famosas por su argumento complicado y sus sorprendentes giros y vueltas; pero lo que ha escrito en nada se asemeja a su propia vida, en cuanto a desarrollos imprevistos del argumento.

A Vince se le diagnosticó dislexia en segundo de primaria, cuando se le etiquetó con un «problema de comportamiento de aprendizaje lento», y se le colocó en una clase especial. Vince recuerda sus problemas con la lectura, la escritura y la ortografía como algo «claramente incapacitante», y logró apañárselas al convertirse en un maestro en la táctica de supervivencia dentro de la clase. Recuerda como en una ocasión «sabía de qué iba el juego y era siempre respetuoso con mis profesores y me esforzaba. Mientras hiciera esto, no importaban mis malos resultados en los exámenes; me iban a aprobar. Si participas en los debates de la clase, el profesor dice: "Este chico entiende las cosas; sencillamente falla en los exámenes"».[84]

Vince se graduó en bachillerato con una media de suficiente, posteriormente se matriculó en la University of St. Thomas, en St. Paul, Minnesota. Allí, sus carencias en la lectura y la escritura empezaron

---

84. R. J. Bidinotto, Vince Flynn interview (2008). http://ayn-rand.info/ct-2066-vince_flynn.aspx

inmediatamente a generarle problemas. Tras un primer semestre, pasó un período de prueba académica. Realizó dos cursos de inglés y obtuvo un suficiente en ambos. Fue tirando hasta el penúltimo año, cuando ocurrieron dos cosas que cambiaron su vida. La primera fue un suceso que Vince nos contó y que sigue recordando como uno de los más humillantes en su vida.

«Estaba en una clase y entregué un examen al profesor, pero no estuve allí a la siguiente clase para recogerlo. Así que le dije a un amigo que recogiera el examen y quedé con él para comer. Al llegar, ahí estaba mi examen en medio de la mesa, con ocho tipos alrededor riéndose. En la parte superior de la página había en rojo un gran suspenso, y al final de la página el profesor había escrito: "No sé cómo lograste llegar a la facultad y no sé cómo vas a lograr obtener el título, pero éste es el peor examen que he leído en todos mis años de enseñanza". Estaba tan avergonzado que me dije a mí mismo: "Ya está. No puedo seguir así. Tengo que enfrentarme a esto".

»Después, Al McGuire [entrenador de baloncesto de la universidad y comentarista de televisión] vino a St. Thomas durante una gira de conferencias y me quedé atónito al escuchar lo que decía. Habló sobre lo que había significado para él crecer siendo disléxico. No sabía leer ni escribir, pero era un increíble jugador de baloncesto. Nunca obtuvo una nota superior a suficiente durante sus años de bachillerato y de universidad. Después de jugar en la NBA durante unos años, empezó a entrenar a los Marquette Warriors, y durante su última temporada allí logró llegar al campeonato de NCAA. Unos quince minutos antes del comienzo del partido, el árbitro apareció, le entregó a McGuire su cuaderno y le dijo: "Entrenador, necesito tu alineación inicial". Entonces McGuire empezó a sudar, porque no tenía ni idea de deletrear el nombre de sus jugadores. Así que entró en pánico y dijo: "No puedo, tengo una emergencia". Corrió al vestuario y se encerró allí, y empezó a rezar: "Querido Dios, si me dejas ganar este juego, volveré a la escuela nocturna y aprenderé a leer y a escribir". Marquette ganó y Al McGuire dejó de ser entrenador y volvió al colegio.

»Lo que aprendí de esta historia es que cuanto más prolongara esa situación, sería peor y más embarazosa. Así que me lo tomé en serio, porque quería escribir sin avergonzarme y ser algo más que un analfabeto funcional.

»Entonces salí y compré dos libros, *The Fundamentals of English* y *How to Spell Five Words a Day*, y empecé a ir a la biblioteca cada día y a trabajar en ellos. También empecé a leer todo lo que caía en mis manos, porque sabía que ésa era la única forma de mejorar».

Vince empezó a leer *Trinidad,* de Leon Uris. Aunque le costaron mucho las cien primeras páginas, enseguida se enganchó y dejó de preocuparse por descifrar todas las palabras. Descubrió que su mente podía «rellenar los espacios en blanco».

Después de graduarse en la universidad, Vince realizó varios trabajos en ventas, mientras intentaba matricularse en la escuela de aviación marina; sin embargo, le descalificaron a causa de las diferentes conmociones cerebrales que había sufrido jugando a fútbol. Pasó varios años intentando conseguir una exención médica que le permitiera volar, pero al cumplir veintisiete años ya no podía acceder a la formación de oficial, y empezó a buscar otro rumbo para su vida. «Recuerdo decirme a mí mismo: no hay manera de pasar el resto de mi existencia sentado en una cabina», así que empezó a trabajar en el manuscrito de lo que sería su primera novela, *Term Limits*. Poco después, «quemó todos sus barcos», dejó su trabajo y les dijo a sus amigos y a su familia que se iba a dedicar a ser novelista.

Le preguntamos a Vince qué fue lo que le convenció de que podía ganarse la vida como novelista, cuando tan sólo unos años antes le habían dicho que su forma de escribir marcaba unos límites nuevos de ineptitud. Respondió que fue la confianza que sintió al descubrir que su mente trabajaba en gran parte como la de los novelistas a los que tanto amaba. Dijo que cuando leía o veía películas, «siempre sé lo que va a ocurrir después, muchas veces podría decir incluso desde el primer capítulo cómo va a terminar la historia». Esa experiencia le hizo pensar que si podía predecir los argumentos de las novelas de otras personas, igual podría también crear el propio.

Las sospechas de Vince estaban bien fundadas. Como ya hemos dicho, la predicción y la narración son capacidades mentales estrechamente relacionadas. Sin embargo, la capacidad de Vince para predecir los giros en los argumentos podría no haber sido suficiente como para arriesgar su forma de vida, de no haber entendido que poseía unas capacidades especiales para tratar con patrones complejos. Una de ellas era un talento sorprendente que había mostrado desde pequeño: «Tenía un don innato para el ajedrez. Era algo muy raro: aunque suspendía en el colegio, siempre sabía de antemano cómo se iba a desarrollar el juego. Así que mis padres solían llevarme a ver a algunos de los mejores jugadores de ajedrez de Twin Cities. Un año llegue a ser el cuarto del estado. Pero nunca se lo conté a mis amigos del colegio, porque me avergonzaba de ello».

Otra pista llegó en la universidad. «Aunque tenía problemas en mis otras clases, terminé haciendo Macroeconomía, y por primera vez en mi vida me encontré sentado en una clase siendo una de las pocas personas que entendía de lo que estaban hablando. Muchos de los chicos que eran buenos en inglés y matemáticas se preguntaban por qué no entendían nada —había demasiadas variables— y de repente soy yo el que dice: "Pero ¿cómo es posible que no lo entendáis? ¡Si es muy fácil!". Sencillamente tenía sentido para mí».

Las capacidades de predicción de Vince se pusieron claramente de manifiesto en su forma de escribir. Tras su primera novela consiguió un contrato con un editor importante. Eligió para su segunda novela un tema desconocido en 1998 para la mayor parte de la gente, pero que le pareció que era el tema de seguridad nacional más importante del momento: el fundamentalismo radical islámico. Las siguientes tres novelas de Vince se centraron en esta amenaza y todas se publicaron antes de que ocurrieran los trágicos eventos que nos hicieron conscientes a todos de este peligro. «Antes del 11 de septiembre, yo me preguntaba "¿por qué a nadie le asusta todo esto?". Para mí era obvio que se trataba de un desastre que esperaba el momento preciso para producirse».

La capacidad de Vince para predecir los titulares y la acción que tiene lugar detrás del escenario es tan sorprendente que uno de sus libros, *Memorial Day*, provocó una revisión de seguridad por parte de los funcionarios del Departamento de Energía, porque estaban seguros de que había recibido información clasificada de una fuente externa. Pero

Vince afirma que el realismo de sus historias procede enteramente de su capacidad de predicción, al utilizar la información libremente disponible. «Honestamente puedo decir que nunca he recibido información de una persona en activo dentro de la CIA, el Servicio Secreto, la NASA, el FBI, el ejército ni en ninguna otra parte. Tomo la información que está públicamente disponible y luego relleno los espacios en blanco. Tengo una capacidad para conectar esos puntos».

Fuera del gobierno se han notado asimismo las habilidades predictivas de Vince, y hay quien ha quedado tan impresionado que está dispuesto a invertir dinero en ellas. «Recientemente me pidieron que fuera al consejo de administración de un fondo de cobertura. Allí me dijeron, "Creemos que tienes una forma muy buena de pensamiento estratégico", y ellos no saben por qué y no saben nada de la dislexia, pero me dijeron: "Nos gustaría contar contigo en este consejo y que hagas para nosotros algún tipo de planteamiento estratégico"».

Vince también ha intentado convencer a otras personas del poder de predicción que en su opinión poseen muchos disléxicos. «Tengo un amigo que está en el consejo de varias fundaciones benéficas, y siempre le digo: "Cada una de estas asociaciones necesita por lo menos un disléxico en el consejo". Cuando me pregunta por qué, yo le digo: "Sencillamente vemos los patrones de antemano. Podríamos hacer mucho bien"».

Vince atribuye esta capacidad disléxica predictiva tanto a la naturaleza como a la educación. «Los disléxicos tienen conexiones diferentes y esto hace probablemente que seamos algo más creativos de una forma innata, pero también hay que tener en cuenta el impacto de la experiencia. El colegio es como un muro y cualquier otra persona ve que hay una escalera apoyada al muro, y que sólo hay que subir por ella y saltar el muro. Pero por el motivo que sea, los disléxicos no saben cómo subir esa escalera, así que tenemos que buscar otra forma de pasar ese muro. Tenemos que excavar un hoyo alrededor o encontrar una cuerda para construir una escalera de cuerda o encontrar otra forma de hacerlo. Así que estamos constantemente intentando resolver un problema, y creo que por este motivo hay tantos disléxicos que se convierten en inventores y creadores, porque están constantemente intentando encontrar maneras que derroten al sistema o que lo mejoren o que lo cambien para que tenga sentido para ellos. Esto desarrolla sus capacidades de predicción. Hay muchas cosas en la vida parecidas a una ecuación de álgebra en la que te proponen cuatro factores conocidos y tres desconocidos y tienes que resolver ese problema. Los disléxicos nos vemos obligados a hacer esto tantas veces en la vida diaria que nos convertimos en grandes solucionadores de problemas».

Después de escuchar la lista de Vince de todos los beneficios que ve en ser disléxico, nos atrevimos a preguntarle: «Entonces no te sorprende que el título de nuestro libro sea *Las ventajas de ser disléxico*, ¿no?».

Vince empezó a reírse y respondió: «Tienes razón. ¡No me sorprende para nada!».

PARTE VII

Aprovechar la ventaja disléxica

CAPÍTULO 25

Lectura

Hasta ahora, al considerar las numerosas ventajas que pueden acompañar a una forma de procesamiento disléxico, hemos visto que:

- La dislexia no es sólo una incapacidad para leer, sino un reflejo de un patrón diferente de organización cerebral y de procesamiento de la información que genera fuerzas y dificultades.
- Las fuerzas y las dificultades relacionadas con la dislexia están inextricablemente relacionadas, al igual que los *home runs* y los *strikeouts* en béisbol, y las dificultades disléxicas se entienden mejor como compensaciones realizadas para obtener otros beneficios cognitivos más amplios.
- Las personas con dislexia suelen mostrar otras fuerzas particulares en el procesamiento general, turístico o descendente, aunque pueden tener problemas con el procesamiento detallado.
- Muchas personas con dislexia muestran unas fuerzas concretas en el razonamiento material o la capacidad de generar mentalmente y de manipular una serie interconectada de perspectivas espaciales tridimensionales.
- Muchas personas con dislexia muestran unas fuerzas particulares en el razonamiento interconectado o la capacidad para percibir unas

conexiones más distantes o inusuales, razonar utilizando enfoques interdisciplinarios o detectar el contexto y la esencia.

- Muchos disléxicos destacan en el razonamiento narrativo o en la capacidad para percibir información como «escenas» mentales, que construyen a partir de fragmentos de una experiencia personal pasada (memoria episódica).

- Muchas personas con dislexia muestran unas fuerzas concretas en el razonamiento dinámico o la capacidad para reconstruir con precisión eventos pasados que no presenciaron, o para predecir estados futuros, utilizando a menudo un razonamiento basado en la percepción y una «simulación episódica», concretamente en condiciones que son cambiantes, ambiguas o conocidas en parte, y en las cuales son necesarias unas soluciones «cualitativas» y prácticas.

Estas conclusiones tienen unas implicaciones importantes que afectan a nuestra manera de comprender, educar y utilizar a las personas con dislexia. En estos capítulos finales exploraremos estas implicaciones. Empecemos echando un vistazo a la función del aprendizaje más estrechamente relacionada con la dislexia: la lectura.

Cómo convertirse en un lector hábil

Debemos saber que convertirse en un lector hábil requiere tres capacidades: la de pronunciar las palabras (es decir, descodificar), la de leer con rapidez y precisión (es decir, fluidez) y de comprender lo que uno lee (es decir, comprensión). Aunque las personas con dislexia pueden tener dificultades con una de estas capacidades o con todas, sus ventajas disléxicas pueden ayudarles igualmente a dominar estas capacidades.

Descodificar palabras

La descodificación, o la «pronunciación» de palabras escritas poco conocidas, depende de dos habilidades clave:

- Identificar con precisión los sonidos componentes de las palabras.
- Dominar las reglas de la fonética, que describen cómo utilizar las letras para representar estos sonidos.

Tal y como mencionamos en el capítulo 3, estas habilidades dependen de unos sistemas de aprendizaje de procedimiento (o basado en normas) y de procesamiento fonológico en el cerebro. El sistema de procesamiento fonológico trabaja en primer lugar dividiendo las palabras entrantes en sus sonidos componentes (un proceso conocido como *segmentación del sonido*) y dividiendo (o *discriminando*) luego estos sonidos unos de otros. Muchas personas con dislexia tienen problemas en uno de estos procesos o en ambos.

Las dificultades con estos procesos pueden manifestarse en diferentes tareas, aparte de la descodificación. Las personas con dislexia que tienen problemas con la segmentación del sonido también tendrán problemas a menudo para identificar los sonidos que componen las palabras. Por ejemplo, pueden tener problemas a la hora de determinar que la palabra *cup* tiene tres sonidos (*c-u-p*) en lugar de dos (*cu-p*). Pueden tener problemas, asimismo, a la hora de efectuar cambios de sonidos como en *Pig Latin* (por ejemplo, *ig-pay atin-lay*) o cambiar la *b* de *bat* a *h* para ver qué palabra se forma. Con respecto a la discriminación del sonido, tienen problemas para distinguir los sonidos de las palabras por lo que suelen pronunciar mal, escuchar mal o deletrear mal las palabras. Pueden sustituir o equivocarse con palabras de sonidos similares o realizar errores con un sonido parecido al pronunciar la palabra o al deletrearla (por ejemplo, sustituir *t/d*, *m/n*, *p/b*, *a/o* o bien *i/e* u omitir sonidos de palabras como *pah-corn*).

Capacidades como la segmentación y la discriminación del sonido (denominadas *capacidades de conocimiento fonético*) no son enteramente innatas, sino que deben aprenderse. Este aprendizaje tiene lugar en gran medida durante los dos primeros años de vida y depende sobre todo del procesamiento de imagen detallada y del aprendizaje implícito (es decir, aprender a través de la observación y la imitación en lugar de aprender *explícitamente* las normas, tal y como se describió en el capítulo 3). Como hemos mencionado, muchas personas con dislexia tienen dificultades tanto con el procesamiento de imagen detallada como con el aprendizaje implícito, de manera que no es de extrañar que suelan tener dificultades en el aprendizaje para distinguir con precisión la amplia gama de sonidos que forman las palabras.

La buena noticia es que el sistema de procesamiento del sonido del cerebro no es fijo, sino que tiene una gran capacidad de reprogramación. Los cerebros con unas habilidades más flojas de segmentación o discriminación con frecuencia pueden ser reentrenados con una instrucción fonética basada en el método Orton-Gillingham. En general, las personas con dificultades especialmente graves de discriminación del sonido deberían empezar con una técnica de instrucción que mejore específicamente la capacidad para distinguir sonidos de palabras, como Lindamood-Bell LiPS, o programas informáticos de entrenamiento auditivo, como Earobics o Fast ForWord. En otras personas con dislexia se debería elegir el entrenamiento fonético basándose en las fuerzas, las debilidades y los intereses personales de cada individuo, porque éstos determinarán qué tipo de información recuerdan mejor.

Aunque cada persona es única, las características comunes del cerebro disléxico que hemos tratado en capítulos anteriores pueden suministrar importantes claves sobre el tipo de instrucción que sería beneficiosa para gran parte de las personas disléxicas. Por ejemplo, puesto que en muchas de ellas prevalece la memoria episódica sobre la semántica, muchas recordarán la información sobre las cosas que han experimentado (o imaginado como experiencias basadas en escenas) mejor que los hechos abstractos o no contextuales. Asimismo, recordarán mejor la información si la encuentran interesante y si la pueden ubicar en un marco de conocimiento más grande o comprender su función u objetivo general.

Las Fuerzas de la MENTE de la persona pueden ayudar también a predecir qué métodos de entrenamiento considerarán más efectivos. Por ejemplo, las personas con unas fuerzas-M prominentes suelen aprovechar mejor los métodos que involucren a sus fuerzas en unas imágenes espaciales. Éstos incluyen normalmente varias formas de imágenes visuales, posicionales o basadas en movimientos. Encontrar un método que haga hincapié en la forma particular de imagen espacial en la cual destaca una persona (por ejemplo, kinestésica, visual) puede incrementar considerablemente la posibilidad de éxito.[85]

Las personas con unas fuerzas-I impresionantes suelen aprender mejor utilizando unos métodos que utilicen su capacidad para ver interconexiones. Esa instrucción crea a menudo asociaciones o analogías entre la nueva información y los temas que ya saben o que les interesan.[86] Estos estudiantes tienen una tendencia a disfrutar de los planteamientos multisensoriales o de marcos múltiples, que presentan la misma información en diferentes maneras. Con frecuencia, disfrutan debatiendo sobre el funcionamiento de los planteamientos que están utilizando, ya que esto implica el uso de sus fuerzas para el pensamiento relacionado con la esencia, de causa y efecto y contextual.

Los estudiantes con unas fuerzas N o D especialmente importantes suelen disfrutar de planteamientos que hagan hincapié en ejemplos y casos, en lugar de normas y definiciones. Los planteamientos que in-

---

85. Por ejemplo, muchos programas basados en Orton-Gillingham, como el método Wilson o el método Slingerland, utilizan un entrenamiento kinestésico de motricidad fina, que se centra en la práctica repetida de escribir letras y sonidos o de realizar movimientos de trazado de los dedos. Aunque estos planteamientos son muy efectivos para las personas con dislexia con unas buenas memorias espaciales kinestésicas, las personas con unas imágenes kinestésicas motoras más débiles (y que suelen mostrar unos problemas significativos con la coordinación motora fina de los dedos) encuentran a menudo que estos planteamientos son frustrantes e inefectivos, y aprenderán mejor con programas que utilicen otras áreas de la fuerza de aprendizaje. Los estudiantes con unas imágenes visuales fuertes, pero con unas imágenes kinestésicas y motoras más débiles, suelen aprender mejor con programas como el de Seeing Stars de Lindamood-Bell, que emplean sobre todo imágenes visuales. Asimismo, para los estudiantes que tienen problemas con la coordinación de los dedos y el sentido de la posición (es decir, la capacidad para decir qué están haciendo los dedos sin mirarlos), pero que tienen una buena coordinación motora y un buen sentido de la posición, pueden resultar también efectivos los planteamientos kinestésicos que practican la escritura de las palabras y los fonemas utilizando grandes movimientos de todo el brazo en una pizarra blanca, en lugar de escribir con los dedos utilizando el lápiz y el papel. Serán asimismo efectivas otras técnicas, que se sirven de las fuerzas de la memoria visual, espacial, de diseño y de color en las imágenes espaciales y visuales que posee un estudiante particular.

86. Un ejemplo de este planteamiento sería el programa Phonetic Zoo, que combina la instrucción fonética con la información sobre animales (*véase* el Apéndice A).

tegran la información en historias o eventos son también más fáciles de recordar para estos estudiantes, ya que se trata de planteamientos interactivos en los cuales el aprendizaje tiene lugar a través de la conversación o la interacción con un instructor (por ejemplo, con debates, dramatizaciones o juegos).

En resumen, si consideramos cuidadosamente las fuerzas, los intereses y las dificultades particulares de una persona disléxica podemos encontrar un método de instrucción adecuado que se ajuste a los estudiantes disléxicos de una manera más efectiva. Un debate completo sobre el método disponible va más allá del alcance de este capítulo, pero se facilita información adicional en nuestra página web Dyslexic Advantage y en nuestro libro *The Mislabeled Child*.[87]

Es importante reconocer que muchos estudiantes con unas dificultades disléxicas significativas necesitarán una instrucción adicional de lectura fuera del colegio. El entrenamiento debería empezar tan pronto como se reconozcan las dificultades, aunque nunca es demasiado tarde para empezar. Para los niños con un importante historial familiar de dislexia, la instrucción fonética debería comenzar tan pronto como muestren un interés por aprender a leer, sobre todo si muestran cualquier tipo de dificultad, como una adquisición más lenta del habla, una percepción más débil del sonido, errores en el habla o en la interpretación, errores en la pronunciación de las rimas o una lentitud en el aprendizaje del alfabeto o de los sonidos en las letras. Con una atención adecuada temprana, se pueden evitar asimismo dificultades leves de lectura y se puede reducir la gravedad de unas dificultades más serias.

Las familias con una dedicación suficiente pueden a veces proporcionar un entrenamiento fonético por su cuenta, utilizando los materiales comercialmente disponibles; pero en muchos casos es una buena idea obtener ayuda de un instructor cualificado para la lectura, un patólogo del lenguaje o un centro de instrucción para la lectura. En caso

---

87. B. L. Eide y F. Eide, *The Mislabeled Child* (véase cap. 3, n.º 1).

de desear un tutor, las ramas estatales de la International Dyslexia Association guardan unas listas muy útiles de profesionales bien formados en los planteamientos Orton-Gillingham.

Asimismo, no hay que caer en la trampa de pensar que ya no se necesita un entrenamiento de lectura adicional cuando la comprensión de la fonética del niño alcanza un nivel de madurez o académico. Los niños que no pueden aún aplicar sus conocimientos fonéticos rápidamente y automáticamente (o con *fluidez*, como trataremos enseguida) suelen tener dificultades en la escuela primaria y a principios de secundaria, cuando se les pide que aprendan de textos o descodifiquen palabras nuevas o desconocidas.

Con frecuencia resulta particularmente difícil tratar de manera adecuada a los estudiantes más mayores que ya han empezado a leer con una comprensión razonablemente buena, pero que siguen mostrando dificultades en la ortografía o la descodificación. Cuando sus capacidades del lenguaje son fuertes, los estudiantes con dislexia a menudo pueden aprender a leer silenciosamente con una buena comprensión, aunque sigan teniendo una peor pronunciación de palabras extrañas (descodificar) y les cueste la ortografía (codificar). A menudo sus problemas con la identificación de palabras pasan inadvertidos hasta que llegan a bachillerato o incluso a la universidad, donde empiezan a encontrar palabras en los libros de texto de las que nunca han oído hablar antes, de manera que no pueden utilizar claves contextuales para suponer la definición de la palabra. En ese punto, sus dificultades de descodificación pueden generar muchos problemas prácticos. Hemos denominado *dislexia sigilosa* al problema al que se enfrentan estos estudiantes, porque a menudo elude el «radar» o la detección, y a veces puede resultar difícil motivar a estos estudiantes para que se esfuercen en la instrucción fonética si sienten que su lectura es lo «suficientemente buena». Sin embargo, si se les puede motivar a cooperar, los beneficios reflejados en la mejora de la lectura y la escritura suelen merecer el esfuerzo realizado de una instrucción fonética adicional, sobre todo si tienen previsto ir a la universidad.

Fluidez

Para leer con la suficiente rapidez y precisión, con el fin de satisfacer las demandas de los últimos años de colegio, de la universidad y del mercado laboral, las personas con dislexia necesitan dominar algo más que la descodificación fonética. Deben dominar asimismo un segundo componente clave de una lectura hábil: la *fluidez de la lectura*. La fluidez consiste en tener precisión y velocidad al leer, y se adquiere a través de una larga práctica de lectura.

La fluidez de la lectura se puede dividir en varios aspectos, cada uno de los cuales se puede desarrollar mediante diferentes tipos de práctica. Antes de tratar estas técnicas para generar fluidez, echemos un vistazo a los cuatro principios clave que deberían acompañar a cualquier tipo de práctica de la fluidez.

El primer principio clave es el interés. *Las personas aprenden mejor cuando tienen interés*. Esta frase debería esculpirse en la pared de todas las aulas. Un estado de interés elevado suele ser la única condición con la cual las personas con dislexia pueden abordar textos con la suficiente profundidad como para hacer progresos con las capacidades de lectura. Por este motivo, el primer paso en cualquier forma de práctica de lectura debería ser encontrar algo que el estudiante desee leer. Un libro, una revista, una página web, una tira cómica o cualquier otra cosa que realmente atraiga el interés del estudiante será siempre mejor –incluso si parece algo avanzado para el nivel de capacidad actual del estudiante– que algo que parezca más adecuado en cuanto a dificultad, pero que falle a la hora de atraer la atención del estudiante.

El interés resulta igualmente importante a la hora de seleccionar los materiales correctos de lectura, porque el conocimiento general del estudiante puede ofrecer un contexto y un vocabulario que ayuden al estudiante a «rellenar los espacios en blanco» y a identificar las palabras difíciles. Los estudiantes con unas fuerzas-M importantes suelen disfrutar con libros y revistas sobre física, química, ingeniería, inventos, mecánica, ordenadores, aviones, arquitectura, paisajes, automóviles, diseño, moda u otros temas en los que estén implicados sus intereses espaciales. Los estudiantes con unas fuerzas-I impresionantes disfrutan a menudo leyendo libros de humor, con analogías o metáforas interesantes (como poesía, mitología o fábulas) y planteamientos generales y multidisciplinarios en temas complejos, como el medio ambiente, la historia mundial o militar o la psicología. Los estudiantes con unas fuerzas-N importantes pueden disfrutar de libros con un fuerte elemento narrativo, como cuentos, fábulas, mitos, historias o biografías. Los estudiantes con unas fuerzas-D importantes suelen inclinarse, cuando son más jóvenes, por libros de fantasía, ciencia-ficción o mitología; y cuando son más mayores por libros de mitología o de ficción histórica que tratan mundos imaginarios o pasados; o por libros sobre negocios, economía y finanzas; o por revistas con artículos sobre el mundo empresarial y la tecnología. Naturalmente, el estudiante individual es normalmente la mejor fuente de información para determinar este interés.

El segundo principio clave es aprovechar las fuerzas de procesamiento de tipo descendente, contextual y de imagen general que poseen muchos estudiantes disléxicos. Una de las mejores formas de hacer esto es proveerlos de una idea general de lo que van a leer antes de empezar. Esta práctica se ha demostrado que mejora de manera sistemática la fluidez de la lectura e incrementa el ritmo de aprendizaje. Hay diferentes maneras de realizar esta preparación previa. En la primera, el estudiante puede escuchar el pasaje que deberá abordar mientras el tutor lo lee en voz alta o lo escucha a través de una grabación. En la segunda, el estudiante puede leer o escuchar un resumen del pasaje (por ejemplo, desde SparkNotes o CliffsNotes o del tutor). En la tercera, la lectura de libros que forman parte de una serie prepara a los estudiantes, porque esos libros suelen contener historias, palabras, personajes y contextos conocidos. En la cuarta, para las historias más largas, el estudiante puede ver una película antes de leer el libro. Como una variación de este planteamiento, hemos descubierto que muchos estudiantes disfrutan viendo películas, luego leyendo el guión de las mismas, que puede encontrarse generalmente en páginas web como Internet Movie Script Database (www.imsdb.com).

El tercer principio clave es comprobar antes de empezar que el estudiante conoce todas las palabras que va a encontrar en el texto. Dedicar tiempo con antelación a detectar las palabras difíciles y a asegurarse de que se entiendan y se reconozcan hará que la práctica de la fluidez sea más efectiva.

El cuarto principio para generar una práctica de fluidez es comprobar que el estudiante comprende con facilidad las estructuras de las frases del autor. Muchos disléxicos (sobre todo los más jóvenes) tienen problemas con la memoria de trabajo, que dificulta la comprensión y la lectura de las frases más complejas. Para ellos, la elección de las palabras, la longitud de las frases y las estructuras, así como los temas elegidos por el autor, pueden afectar drásticamente a su comprensión y fluidez. En general, los estudiantes pueden decir qué autor se ajusta a su forma de pensamiento con tan sólo leer las dos primeras páginas. En el caso de los disléxicos suelen comprender mejor a los autores que se ciñen al tema y que evitan cláusulas complejas y construcciones pasivas.

Con estos principios clave en mente, echemos un vistazo ahora a tres tipos diferentes de práctica para generar fluidez.

Práctica que genera un reconocimiento de vista de manera rápida y precisa. El primer tipo, y el más básico, de práctica de fluidez de la lectura se centra en generar una fuerza y una precisión a la hora de descodificar y de identificar palabras individuales. Para leer con fluidez, un lector debe ser capaz de descodificar rápida y automáticamente, y de reconocer muchas palabras comunes a simple vista.

Aunque a muchos estudiantes no les guste oír esto, para generar estas capacidades no hay nada que sustituya realmente a la práctica de la lectura oral. La lectura oral obliga a los lectores a identificar con precisión cada palabra dentro de un pasaje, y este requisito sencillamente no se puede aplicar en ningún otro tipo de lectura.

Para los lectores principiantes, el método conocido como *lectura oral repetida guiada* ha demostrado ser el más efectivo. En él, un «guía» lee primero en voz alta un pasaje de una dificultad adecuada, mientras el estudiante lo lee en silencio. Cuando el guía termina la lectura, el estudiante lee el mismo pasaje en voz alta. Este pasaje se practica diariamente hasta lograr una fluidez perfecta. Para los lectores principiantes un párrafo puede ser suficiente, pero los pasajes deberían ser más largos a medida que el lector avance. Más adelante, el lector puede tener la capacidad suficiente como para saltarse la primera lectura y leer los pasajes en voz alta mientras un tutor o un guía le sigue para comprobar la exactitud y detectar los errores.

Cuando las personas con dislexia leen lo suficientemente bien como para identificar con precisión muchas palabras en los pasajes que leen, pueden concentrarse con más rapidez en la lectura silenciosa. Pueden, asimismo, practicar su velocidad leyendo en silencio mientras escuchan la grabación de un libro.

Los lectores principiantes pueden generar un reconocimiento de palabra a simple vista, practicando con fichas de algunas de las palabras más comunes. Existen listas de estas palabras en muchas páginas web y se pueden encontrar fácilmente utilizando el término de búsqueda «palabras Dolch».

Práctica que genera unas capacidades para resolver problemas en la fluidez de las palabras. Practicar la lectura de manera silenciosa e independiente puede ayudar a los estudiantes a generar el tipo de capacidades de resolución de problemas de manera descendente, que les permita suponer los significados de las palabras que no puedan descodificar con facilidad. Para la práctica de este tipo, pueden resultar útiles libros o revistas con un gran número de imágenes, pero también prepararse haciendo un bosquejo o un resumen del pasaje que se va a leer. Se debería alentar a los estudiantes a leer con rapidez y a evitar atascarse en palabras que no puedan identificar inmediatamente. Se les debería decir que lean primero en busca del contexto y de la comprensión global, y que rellenen los espacios en blanco a medida que vayan avanzando. Este tipo de práctica no es suficiente en sí misma para crear un lector realmente hábil, pero fomenta el tesón, el interés por la lectura, el reconocimiento de palabras a simple vista, la resolución de problemas y el razonamiento contextual descendente.

Práctica que genera velocidad. Leer es como montar en bicicleta: hay que moverse hacia delante a una velocidad para conseguir que funcione. Muchas personas con dislexia han aprendido a descodificar palabras individuales con una precisión razonable, pero siguen leyendo tan lentamente y con tanta dificultad que no pueden absorber un mensaje coherente a partir de las frases o de los párrafos que están leyendo. A menudo las personas que descodifican bien, pero que siguen leyendo lentamente, no se identifican como disléxicas. En cambio, destacan por su falta de rendimiento, atención, persistencia en la lectura o su tendencia a evitarla.

Los estudiantes que leen con precisión, aunque lentamente, deberían practicar la lectura con un guía o con libros grabados para ayudarles a aumentar la velocidad. Lo mismo que ocurre con el ejercicio, donde una cinta nos obliga a ir a su velocidad y logra que vayamos más rápidos de lo que elegiríamos ir, leer con un libro grabado puede favorecer una lectura más rápida. Los nuevos dispositivos electrónicos –incluidos los sistemas de reproducción de textos o algunos ordenadores y lectores electrónicos– a menudo pueden ajustar la velocidad de reproducción, de manera que los estudiantes pueden aumentar gradualmente su velocidad de lectura.

La lectura fluida exige un buen funcionamiento del sistema visual, algo de lo que carecen muchos lectores persistentemente lentos. Existe una controversia considerable entre los investigadores de la lectura sobre la función de la visión y de las intervenciones visuales en las dificultades disléxicas de lectura. Estudiamos esta controversia con detalle en nuestro libro *The Mislabeled Child*, donde anotamos que realmente parece existir un subconjunto de personas con dislexia cuyas capacidades visuales inadecuadas retrasan el progreso en la lectura y que pueden beneficiarse de un tratamiento y de una evaluación visual.[88]

Estas personas, de alguna manera, recuerdan a las descritas anteriormente, que tienen problemas para discriminar los sonidos de las palabras. Aunque un entrenamiento fonético estándar ayudará a que

---

88. Desde un punto de vista estrictamente neurológico, existen numerosas pruebas científicas que sugieren que muchos niños con dificultades para dominar la discriminación fonológica pueden también tener dificultades en la percepción visual. Esto es incluso más posible para el amplio grupo de disléxicos que tienen problemas con la motricidad fina, necesaria para llevar a cabo tareas como la caligrafía y atarse los cordones de los zapatos.

muchas de estas personas mejoren sus capacidades de discriminación auditiva, la velocidad con la que desarrollan estas capacidades suele acelerarse –en algunos casos, de manera significativa– si reciben un entrenamiento auditivo en el ordenador. Igualmente, el entrenamiento visual puede acelerar el progreso en los lectores con síntomas visuales graves. Aunque la práctica de la lectura en sí misma mejora eventualmente las funciones visuales en muchas personas (aunque no en todas), los tratamientos visuales pueden mejorar el índice de desarrollo de la lectura en los individuos con dificultades en el control del movimiento de los ojos y con el hecho de fijar la visión. Para algunos, las diferencias pueden ser drásticas y pueden evitar una falta de rendimiento prolongado o unos síntomas a menudo incómodos, como forzar la vista o tener dolor de cabeza al leer, el desplazamiento visual (cuando las palabras parecen moverse), el lagrimeo de los ojos, duplicar las imágenes visuales, saltarse líneas o perder con frecuencia el punto de lectura, o comportamientos como bizquear, inclinar la cabeza, cerrar un ojo o acercar mucho la cabeza a la página. Los disléxicos que suelen tener síntomas visuales mientras leen o realizan otras formas de trabajo detallado más de cerca deben someterse a una evaluación visual completa. El especialista adecuado para realizar este examen es un optometrista del desarrollo, que tenga una formación especializada en el tipo de capacidad visual funcional que permite que los ojos trabajen correctamente en el trabajo detallado. Estos especialistas habitualmente tendrán las siglas FCOVD[89] y OD[90] tras su nombre, y se pueden localizar en www.covd.org

Comprensión

Para comprender materiales escritos, un lector debe entender no sólo los significados de cada palabra utilizada, sino también cómo se relacionan esas palabras entre sí en la frase, y cómo afectan al significado

---

89. FCOVD (Fellow of the College of Optometrists in Vision Development): Miembro del colegio de optometristas en el desarrollo de la visión. *(N. de la T.)*
90. OD (Doctor of Optometrist): Doctor en Optometría. *(N. de la T.)*

del pasaje las características del lenguaje, como el estilo literario, el género, los significados implícitos y el lenguaje metafórico. El lector debe, asimismo, tener una capacidad de memoria de trabajo suficiente para guardar toda esta información en la mente durante el procesamiento y debe leer con la fluidez suficiente como para registrar toda la información antes de que las huellas en la memoria se desvanezcan.

Es importante reconocer que no todos los problemas con la comprensión de la lectura están generados por la dislexia. Los estudiantes que leen con fluidez y descodifican correctamente, pero cuya comprensión general es deficiente, tienen otros problemas con la atención o el lenguaje. Por el contrario, los estudiantes con dislexia mostrarán generalmente problemas con la descodificación y la fluidez, pero comprenderán los textos mucho mejor cuando los escuchan mientras alguien se los lee que cuando los leen ellos por su cuenta. Esta diferencia ayuda a identificar la fuente de sus dificultades de comprensión en el mismo proceso de la lectura.

Por fortuna, una vez que los problemas con la descodificación y la fluidez se hayan solucionado o se hayan sorteado utilizando textos grabados, las Fuerzas de la MENTE a menudo consiguen que las personas con dislexia sean especialmente buenas en la comprensión de textos. Las fuerzas-I ayudan con frecuencia a reconocer asociaciones (como simbolismos, analogías, metáforas, ironías, humor o relaciones de correlación o de causa y efecto) utilizando diferentes perspectivas o puntos de vista para analizar los textos, comparando diferentes textos entre sí e identificando elementos de imagen general, como la esencia y el contexto. Las fuerzas-N pueden ayudar a que los lectores disléxicos creen unas imágenes basadas en escenas y realicen un seguimiento de los hilos narrativos que conectan las diferentes partes del texto. Estas fuerzas pueden ayudar a las personas con dislexia a pensar anticipándose a lo que leen, lo cual puede hacer que sean unos lectores muy activos, imaginativos y analíticos. La gente suele sorprenderse cuando les decimos que muchos de nuestros alumnos más mayores eligen una especialización universitaria de literatura inglesa, literatura comparada o historia, campos que requieren mucha lectura; y que una vez resueltos los problemas de acceso a la información textual, los estudiantes disléxicos resultan particularmente idóneos para este tipo de materias. En la próxima sección trataremos las formas de incrementar el acceso a la información textual para todos los estudiantes disléxicos.

El sentido de la lectura: Utilizar la tecnología para incrementar la accesibilidad

El sentido fundamental de la lectura es acceder a la información escrita. Por fortuna, con los avances de la tecnología que permiten almacenar la información verbal y transmitirla de muchas maneras, ya no hay motivos para que las personas con dislexia no puedan acceder a la información.

El defensor de los derechos civiles Ben Foss es un gran ejemplo de cómo el hecho de ver las dificultades disléxicas como una cuestión de acceso a la información, y no como un problema de lectura *per se*, puede dar lugar a unos planteamientos creativos en el colegio y en el trabajo. Ben es actualmente consejero delegado de Disability Rights Advocates, una organización nacional de derechos civiles que defiende la igualdad de oportunidades para la gente con discapacidades. Pero hasta hace muy poco trabajaba como director de acceso a la tecnología en el Digital Health Group de Intel, donde supervisaba el desarrollo de tecnologías de ayuda para las personas con discapacidades. El proyecto final de Ben fue el Lector Intel, un dispositivo portátil lo suficientemente pequeño como para llevarlo en un bolso o en una mochila, que combina una cámara digital con un lector de texto a voz. Se puede utilizar para leer en voz alta, a una velocidad cinco veces mayor que la normal, cualquier tipo de texto impreso que esté en una ubicación en la que se pueda fotografiar digitalmente de libros, revistas, etiquetas de paquetes o señales en las paredes. La idea del Lector Intel empezó con Ben, y su equipo logró finalmente dos patentes de Estados Unidos por la tecnología relacionada con su diseño.

El interés de Ben de conseguir que los textos fueran más accesibles a los lectores disléxicos se debía a su propia experiencia como persona con dislexia. Aprender a leer fue tan difícil para Ben que abandonó la lectura, en el sentido convencional. Como nos dijo: «Os vais a meter conmigo enseguida: pero decidme que me podéis enseñar a leer, y veréis que no podéis. He intentado todas las clases de refuerzo existentes, y sencillamente no funcionan».

Si Ben no podía leer, ¿cómo pudo obtener un título de licenciado en la prestigiosa Wesleyan University, un máster de la Universidad de Edimburgo y un J.D./M.B.A. de Standford? Ben comenta que la clave de su éxito fue su uso de las tecnologías de ayuda y de las adaptaciones educativas. A menudo describimos estas adaptaciones como «intervenciones que te libran de unas actividades improductivas para introducirte en unas productivas». Ben añade la siguiente descripción, que puede resultar útil: «Las adaptaciones son una rampa para una silla de ruedas. Son una modificación de un proceso que sigue siendo fiel al objetivo final: el examen sigue siendo un examen y el conocimiento sigue siendo el conocimiento, pero los servicios de asistencia ofrecen una forma diferente de acceso. Descubrí que esa metáfora de la rampa era muy útil para mí».

Una de las adaptaciones de mayor utilidad para Ben fueron las grabaciones de libros. Al igual que muchas personas con dislexia, el acceso principal de Ben a los libros grabados tuvo lugar a través de una organización sin ánimo de lucro RFB&D (www.rfbd.org), cuyas grabaciones eran para él de un valor incalculable. Sin embargo, cuando llegó a un entorno más exigente, como es el de la escuela profesional, descubrió que las grabaciones convencionales ya no resultaban adecuadas. «Fui a Stanford para realizar un grado combinado de derecho y economía, y tenían una oficina increíble para estudiantes discapacitados, con todo lo necesario para disléxicos. Así que disponía de un ordenador con voz y de audiolibros en grabaciones, aunque estos últimos eran problemáticos, porque si escuchas un texto leído en voz alta a un ritmo normal de voz, generalmente estás escuchándolo aproximadamente a un tercio de la velocidad normal para el resto de la gente, y esto no me ayudaba a mantener el ritmo de mis compañeros de clase». Tras una búsqueda exhaustiva, Ben encontró una solución que había sido adoptada por mucha gente con problemas visuales: «Me cambié al texto digital».

Por texto digital Ben se refiere a un texto que ha sido codificado en forma digital, de manera que puede leerse en voz alta a través de un programa de texto a voz, en un ordenador o en otro dispositivo electrónico. Todo lo que se teclea en un procesador de textos se convierte en un texto digital, y la gran ventaja del texto digital, en opinión de Ben, es la velocidad. «Puedes escuchar un texto digital mucho más rápido qué las grabaciones de texto analógico, en algunos casos a un ritmo hablado hasta diez veces superior, y con el tiempo puedes entrenarte para que te resulte cómodo el texto digital ultrarrápido, como una forma de acceder a la información. Así procesa los textos la gente con problemas visuales, y yo aprendí ese modelo».

Enseguida, Ben fue capaz de escuchar el texto digital a un ritmo dos o tres veces superior al texto hablado. Esto ya suponía una gran ventaja, pero en los siguientes cinco años se convirtió en un oyente incluso más rápido. «La capacidad de escuchar muy rápidamente se construye a través de una serie de micropasos con unos pocos puntos de inflexión significativos, pero se trata definitivamente de un proceso. No es como tomar una pastilla y sentirse bien inmediatamente». Ben mencionó que una clave fundamental para maximizar la velocidad de escucha es probar muchas voces electrónicas diferentes hasta encontrar la que resulte más fácil de escuchar.

Ben descubrió que los textos digitales eran un planteamiento absolutamente adecuado para el aprendizaje. «Nunca toqué un libro en la escuela. Aprendí a abandonar la lectura. Ése fue el único planteamiento que me permitió sobrellevar todas las materias. Elegí un camino totalmente distinto al de los otros estudiantes, porque para mí ir por el camino de los libros era como caminar pasito a pasito sobre una carretera no pavimentada, mientras que utilizar mis formatos alternativos era como ir a toda velocidad por la autopista».

Otra persona con la que hablamos, que había descubierto que la escucha acelerada resultaba de gran ayuda en la escuela profesional, es el novelista y estudiante de medicina Blake Charlton. «He descubierto que aunque no sea un lector rápido, soy un oyente realmente rápido. Puedo escuchar cómodamente una clase a una velocidad tres veces mayor a la normal, y no tengo ningún problema de comprensión. Puedo retroceder cuando no entiendo los conceptos, y raramente entiendo mal las palabras. Con la tecnología que hay ahora, creo que aprender a confiar más en la escucha cuando eres joven podría resultar de gran ayuda para los disléxicos. Los libros grabados me ayudaron mucho cuando era más joven, pero si hubiera podido escuchar al doble de la velocidad, esto habría supuesto un cambio en mi vida».

El uso de la tecnología es recibido a veces con escepticismo, incluso con una oposición activa, por parte de los educadores y de los especialistas en la lectura, quienes creen que interfiere en los esfuerzos para enseñar a leer a los niños. Ben Foss considera que ésta es una actitud muy equivocada. «Este excesivo énfasis en una intervención temprana de la lectura y la falta de énfasis en otros aspectos de la misma, es algo sencillamente estúpido. Es mucho más acertado utilizar tanto las clases de refuerzo como las adaptaciones. Me gustaría dejar clara una cosa. Creo firmemente que es adecuado el papel que desempeña la formación de la fonética y todo lo que ello conlleva, pero a veces llegas a un punto de rendimiento decreciente cuando una hora empleada en hacer terapias no es tan valiosa como una hora empleada en concentrarte en las adaptaciones, teniendo en cuenta además que esa hora de adaptaciones tendrá un impacto mucho mayor a largo plazo.

»También he descubierto que la exposición al lenguaje en sí mismo mejora el acceso a la cultura, es decir, a la capacidad de comprender y de acceder a la información más culta, en comparación con aprender sencillamente a leer. La exposición al lenguaje mejora el vocabulario, la base del conocimiento y la capacidad para buscar contenidos que resulten interesantes. Puedo poner un gran ejemplo. Un chico tenía un lector Intel y nos dijo: "Utilicé el lector para leer el libro de normas del juego Risk, y descubrí que mis amigos estaban haciendo trampas". Este chico está ahora entusiasmado al comprender los textos, porque siempre había deseado invadir Francia [¡sólo en modo Risk!] y ahora sabe cómo hacerlo. Ha descubierto el poder de acceder a un lenguaje más culto o a la buena literatura. Por este motivo, todos los chicos deberían empezar con una exposición visual y auditiva a la literatura y a la información más culta en todas sus formas».

En los últimos años, un número creciente de educadores prominentes han llegado a la misma conclusión. La Dra. Lynda Katz es presidenta del Landmark College, un reconocido *junior college*[91] situado en Putney, Vermont, con una trayectoria notable de ayuda a estudiantes con dislexia, déficit de atención y otros problemas de aprendizaje, para que logren realizar la transición a la universidad o a una escuela profesional. La Dra. Katz habla con entusiasmo sobre los cientos de estudiantes que ha visto beneficiarse de primera mano del uso de tecnologías de ayuda. «Tengo un gran interés por la tecnología de ayuda. En Landmark empezamos utilizando tecnologías de ayuda como adaptaciones, y realmente creo que son beneficiosas, es decir, que su uso mejora la función de lectura. He tenido muchos estudiantes que las han utilizado y que cuando están preparados para dejar Landmark sienten como si ya no las necesitaran. Los dispositivos de ayuda y la exposición a los textos que éstos aportan parecen mejorar las capacidades de los estudiantes para leer y escribir. Machacar sin cesar a los estudiantes no parece ser el camino correcto».

Nos gustaría que todas las escuelas adoptaran este punto de vista más equilibrado y flexible de las tecnologías de ayuda, como los libros grabados y el software de texto a voz, particularmente para aquellos estudiantes que trabajan aún para mejorar sus capacidades de descodificación y de fluidez en la lectura. Este doble planteamiento ofrece a los estudiantes con dislexia las mismas oportunidades, que ya tienen otros estudiantes, de ampliar su base de conocimiento general, de enriquecer su vocabulario y de mejorar significativamente su educación más culta. Posiblemente mejoraría también, como han observado Ben Foss y Lynda Katz, la velocidad necesaria para dominar sus capacidades de lectura.

Por último, los padres pueden desempeñar un papel fundamental a la hora de crear un entorno en casa que fomente un mayor acceso a la

---

91. Un *junior college* es una institución académica que ofrece un programa de dos años que es el equivalente de los dos primeros años de un grado universitario de cuatro años. *(N. de la T.)*

cultura en los lectores con dificultades. Los estudios han demostrado que los niños cuyos padres se implican en casa en sus conversaciones sobre asuntos importantes se adaptan más rápidamente al aprendizaje a partir de textos que reflejen una mayor cultura. Los padres deberían, asimismo, asegurarse que a los lectores con dificultades se les ofrezca el acceso al material disponible en los libros leyéndoselos en voz alta, y que se les facilite la exposición a tecnologías, como libros grabados, programas de lectura de texto a voz o películas documentales que merezcan la pena.

Resumen de los puntos clave de la lectura

- Una lectura hábil requiere unas fuerzas para la descodificación, la fluidez y la comprensión.
- Los estudiantes disléxicos necesitan una práctica adicional para generar unas capacidades de descodificación, y la práctica más efectiva conlleva un entrenamiento explícito en la fonética y en el conocimiento fonológico.
- Los métodos basados en Orton-Gillingham constituyen la regla de oro para esta práctica, aunque las personas con dislexia que tengan dificultades más serias con la discriminación de sonidos también pueden beneficiarse de un entrenamiento auditivo en el ordenador.
- Los métodos basados en Orton-Gillingham se facilitan en una amplia variedad de formas, pero su éxito reside, en parte, en que logran convertir el aprendizaje en una experiencia de memoria. Debería elegirse el «carácter» que mejor se adapta a las fuerzas cognitivas (incluidas las Fuerzas de la MENTE) y a los intereses del estudiante.
- El entrenamiento en la fluidez emplea una práctica de lectura oral y silenciosa para mejorar la identificación de las palabras, la resolución de problemas y la velocidad de lectura. Los materiales de lectura deberían elegirse de manera que fueran capaces de captar la atención del estudiante (abarcando con frecuencia un campo de especial interés para el estudiante), utilizar frases directas y un vocabulario conocido. Las capacidades de razonamiento de imagen

general de los estudiantes disléxicos deberían aprovecharse facilitándoles un contexto sobre lo que están leyendo (leyéndoles primero el pasaje o entregándoles un breve resumen).

- Los estudiantes con dislexia poseen a menudo unas fuerzas cognitivas que harán de ellos unos buenos intérpretes de textos, una vez se eliminen las barreras de acceso a las palabras en el texto.

- Aparte de instruirles en la lectura, los estudiantes disléxicos deberían poder acceder a libros grabados y a una tecnología de texto a voz, para que su exposición a una información más culta y su desarrollo cognitivo puedan proceder a toda velocidad.

- Las tecnologías más nuevas permiten a menudo regular la velocidad de escucha, que puede mejorar en gran medida la utilidad y la capacidad de mantener la atención en los textos grabados.

- Los padres pueden desempeñar un papel importante a la hora de convertir la casa en un entorno que fomente el acceso a la cultura en los lectores con dificultades, implicando a los niños en conversaciones difíciles y ofreciéndoles un acceso no sólo a alternativas impresas, sino a otras que impulsen el crecimiento de un lenguaje más culto, como libros grabados, programas de lectura de texto a voz o películas documentales que merezcan la pena.

CAPÍTULO 26

Escritura

Muchas personas con dislexia tienen la posibilidad de convertirse en escritores competentes y muy cualificados. En capítulos anteriores, hemos presentado a varios disléxicos, los cuales, a pesar de haber tenido unas dificultades tempranas con la lectura y la escritura, han seguido adelante hasta convertirse en escritores de gran talento. Este patrón es mucho más común de lo que se podría imaginar.

Habitualmente, cuando las personas con dislexia desarrollan sus capacidades para escribir, la madurez de su escritura refleja las Fuerzas de la MENTE que hemos descrito, incluidas las capacidades para descubrir conexiones y asociaciones distantes e inusuales, visualizar cosas desde diferentes perspectivas, captar la esencia y el contexto de la imagen general, mostrar unas fuerzas concretas en las imágenes y en la memoria basada en escenas, pensar en casos y episodios y no en definiciones o generalizaciones abstractas, implicarse en simulaciones, predicciones y percepciones de tipo mental, con el fin de ver patrones que otras personas no ven. Estas capacidades suelen aparecer en la escritura de personas con dislexia durante la adolescencia y en los años inmediatamente posteriores, aunque muchos disléxicos se desarrollan plenamente como escritores únicamente a los veintitantos años o incluso más tarde.

Aun las personas con dislexia que acaben convirtiéndose finalmente en escritores de talento casi siempre tendrán dificultades en el colegio con los aspectos de la escritura más relacionados con el detalle. Estas dificultades pueden afectar a funciones como las capacidades físicas y mecánicas necesarias para lograr una caligrafía legible y precisa, a patrones basados en sonidos y normas subyacentes a la ortografía y a la gramática, a patrones estructurales y organizativos subyacentes a frases, párrafos y construcción de ensayos, así como a la comprensión de la información que hay que incluir o excluir en su escritura. Para una gran parte de los disléxicos, un dominio automático y fluido de estas capacidades requiere mucho más tiempo que para otros estudiantes. Suele requerir también una instrucción más explícita y más práctica para imitar una buena escritura.

En este capítulo trataremos aquellos pasos que pueden ayudar a que los estudiantes disléxicos se conviertan en escritores competentes e incluso de talento. Nos centraremos en varios niveles importantes de escritura y en el papel que pueden desempeñar la tecnología y el uso adecuado de las ventajas disléxicas para ayudar a los estudiantes disléxicos a desarrollar sus capacidades de escritura.

Escribir a mano

Aprender a escribir a mano suele suponer un gran reto para los niños con dislexia. Entre los estudiantes disléxicos es habitual encontrar problemas con la caligrafía. Aunque Blake Charlton es ahora un novelista reconocido, tuvo grandes problemas con la caligrafía: «En la clase de preparación especial suspendí muchos trabajos porque el profesor no podía leer lo que escribía».

Los problemas con la escritura a mano pueden afectar a cualquier estudiante con dislexia, pero suelen ser más graves en los estudiantes con unas dificultades significativas en la memoria de trabajo o en el aprendizaje de procedimiento. Escribir a mano depende casi por completo de otras capacidades automáticas, de imagen detallada. Estas capacidades nos permiten formar letras con claridad, coherencia y con la adecuada orientación espacial, espaciar las letras y las palabras de manera correcta, utilizar márgenes y conocer las normas de uso (como las letras mayúsculas) y la puntuación (como las comas y los puntos). Los estudiantes que no hayan dominado totalmente estas capacidades automáticas de caligrafía deben prestar una atención más consciente (memoria de trabajo) para realizar estas tareas. Por ello, tienen menos «espacio mental libre en el escritorio» para formular frases, organizar pensamientos o verificar errores, de manera que su trabajo se ve a menudo afectado por una sobrecarga de errores, es decir, por unos fallos más frecuentes o graves en ortografía, omisiones de palabras, sustituciones imprecisas de palabras, una mecánica eficiente, una gramática o una sintaxis inadecuada o sencillamente un desorden general.

Los estudiantes con dificultades para escribir a mano suelen necesitar una combinación de entrenamiento específico (clases de refuerzo) y de adaptaciones. El entrenamiento debería empezar utilizando un programa de planteamiento explícito, multisensorial y basado en normas para la formación de las letras. Nuestro programa favorito es Handwriting Without Tears (www.hwtears.com), que recuerda a los planteamientos Orton-Gillingham que tratamos en el último capítulo, aprovechando las fuerzas de imágenes espaciales y kinestésicas y utilizando una práctica multisensorial para convertir la instrucción en una experiencia más fácil de recordar. Este planteamiento se emplea a menudo en los colegios (a veces a través de un terapeuta del propio colegio), y al ser relativamente fácil de comprender, los padres pueden utilizarlo con sus hijos también en casa.

Los niños con una motricidad fina particularmente deficiente se beneficiarán a veces de trabajar con un terapeuta ocupacional que haya recibido la formación necesaria para ayudar a niños con problemas de caligrafía. Muchos niños disléxicos, sobre todo aquellos con problemas de aprendizaje de procedimiento, muestran dificultades de coordinación motora fina y un tono muscular bajo en los músculos principales de su espina dorsal, caderas y hombros, lo cual hace que sea más difícil que se mantengan sentados. Estos niños se benefician a menudo de un refuerzo de sus músculos del torso, además de un entrenamiento de motricidad fina (de los dedos).

Como tratamos el capítulo 7, los niños que invierten sus símbolos escritos con tanta frecuencia y de manera tan elaborada, hasta el punto que entorpecen su progreso en la escritura o la lectura (particularmente una vez pasados los ocho o nueve años), merecen una atención especial. Las intervenciones deberían basarse en el perfil de las Fuerzas de la MENTE del niño. Como muchos de estos estudiantes tienen unas fuerzas-M inmensas (o unas capacidades de imágenes y de razonamiento espacial), estos talentos deberían utilizarse para minimizar la inversión de símbolos. Con frecuencia resulta útil para estos estudiantes practicar formando en arcilla modelos tridimensionales de letras y de palabras pequeñas (sobre todo de palabras que contengan las letras que suelen invertir). Pueden practicar también la formación de letras realizando letras muy grandes (de dos o más dedos de altura) con un rotulador en una pizarra blanca o utilizando su mano para trazar las letras en una caja llena de arena o arroz. Estas prácticas hacen que trabaje su memoria (kinestésica) muscular motora y activan unas áreas más amplias del córtex que parecen mejorar la orientación espacial. Técnicas útiles de este tipo se describen asimismo en los libros *Unicorns Are Real*[92] y *The Gift of Dyslexia.*[93]

Muchos estudiantes disléxicos tienen unos límites preestablecidos en su forma automática de aprender a escribir a mano, aun con un entrenamiento exhaustivo, y posteriormente alcanzan un punto de bajo rendimiento cuando les resulta complicado avanzar más. Los estudiantes que llegan a este punto deberían ser tratados con respeto, puesto que sus limitaciones reflejan la biología del cerebro en lugar del esfuerzo. Incluso aquellos que logran aprender a escribir bien a mano no

92. B. M. Vitale, *Unicorns Are Real: A Right-Brained Approach to Learning* (Austin, TX: Jalmar Press, 1982).

93. R. D. Davis y E. M. Braun, *The Gift of Dyslexia: Why Some of the Smartest People Can't Read... and How They Can Learn* (Nueva York: Perigee, 2010). No estamos del todo de acuerdo con algunos aspectos de este libro y del método Davis, y muchas de sus ideas teóricas parecen desencaminadas, pero el material práctico sobre la construcción de modelos en 3D de letras y palabras y sobre lo que Davis llama «palabras activadoras» suele resultar muy útil y no se ha tratado en ningún otro lugar.

suelen lograr una comodidad o una fluidez absoluta con la caligrafía hasta la adolescencia, o incluso en los años posteriores. Nuevamente, esto se produce debido a un desarrollo tardío del lenguaje y de la memoria de trabajo, y es importante que los padres y los educadores comprendan y hagan concesiones a este marco de tiempo de desarrollo. Por fortuna, gracias a que ahora existen unas tecnologías excelentes que facilitan alternativas a la escritura a mano, no es necesario que los estudiantes con unas dificultades persistentes de caligrafía sigan sufriendo. Trataremos estas alternativas más adelante en este capítulo.

Escribir frases

Muchas personas con dislexia tienen asimismo dificultades para aprender a escribir frases. Un problema común es aprender a dominar las normas de la gramática y la sintaxis, que regulan la relación de las palabras y su función en las frases. Por ejemplo:

- Las relaciones entre el sujeto y el objeto («The man walked his dog down the street» frente a «The man down the street walked his dog» frente a «The man's dog walked down the street»).
- Las construcciones activas y pasivas («The king kissed the queen» frente a «The queen was kissed by the king»).
- Los tiempos verbales («Yesterday we went to the drugstore, but today we're going to the mall, and tomorrow we'll go to the restaurant»).
- Los pronombres («He gave his wife's sister her husband's letter»).
- Las cláusulas relativas («The man that is pulling the woman pulls the dog» frente a «The man is pulling the dog, and he is also pulling the woman»).
- Otras funciones gramaticales, como preposiciones, adjetivos y adverbios, significados múltiples de las palabras y construcciones complejas.

Prácticamente la mitad de todos los estudiantes universitarios con dislexia tienen dificultades con la gramática y la sintaxis, y esto sólo se refiere a los estudiantes que han logrado acabar la universidad. En general, estos estudiantes pueden escribir frases con formatos sencillos «de sujeto activo/objeto pasivo», pero sus problemas crecen con frases más complejas.

Los expertos en dislexia no suelen clasificar estos problemas de lenguaje como parte de la «dislexia» *per se*, sino como «diferencias de aprendizaje del lenguaje relacionadas con la dislexia». Sin embargo, puesto que estas dificultades parece que realmente proceden de las mismas variaciones neurológicas que las dificultades disléxicas de la lectura que hemos tratado, y puesto que las dificultades más leves de este tipo se producen en muchas personas con dislexia, creemos que es importante abordar este tema.

Estas sutiles dificultades del lenguaje a menudo no se detectan en las evaluaciones rutinarias de la función del lenguaje en los estudiantes más jóvenes de la escuela primaria, de manera que dar un «visto bueno» en una evaluación del lenguaje no las elimina. Asimismo, estas dificultades suelen ser más evidentes con la escritura que en la conversación, puesto que la escritura exige una mayor precisión y un mayor uso de los recursos de la memoria de trabajo.

Las dificultades con la memoria de trabajo y el aprendizaje de procedimiento suelen contribuir de manera significativa a generar problemas disléxicos con la construcción de las frases. Uno de los principales expertos en las dificultades de la escritura y del lenguaje relacionadas con la dislexia es el Dr. Charles Haynes, profesor de ciencias de comunicación en el Massachusetts General Hospital Institute of Health Professions de Boston. Cuando preguntamos al Dr. Haynes cuál creía él que era el punto de mayor dificultad con la escritura para los estudiantes con dislexia, no dudó en responder: «La frase es realmente un campo que pasa desapercibido. Cuando se enseñan frases, la gente piensa principalmente en diagramas de frases, pero no es realmente lo que necesitan los niños con dislexia y con dificultades relacionadas con el lenguaje. Estos niños a menudo han entendido el sentido de la frase o la lógica subyacente, de manera que necesitan practicar la comprensión y la formulación de frases, en lugar de sus diagramas».

Precisamente este enfoque centrado en la lógica o en el significado de la frase en su conjunto es un planteamiento descendente. El estudiante empieza «arriba», decidiendo cuál es el sentido global de la frase (por ejemplo, explicar, escribir) y no «abajo», concentrándose en detalles como nombres, verbos y adjetivos. Según lo que hemos tratado sobre las formas de pensamiento de los estudiantes con dislexia, este planteamiento descendente o de imagen general es precisamente el tipo de planteamiento que nosotros consideraríamos más efectivo a la hora de ayudarles en el aprendizaje. Y sin embargo, éste es exactamente el planteamiento contrario al ascendente utilizado por lo general para enseñar la construcción de la frase (por ejemplo, empezar con el nombre sobre el que tiene que tratar la frase, luego añadir un verbo para mostrar qué está haciendo, luego añadir otro nombre para mostrar para qué lo está haciendo, y así sucesivamente).

Según el Dr. Haynes, un tipo de práctica clave que necesitan los estudiantes con dislexia es aprender los formatos específicos de las frases, que están vinculados lógicamente a unos tipos concretos de párrafos. Como él nos comentó: «Las frases, particularmente las complejas, tienen una lógica. Por ejemplo, si quieres formar una frase compuesta utilizando la palabra *y*, esto tiene su lógica: las frases con *y* significan que estás hablando sobre eventos similares o eventos que vienen después en la frase. Con todos los tipos de frases, hay conjuntos particulares de palabras que se utilizan para determinados objetivos».

Estos conjuntos de palabras crean patrones de frases, como frases sobre procesos, frases que enumeran motivos o rasgos, frases que urgen a hacer algo o persuaden, frases que describen y frases que comparan y contrastan. Comprender la lógica de estos patrones de frases es fundamental para los estudiantes que intentan combinar frases para formar párrafos. «Si deseas construir un párrafo persuasivo, tienes que entender cómo formar una frase con *porque,* que exprese causa y efecto, y si deseas escribir un párrafo de comparación y contraste, debes crear frases con *aunque* y *mientras*, porque expresan esa lógica comparativa».

Antes de pedir a los estudiantes que escriban párrafos, deberían dominar estas relaciones lógicas de las frases. «Si siguen aún trabajando y esforzándose con las frases, no van a tener los recursos cognitivos disponibles para trabajar con los párrafos. Los párrafos son realmente palabras y frases reunidas en un tipo de orden lógico, y cada tipo de párrafo tiene un tipo de frase principal. Si los estudiantes se hunden en el párrafo, entonces necesitamos asegurarnos de que sean capaces de elaborar las frases principales necesarias.

»Uno de nuestros grandes problemas actualmente es que hay mucha gente que quiere saltar directamente a los párrafos. Dicen: "Nuestros exámenes estatales exigen que los niños escriban una narración personal de frases o una estructura de texto expositivo de cinco párrafos". Así que les dan a los niños una plantilla de párrafos, pero se saltan todo el trabajo importante de frases que conduce hasta ese punto».

Los estudiantes con dislexia que tienen dificultades con la lógica de la construcción de la frase deberían empezar su instrucción en este planteamiento descendente con una práctica oral en lugar de escrita. En primer lugar, deberían practicar la identificación de diferentes patrones lógicos en las frases (por ejemplo, persuadir, enumerar, comparar y contrastar), a medida que las escuchen. Utilizar frases que se refieran a áreas de interés o de refuerzo para el estudiante puede mejorar la concentración y la resistencia. Posteriormente, deberíamos decir a los estudiantes que practiquen frases habladas de estos tipos diferentes (por ejemplo, «describe esto…» o «dime por qué debería…» o «dime tres cosas que quieres para tu cumpleaños…»). Finalmente, los estudiantes deberían practicar la identificación de estos patrones de frases al leerlas.

Tan sólo cuando hayan dominado estos pasos preliminares de la práctica se les debería pedir realmente que escribieran los diferentes tipos de frases. De nuevo, lo esencial de esta práctica no es aprender qué palabras son nombres o verbos, sino qué tipos de palabras realizan varias funciones lógicas. Enumeramos recursos específicos para la práctica de estas habilidades en el Apéndice A.

Escribir párrafos, ensayos y artículos

Empezando por el párrafo. Una vez que los estudiantes hayan aprendido a identificar y a crear diferentes tipos de frases, deben aprender a construir cada uno de los diferentes tipos de párrafos. Dominar la formación de los tipos de párrafo implica principalmente aprender a conectar las frases de cada tipo principal con las frases adecuadas de introducción y conclusión. Una vez dominados estos pasos, los estudiantes habrán adquirido muchas de las habilidades clave necesarias para escribir un ensayo o un artículo completo.

Al mismo tiempo que se enseña la construcción de párrafos y ensayos, es importante utilizar unas plantillas claras. Estas plantillas deberían incluir unas descripciones explícitas de los pasos individuales e introducir ejemplos del trabajo acabado. La misma progresión de *escuchar-hablar-leer-escribir* descrita anteriormente debería utilizarse para la construcción de párrafos.

De nuevo, muchos estudiantes con dislexia son alumnos descendentes que trabajan mejor cuando saben exactamente cuál es su objetivo. En este sentido, muchos deberían ser considerados como alumnos «aprendices», que aprenden mejor imitando un trabajo cualificado: es decir, dominan su oficio más rápidamente y eficientemente cuando se formulan y se demuestran explícitamente los pasos necesarios para obtener un rendimiento cualificado, en lugar de cuando tienen que descifrar las normas de ese rendimiento por sí mismos.

Mientras están trabajando en la construcción de los párrafos, debería ponerse a su disposición un buen ejemplo del tipo de párrafo que están intentando construir para que lo puedan consultar. Una fuente de utilidad de plantillas e instrucciones es la serie Writing Skills de Diana Hanbury King,[94] que facilita unas descripciones excelentes de los diferentes tipos de párrafos que hay, así como un programa de instrucción progresiva, que ayudará a que los estudiantes disléxicos desarrollen todas sus importantes capacidades de escritura. Otro programa útil es Step Up to Writing (www.stepuptowriting. com), que enseña a los estudiantes unas normas explícitas sobre los tipos de información que deberían incluir en diferentes puntos den-

---

94. D. Hanbury King, *Writing Skills* 1 y *Writing Skills* 2 (Cambridge, MA: Educators Publishing Service, 1990).

tro de un párrafo o un ensayo. Step Up to Writing facilita asimismo unas listas de palabras generales de transición, que los estudiantes disléxicos pueden utilizar para enlazar sus frases dentro de párrafos y ensayos.

Durante el proceso de escritura, los disléxicos suelen tener dificultades para iniciar una nueva frase o un párrafo, para ampliar sus ideas o encontrar las palabras adecuadas para expresar sus pensamientos. Cuando esto ocurre, deberían recibir ayuda aportándoles ideas, preparando y sugiriendo técnicas. Los intereses del estudiante y sus fuerzas cognitivas deberían emplearse para utilizar estas técnicas, al igual que para la lectura,

Los problemas existentes al iniciar las tareas escritas suelen ser mayores con preguntas o tareas abiertas. La creatividad del estudiante puede llegar a ser liberada a menudo mediante sugerencias negativas o contrarias, es decir, ofreciéndole una declaración o una tesis con la que probablemente no esté demasiado de acuerdo. Unas sugerencias divertidas o ridículas suelen funcionar bastante bien para conseguir que las ideas del estudiante fluyan. Conocer y concentrarse en sus intereses y en sus puntos fuertes puede resultar muy útil en este proceso.

Los estudiantes que sean pensadores no verbales o que tengan una imaginación visual particularmente fuerte suelen beneficiarse de las aportaciones de ideas que utilizan bocetos, garabatos, diagramas o técnicas de organización gráfica. Éstas pueden realizarse en papel, en una pizarra blanca o en un ordenador. La instrucción y la práctica en técnicas formales de «mapas mentales» pueden ayudar a que las personas utilicen estrategias de este tipo de una forma más organizada y productiva. Uno de los programas principales de software de creación de mapas mentales, Inspiration, fue creado por Mona Westhaver, también ella disléxica, que diseñó este programa para satisfacer sus propias necesidades: «Las estrategias del aprendizaje visual me permitieron captar todas mis ideas en un orden aleatorio, lo cual significaba ser capaz de ejercitar mi multivariada necesidad de saltar alrededor y permitir que fluyera una gran cantidad de información simultáneamente en mi mente y en el papel. Entonces, con todas mis ideas visualmente delante de mí, pude organizar mis pensamientos».[95] Muchas personas con dislexia experimentan unos beneficios similares con programas como Inspiration o Kidspiration, que es un programa de organización gráfica diseñado para los estudiantes más jóvenes. La técnica de creación de mapas mentales también se enseña en libros como *Mapping Inner Space,* de Nancy Margulies.[96]

Las personas muy interconectadas que solucionan sus problemas basándose en la percepción suelen beneficiarse mucho de una aportación de ideas no estructurada, relativamente libre de la presión del tiempo y realizada en un entorno relajado. Unas sugerencias abiertas del tipo: «¿En qué te hace pensar esto?» o «¿Qué aparece en tu cabeza cuando digo…?» suelen funcionar bien. Tener una grabadora digital para grabar las ideas, o a alguien que las escriba en lugar del estudiante, puede ayudar a que los estudiantes mantengan un seguimiento de sus ideas sin que descarrile el tren de su proceso creativo. Las personas con un alto pensamiento narrativo suelen beneficiarse de empezar el proceso de aportación de ideas buscando casos, ejemplos, fábulas, leyendas, mitos o historias sobre los que hayan pensado a partir de unos temas concretos. Se debería ofrecer a los estudiantes una mayor laxitud que les permita pensar con libertad durante esta fase del proceso.

Otros métodos para liberar la creatividad antes de empezar el proyecto escrito incluyen:

- Revisar las palabras que podrían ser utilizadas para transmitir la lógica de la frase o del párrafo elegido. Por ejemplo, para una frase de comparación y contraste, deberían contemplarse palabras como *mientras, aunque, pero* y *sin embargo*. Tener a la vista una lista impresa de estas palabras durante el proceso de escritura puede ser una gran ayuda. Los libros de Diana Hanbury King y de Jennings y

95. www.inspiration.com/blog/2011/01/discover-ways-to-showcase-dyslexic-talents/
96. N. Margulies, *Mapping Inner Space: Learning and Teaching Mind Mapping* (Tucson, AZ: Zephyr, 1991).

Haynes en la sección de «Recursos para la escritura» del Apéndice A ofrecen fuentes para estas listas.

- Tener a disposición un conjunto básico de palabras «rápidas» de diferentes tipos al escribir, como preposiciones, adjetivos y adverbios, y revisar estas listas antes de empezar a escribir.

- Escoger un lugar o una escena o un evento concreto que el niño conozca (es decir, uno que esté presente con fuerza en la memoria episódica) o un tema por el que el niño sienta un particular interés, y utilizarlo luego como el «escenario» sobre el cual escribirá. (Puede resultar asimismo útil revisar algunos de los nombres y los verbos relacionados con esa escena).

- Listas de ideas y de palabras que transmitan un tipo concreto de ánimo, tono, ubicación, tema, etc.

Cuando el estudiante se bloquea durante el proceso de escritura, puede utilizar sugerencias como las mencionadas anteriormente. Si tiene dificultades para encontrar estas palabras concretas, la Dra. Haynes recomienda una «serie progresiva» de claves extrínsecas e intrínsecas, como las siguientes:

- Las claves extrínsecas son apuntes que un profesor o un tutor facilita cuando el estudiante se enfrenta a una serie de dificultades para encontrar las palabras adecuadas. Un sistema progresivo de claves significa que el profesor sólo le ofrece las claves necesarias para recuperar la palabra, pero no la palabra en sí. Una serie progresiva de claves podría incluir:
  - primero una imagen;
  - luego un gesto o un apunte «con mímica»;
  - después una definición;
  - por último, el primer sonido de la palabra.
- Las claves extrínsecas son de iniciación propia, y por ello son incluso más valiosas a largo plazo. Incluyen estrategias como imaginar la acción del verbo o el aspecto de un nombre, la función, la ubicación o el escenario, las circunstancias o el momento de aparición.

En general, las tareas de la escritura para los estudiantes disléxicos deberían fragmentarse en pequeños pasos o fases muy marcados. Cada paso debería explicarse y demostrarse con claridad a los estudiantes, para luego abordarlos de uno en uno.

Incluir –y apartar– los detalles correctos. Muchas personas con dislexia tienen dificultades para aprender la cantidad y el tipo de detalles que deben incluir en su escritura. Las personas con unas fuerzas importantes I, N o D pueden incluir unos detalles excesivos o irrelevantes, porque a menudo establecen muchas conexiones y niveles de significado entre las ideas. Para los estudiantes que tienen dificultades en sintetizar sus ideas, les suele resultar útil decidir de antemano cuál será el enfoque de su escrito. Una estrategia interesante para limitar el enfoque es utilizar el planteamiento de «5 preguntas», en el que el estudiante decide entre unas preguntas posibles (es decir, quién, qué, cuándo, dónde, por qué o cómo) cuál responder y cuál ignorar.

En el otro extremo del «espectro de detalles», los disléxicos con unas imágenes verbales y/o unas debilidades concretas especialmente intensas a la hora de recuperar las palabras o el resultado verbal suelen incluir muy pocos detalles. Esto puede ser debido a que «ven» tantos detalles en su cabeza que olvidan lo poco que han comunicado a su audiencia, o les genera demasiado esfuerzo poner sus pensamientos en palabras, de manera que experimentan una sobrecarga de la memoria de trabajo antes de poder escribir nada en el papel. Los estudiantes con problemas de este tipo suelen beneficiarse al leer su trabajo en voz alta o al pedirles que formen una imagen mental de su tema utilizando tan sólo las palabras de la página.

Leer el trabajo escrito en voz alta también tiene otros beneficios. El profesor de derecho, y disléxico, David Schoenbrod –que ha escrito cuatro libros muy valorados sobre derecho y legislación medioambiental– compartió con nosotros una historia que muestra estos beneficios: «Tuve muchos problemas para aprender a escribir. Durante el bachillerato tenía que escribir mil palabras a la semana, y me costaba mucho acabar esa tarea. Mi padre era un excelente escritor y sacudía desconcertado la cabeza. Trabajé con mucho ahínco en la escritura hasta que un profesor de la escuela de derecho nos mandó escribir artículos cortos sobre derecho, como los de *The New Yorker*, para luego leerlos en voz alta en el seminario. De esa manera, escuchábamos nuestras historias y podíamos adquirir eventualmente la capacidad para "escucharlas" mientras las leíamos en silencio. Esto hizo de la escritura una extensión de la conversación, y no de la lectura. Fue un gran alivio».

Una limitación potencial de este método de «autocorrección» es que el cerebro del escritor disléxico «ve» inicialmente lo que piensa que está escrito, en lugar de lo que está realmente en la página. Utilizar un bolígrafo o un dedo para «marcar» cada palabra leída al leer o conseguir la ayuda de alguien que pueda leer la palabra en voz alta puede eliminar este problema. También pueden resultar útiles las tecnologías de «leer en voz alta» (texto a voz) que tratamos en el capítulo anterior.

A veces descubrimos otra fuente sorprendente de reducción de detalles en algunos estudiantes con dislexia. Esta fuente es una comprensión incorrecta del sentido de los ensayos escolares. Algunos estudiantes disléxicos nos han dicho que escriben ensayos cortos porque no les gusta contarles a los profesores cosas que éstos ya saben. Así que evitan reformular hechos que han aprendido del colegio e incluyen sólo información que la clase no haya tratado. Estos estudiantes necesitan comprender que el sentido de la escritura de ensayos en el colegio no es enseñar al profesor, sino escribir como si uno estuviera intentando enseñar a otro estudiante que no sabe nada sobre el tema.

Antes de seguir adelante, queremos recordar una vez más que no hay absolutamente ningún motivo para meter prisa a los estudiantes con dislexia para que escriban párrafos y ensayos. Si un estudiante disléxico está todavía en la fase de dominar la escritura de párrafos y ensayos en la escuela primaria, no hay ningún problema. Es mejor seguir trabajando ese nivel antes de pasar a tareas más exigentes. Muchos profesores y padres se preocupan porque estos estudiantes perderán el tren de la escritura si no desarrollan enseguida sus capacidades para escribir ensayos. Sin embargo, para los estudiantes disléxicos es mucho mayor el peligro de abandonar la escritura antes de poder tener la oportunidad de desarrollar sus talentos. Muchas de las personas que hemos entrevistado para este libro eran consideradas por sus profesores del colegio escritores poco cualificados –incluidos novelistas de enorme éxito como Anne Rice y Vince Flynn– y, sin embargo, ahora se ganan la vida escribiendo una prosa brillante.

El sentido de la escritura: Utilizar la tecnología para trasladar los pensamientos al papel

Al igual que con la lectura, los educadores difieren a menudo en el uso de las adaptaciones tecnológicas para los estudiantes con dificultades para escribir. Algunos creen que todas las tareas escolares deben escribirse a mano, otros permiten a algunos estudiantes escribirlas con un teclado, pero rechazan otras adaptaciones, como el dictado oral o las pruebas orales. Al tratar estas cuestiones tan discutidas, nuestras opciones pueden aclararse si tenemos en cuenta el sentido de la escritura.

La escritura nos permite compartir nuestros pensamientos con otras personas de una manera fácil de almacenar y de transmitir. La escritura agudiza nuestro pensamiento permitiéndonos elaborar, explicar y desarrollar nuestras ideas mucho más de lo que muchos de nosotros podríamos hacer oralmente. Nos imponen, asimismo, una mayor exigencia de precisión y claridad, evita que pasemos por alto nuestras dificultades estructurales y conceptuales, como hacemos al hablar, utilizando expresiones faciales, gestos o posturas para completar el significado de los fragmentos de nuestras frases.

Estas consideraciones apuntan a una serie de importantes ventajas de la escritura entre las que destaca la oportunidad que nos ofrece de desarrollar y pulir las ideas, así como sus exigencias de precisión y claridad.

Escribir a mano no es esencial para obtener estos beneficios. Mientras las palabras estén almacenadas y puedan compartirse con precisión, el proceso físico a través del cual se almacenan estas palabras debería tener una importancia relativa.[97] En efecto, para muchos estudiantes con dislexia escribir a mano es más un impedimento que una ayuda para la comunicación escrita. Cuando los escritores no han llegado a dominar la formación automática de las letras, la ortografía u otras capacidades, escribir a mano ocupa unos valiosos recursos de memoria de trabajo que podrían utilizarse mejor para otros aspectos más importantes de la escritura, como expresar pensamientos o utilizar una gramática y una sintaxis adecuadas. Insistir en que los estudiantes con dificultades para escribir a mano tengan que realizar todos sus trabajos a mano es algo sencillamente irrazonable, improductivo y, cuando se lleva a un extremo, profundamente cruel.

Esto no significa que los estudiantes con dificultades para escribir a mano no tengan que practicar para mejorar su caligrafía. Por el contrario, los estudiantes disléxicos con dificultades para escribir a mano deberían practicar cada día, utilizando las técnicas que hemos descrito, para que su escritura sea cada vez más automática. Pero los estudiantes cuya escritura no sea aún automática deberían aprender a escribir a mano y a comunicarse por escrito como si fueran dos materias separadas. También implica formar letras, escribir palabras y utilizar normas escritas. La práctica de escribir a mano implica construir frases, párrafos y discursos (ensayos, historias), y para los estudiantes con unas dificultades serias para escribir, estas acciones se realizan mejor utilizando un teclado (si fuera posible) o el dictado.

Escribir con un teclado tiene muchas ventajas para los estudiantes disléxicos, aparte de lograr que su escritura sea fácil de leer, de manera que en realidad puede ser un instrumento muy valioso para todas las personas con dislexia, independientemente de que tengan o no dificultades para escribir a mano. Para aquellos estudiantes cuyo uso del teclado sea modesto, escribir con un teclado requiere menos memoria de trabajo que escribir a mano. El resultado es que hay más memoria de trabajo libre para otros aspectos de la escritura. Las funciones de

---

97. Este libro, por ejemplo, se ha escrito enteramente en un ordenador portátil, así que la escritura a mano no ha desempeñado papel alguno en su elaboración.

cortar y pegar hacen que resulte más fácil editar y reescribir, algo que es importante, puesto que las personas con dislexia casi siempre necesitan corregir y pulir su trabajo. Al reducir el esfuerzo necesario para revisar, un tratamiento de textos hace que para las personas con dislexia resulte realmente mucho más fácil elaborar documentos de los que sentirse orgullosos, y eso hará que obtengan mejores notas de sus profesores.

Los programas de tratamiento de textos con una función interactiva de verificación ortográfica pueden resultar muy útiles, particularmente los dirigidos a estudiantes disléxicos. Blake Charlton recordaba que durante sus años de primaria «me dieron una calculadora y un revisor ortográfico, y casi de la noche a la mañana pasé de aprobar por los pelos los exámenes a estar muy por encima de la media».

Estos programas no sólo ayudan a los estudiantes disléxicos a reducir errores de ortografía, sino que, cuando se utilizan de manera coherente, en realidad, enseñan a las personas con dislexia a escribir mejor. Los revisores de ortografía ofrecen una información inmediata sobre los errores, que resulta muy valiosa para generar un aprendizaje y un cambio duraderos. Centran su información en palabras que los estudiantes utilizan realmente. A menudo hemos observado unas mejoras significativas en la ortografía en los estudiantes disléxicos que utilizan de manera regular la revisión ortográfica, aunque hayan avanzado menos con las formas más directas y tradicionales de enseñanza de la ortografía.

Los programas de tratamiento de textos que resultan particularmente útiles para los estudiantes con dislexia ofrecen funciones como la revisión gramatical, funciones de predicción de palabras, que «adivinan» la palabra que el estudiante está intentando escribir, diccionarios con una lectura en voz alta, que pronuncian las palabras seleccionadas y formulan sus significados, y las funciones orales de texto a voz (o de repetición), que «dicen» a los estudiantes lo que ha ido escribiendo. Aunque incluso los programas de tratamiento de textos más habituales, como Microsoft Word, incluyen algunas de estas funciones, otros han sido especialmente diseñados con el fin de resultar útiles y manejables para las personas con dislexia. Hemos enumerado algunos de los mejores de estos programas en el Apéndice A.

Existen otros dos tipos de tecnologías que resultan muy interesantes para los disléxicos con carencias importantes a la hora de escribir. El primero es el software de voz a texto, que permite al escritor dictar oralmente a un micrófono del ordenador y luego el programa traslada su discurso a un texto impreso. Hemos descubierto que estos programas son muy útiles para personas ya adolescentes, aunque los estudiantes más jóvenes suelen tener más dificultades para lograr un funcionamiento correcto y, generalmente, consiguen mejores resultados dictando sus discursos a sus padres, tutores o a otras personas.

La segunda forma de tecnología ayuda con la función de tomar apuntes, una tarea que resulta con frecuencia especialmente difícil para los estudiantes con dislexia. Aunque las grabadoras han sido desde hace tiempo la opción estándar para estos estudiantes, un sistema más reciente y particularmente creativo combina un cuaderno de papel especial y una grabadora de mp3, creando así un sistema de captura de información que permita a los estudiantes tomar apuntes de una manera más funcional, empleando tan sólo un mínimo de escritura. Muchos de nuestros estudiantes han tenido resultados muy satisfactorios al utilizar este producto, cuyo fabricante, Livescribe, denomina *smartpen*. En el Apéndice A se facilita más información sobre este tema y las herramientas de voz a texto.

Por último, estas adaptaciones resultan útiles únicamente si los estudiantes están de acuerdo en utilizarlas, y por desgracia muchos disléxicos rechazan las adaptaciones por temor a parecer diferentes o a ser acusados de hacer trampas por sus compañeros de clase. El licenciado de la Brown University y defensor de la dislexia, David Flink, nos describió su incomodidad, siendo un joven estudiante, cuando utilizaba un ordenador portátil en clase. «Al ser un chico con dislexia, siempre era diferente, ya que el ordenador portátil era otro punto más, entre muchos otros, que indicaba que yo no funcionaba bien y que no podía hacer las cosas como los demás. Me hacía sentir mucho menos resistente. Aunque gracias a mi ordenador portátil yo me sentía capacitado, también sentía como si de alguna manera estuviera haciendo trampas y saltándome las normas. Pero al final decidí que estaba dispuesto a "saltarme las normas" y utilizar el ordenador portátil, porque era mejor ser un chico listo con un ordenador que un chico tonto sin él. Sabía que siempre podría dejar de lado mi ordenador y hacerme pasar por una persona no disléxica, pero entonces suspendía».

Cuando los estudiantes con dislexia se resisten a utilizar las adaptaciones, es importante hablar abiertamente con ellos y decirles que realmente tienen unas necesidades que son distintas a las de otros compañeros de clase, y que eso no es malo. Las adaptaciones no significan hacer trampas y no siembran ideas equivocadas en las cabezas de las personas. Sencillamente eliminan las barreras que impiden a los disléxicos expresar lo que ya saben. Y eso es todo. Unas adaptaciones adecuadas resultan a menudo esenciales para que los estudiantes con dislexia desarrollen sus capacidades como escritores, y precisamente la educación debería consistir, en última instancia, en liberar el potencial de los alumnos.

Resumen de los puntos clave de la escritura

- Aprender a escribir resulta particularmente difícil para muchos estudiantes con dislexia, porque a menudo tienen problemas para escribir a mano, expresar pensamientos en palabras o combinar palabras en frases y párrafos.
- Con respecto a la escritura a mano, los estudiantes con dislexia suelen necesitar una instrucción más explícita y prolongada en acciones como la composición de letras, el espaciado y el uso de normas. Los programas multisensoriales que utilizan las fuerzas de las imágenes y convierten el aprendizaje en una experiencia fácil de recordar suelen ser muy beneficiosos para ayudar a que los estudiantes adquieran automaticidad en estos campos.
- Para los estudiantes que carecen de automaticidad al escribir a mano, la caligrafía y la expresión escrita deberían considerarse dos materias separadas y deberían practicarse de forma independiente. En otras palabras, la caligrafía debería practicarse *como caligrafía*, mien-

tras que las ideas deberían comunicarse mediante un dictado oral o a través del teclado (para los estudiantes que estén familiarizados con su uso).

- Los estudiantes con dislexia suelen tener dificultades con la formación de las frases, debido a sus problemas para dominar la sintaxis o la lógica de diferentes tipos de frases. Una instrucción explícita en este tipo de capacidades resulta con frecuencia necesaria, y los estudiantes deberían lograr un dominio de las frases antes de pasar a escribir párrafos o ensayos.

- Al igual que sucede con la lectura, se deberían tener en cuenta los intereses y las capacidades especiales de los estudiantes con dislexia y utilizarse en todas las tareas.

- Escribir con un teclado resulta muy útil para todos los estudiantes con dislexia, y deberían utilizarlo para escribir todos aquellos pasajes que impliquen más de una frase. El teclado no sólo reduce la carga de memoria de trabajo impuesta por la escritura en muchos estudiantes con dislexia, sino que también les ofrece unas ayudas útiles, como leer en voz alta (que puede utilizarse para el trabajo de corrección), cortar y pegar y revisar la ortografía, cada una de estas ayudas reduce significativamente las cargas de revisar y de pulir el trabajo. Escribir con un teclado utilizando el software equipado con funciones de revisión de ortografía y gramática tiene unos efectos educativos igualmente valiosos, porque proporciona una información inmediata de los errores a los estudiantes con dificultades.

- Los alumnos disléxicos deberían recibir ayuda para reconocer que tienen necesidades diferentes con respecto a sus compañeros, y deberían aceptar las adaptaciones adecuadas.

CAPÍTULO 27

Lograr un buen comienzo:
De la escuela primaria
a la secundaria

Los niños con dislexia se enfrentan a dos desafíos especiales durante los años comprendidos entre su nacimiento y la mitad de la adolescencia: dominar las funciones básicas del cerebro que subyacen en la lectura, la escritura y otras capacidades académicas, y desarrollar un concepto positivo de sí mismos, generando así un carácter fuerte y resistente. Responder a estos dos desafíos requiere mantener un equilibrio, porque cada uno de ellos crea exigencias que a menudo entran en conflicto.

Por ejemplo, nadie puede negar que los niños con dislexia deberían empezar una formación intensiva tan pronto como se detecten sus problemas con la lectura, la ortografía y la escritura, en parte porque la formación en los primeros diez años de vida generalmente es más efectiva, pero también porque una intervención temprana puede evitar años de dificultades académicas y emocionales, como obtener malas notas, pérdida de autoconfianza, bajo rendimiento, mala conducta y depresión. Sin embargo, si nos concentramos demasiado en determinar las debilidades de los niños con dislexia, podemos fracasar a la hora de impulsar sus fuerzas. Éste es uno de los mayores problemas de nuestro sistema educativo actual, y un punto clave que explica por qué tantos estudiantes con dislexia salen de los primeros años del colegio sintiéndose diferentes y fracasados.

Estos primeros años cruciales, desde infantil hasta la mitad de la adolescencia, es donde se pierde o se gana, en gran parte, la batalla para desarrollar confianza, resistencia y una imagen positiva propia. Si el estudiante con dislexia puede llegar a los catorce o quince años con un sentimiento positivo de autoestima y una aceptación realista de las fuerzas y de las debilidades personales, ese estudiante tiene muchas más posibilidades de disfrutar de una vida feliz y de éxito. La pregunta es: ¿cómo podemos ayudar a que los disléxicos se abran camino por este difícil período, con un desarrollo correcto a nivel intelectual y emocional?

Varias respuestas a esta pregunta aparecieron en un fascinante estudio realizado durante veinte años con estudiantes procedentes de la Frostig School en Pasadena, California, una institución cuya especialización es enseñar a niños (desde el primer curso de primaria hasta secundaria) con dificultades de aprendizaje, incluida la dislexia.[98] En ese estudio, los investigadores identificaron varios factores clave que distinguían a los estudiantes que prosperaban (clasificados según diferentes factores, como la satisfacción personal, el éxito profesional y las relaciones) de los que tenían dificultades. Estos factores clave incluían un autoconcienciación realista y una aceptación de las diferencias de aprendizaje, unas capacidades personales de adaptación, como perseverancia, proactividad, fijación de objetivos y estabilidad emocional, así como un sistema de apoyo efectivo.

Muchas de las personas con dislexia a las que entrevistamos para este libro citaron factores similares cuando les preguntamos cuáles consideraban que eran los puntos fundamentales de su éxito emocional y profesional. Estos factores incluyen tenacidad, confianza, una

---

98. M. H. Raskind, R. J. Goldberg, E. L. Higgins y K. L. Herman, «Patterns of change and predictors of success in individuals with learning disabilities: Results from a twenty-year longitudinal study». *Learning Disabilities Research and Practice* 14 (1999): 35-49.

imagen positiva de sí mismos, una aceptación realista de los problemas y de las carencias personales relacionadas con las dificultades disléxicas para el aprendizaje, pero también concentrarse intencionadamente en las fuerzas personales y en los campos de interés especial, contar con apoyo en casa y en el colegio y con unos buenos amigos.

Todos los factores de ambas listas entran aproximadamente dentro de dos categorías: apoyos internos y apoyos externos. Echemos un vistazo a cada uno de ellos.

Apoyos internos

El primer apoyo interno es el sentido de confianza y autoestima que desarrollan las personas con dislexia cuando aprenden a reconocer y a utilizar sus fuerzas personales. Las personas disléxicas a las que entrevistamos –que habían logrado tener éxito en su carrera– mencionaron la importancia que tuvo para el desarrollo de su confianza ser capaces de utilizar y desarrollar sus talentos durante sus años de dificultades académicas.

Muchos mencionaron, asimismo, la importancia que tuvo para ellos que otras personas reconocieran sus talentos. Estos talentos eran de tipos muy diferentes, pero la mayor parte quedaban demostrados mucho más fuera de la clase que dentro. Gran parte de ellos (aunque no todos) reflejan las Fuerzas de la MENTE que hemos tratado. Por ejemplo, James Russell y Lance Heywood disfrutaron de experiencias positivas al trabajar con la electrónica. El hijo de Lance, Daniel, y el nieto de James, Christopher, disfrutaron de experiencias positivas al construir proyectos elaborados con piezas de LEGO y con la robótica. Jack Laws afirmó que las experiencias positivas con los *scouts* y los estudios sobre la naturaleza «me ayudaron a confiar más en mí». Douglas Merrill y Anne Rice citaron la importancia de sus fuerzas para contar historias. Blake Charlton declaró que los deportes y el teatro fueron «la única forma de mantener su autoestima». Vince Flynn mencionó los deportes y el ajedrez. Ben Foss citó los deportes y el asociacionismo estudiantil. Glen Bailey habló de los deportes y el reconocimiento de su sentido del humor. Sarah Andrews y David Schoenbrod mencionaron los premios que habían recibido por sus trabajos artísticos.

Una mezcla parecida de aptitudes e intereses son comunes entre los estudiantes con dislexia con los cuales trabajamos. Algunos de los intereses más comunes que encontramos en estos estudiantes incluyen (sin un orden especial): arte, robótica, Lego, contar historias y la escritura narrativa, clubes de debate y competiciones de discursos, clubes de ajedrez, clubes y ferias de ciencias, coleccionismo, juegos, aviones, coches, motocicletas, barcos, electrónica, física, música, artesanía, talleres, motores, paisajismo, baile, deportes, inventos, diseño, moda, montar en patinete, *snowboard*, teatro, artes marciales, ordenadores, *scouts*, grupos religiosos para jóvenes, vuelo de cometas, intereses literarios (mitología, fantasía, ciencia-ficción, ficción histórica), historia (la historia militar es muy habitual) y crear un conocimiento general o especializado al escuchar grabaciones de libros.

Hemos enumerado estos intereses y actividades para ofrecer una idea de la amplitud de las posibles áreas de interés a través de las cuales los estudiantes con dislexia pueden experimentar confianza y éxito. En función de los intereses y las aptitudes del niño, la actividad puede ser cooperativa o competitiva. Si es competitiva, es importante encontrar un lugar en el que el niño se enfrente a un nivel adecuado de desafío. No todo el mundo puede ser un atleta, un artista o un músico con un talento natural, pero la habilidad excepcional no es esencial para experimentar el éxito. Encontrar un entorno de formación menos elitista, en el que los niños puedan competir con otros a un nivel similar, puede permitirles ganar confianza y adquirir al mismo tiempo conocimiento y experiencia. Hemos visto a muchos niños con dislexia prosperar en cursos de artes marciales que recalcan la disciplina personal en lugar de la competición de élite, y en los cuales el enfrentamiento se practica emparejando a los niños con mucho cuidado, para que la competitividad entre las parejas sea la adecuada.

El empresario canadiense Glenn Bailey compartió una historia que describe a la perfección la importancia de encontrar el entorno correcto para crear unas capacidades. «De niño jugaba a hockey en West

Vancouver, y yo creía que era un jugador malísimo. Pero nos traslada-mos a la Isla de Vancouver [que está mucho menos poblada] el año en que abrieron un nuevo campo de hockey, y me convertí en uno de los mejores jugadores de uno de los equipos, porque era un "mercado nuevo" y la gente apenas sabía patinar. Así que jugué en todos los equi-pos *all-star*, y viajamos por toda la isla y desarrollé una gran confianza. Algunos años después acabé regresando a West Vancouver y jugando allí, y para entonces yo era uno de los mejores jugadores. Esto es sólo un problema de confianza, pero se aplica muy bien a una persona dis-léxica, porque su problema subyacente suele ser la falta de confianza, generada a partir del fracaso que ha encontrado en clase. Y la confian-za lo es todo en la vida».

El Dr. Charles Haynes, a quien ya hemos conocido, ha trabajado con muchos estudiantes y adultos con dislexia como especialista del lenguaje, investigador y profesor. Resumió la importancia de concen-trarse en las fuerzas del niño, de una manera que refleja a la perfección las observaciones de Glenn. «El niño con dislexia tiene unas fuerzas que necesitan ser reconocidas y apoyadas desde muy temprano, tan pronto como requiera ayuda en sus áreas de dificultad. Necesita tener enseguida experiencias positivas con gente que tenga fe en ellos: gente que crea que tienen algo que ofrecer y que no sólo se fije en sus caren-cias, sino que también celebre y dé publicidad de manera adecuada a sus logros, no de una manera poco realista o artificial, sino apropiada y sincera. Cuando los niños con dislexia experimentan el éxito y el re-conocimiento, tienen la confianza necesaria para enfrentarse a sus pro-blemas en el colegio». Es absolutamente fundamental comprender esta conexión entre el éxito, la confianza y la motivación, para intentar en-señar y educar a niños con dislexia.

El segundo apoyo interno es una actitud caracterizada por el opti-mismo y una fuerte creencia en un futuro brillante. Estos alumnos co-rren constantemente el riesgo de sentirse agobiados por las personas que les recuerdan su aparente inferioridad. Cada día están rodeados de compañeros de clase que adquieren unos conocimientos con mayor rapidez y eficiencia que ellos, que obtienen mejores notas en los exá-menes y en los trabajos, que elaboran unos escritos más limpios y más largos y que terminan los exámenes y las tareas mucho antes. Los estudiantes con dislexia no sólo sienten que se quedan atrás, sino que ven cómo aumenta la distancia que les separa de sus compañeros del colegio a un ritmo muy veloz. Al toparse con esta barrera constante de mensajes negativos, corren constantemente el riesgo de perder sus esperanzas en el futuro y de entrar en un ciclo de autoderrota, pesimismo, pérdida de motivación, bajo rendimiento y disfunción emocional y de comportamiento.

El psicólogo Martin Seligman ha descrito una actitud mental pesimista, y los problemas que esta actitud puede generar, en varios libros clásicos, como *The Optimistic Child* y *Authentic Happiness*.[99] Según Seligman, las personas que experimentan fracasos repetidos suelen empezar a sentir impotencia. Esto les lleva a atribuir sus problemas a factores que son permanentes (o inmutables), generalizados (que pueden afectar no sólo a las áreas en las que ocurrió el fracaso, sino a cada aspecto de la vida) y personales (o debido a algún defecto en sí mismos, que ellos consideran ineludible o que incluso les hace merecedores de un castigo). Este marco de interpretación pesimista puede convertirse en una profecía que, por su propia naturaleza, tiende a cumplirse, a medida que la desmoralización (o incluso la depresión clínica) reduce la motivación y el esfuerzo, lo cual genera un mayor fracaso y una aparente validación del pesimismo.

Por fortuna, Seligman ha mostrado un marco de interpretación optimista que puede enseñarse y aprenderse, de manera que pueda sustituir al marco pesimista. El marco optimista atribuye los fracasos a factores que son temporales y mutables, en lugar de permanentes, específicos de unas tareas particulares, en lugar de generalizados, en todas las áreas de la vida de una persona, y atribuibles a factores que no tienen nada que ver con el valor personal de un individuo.

---

99. M. E. P. Seligman, *The Optimistic Child: A Revolutionary Program That Safeguards Children against Depression and Builds Lifelong Resilience* (Nueva York: Houghton Mifflin, 1995), y *Authentic Happiness: Using the New Positive Psychology to Real- ize Your Potential for Lasting Fulfillment* (Nueva York: Free Press, 2002).

Hemos descubierto que enseñar este marco optimista a los estudiantes con dislexia puede ayudarles a interpretar y a tratar sus problemas relacionados con la dislexia de una manera más productiva. Esto implica enseñarles que sus dificultades son temporales y que pueden superarse (a través del uso de clases de refuerzo, estrategias o adaptaciones), que se limitan a unas funciones particulares (acompañadas igualmente de beneficios) y que se deben a unos patrones específicos de organización y de funcionamiento cerebral, y no a una falta de esfuerzo o de mérito por su parte. Cuando comprenden la verdad de estos mensajes, los resultados pueden ser transformadores.

Las personas profundamente decepcionadas por experiencias pasadas pueden beneficiarse al trabajar con un psicólogo o terapeuta clínico que haya recibido una formación en planteamientos de comportamiento cognitivo. Estos planteamientos trabajan enseñando a los estudiantes a cambiar su marco de interpretación y a tratar sus experiencias de una manera más productiva.

Los estudiantes con dislexia deberían ser alentados a utilizar el momento presente para practicar y prepararse para el futuro, en lugar de obsesionarse con las derrotas del pasado. Deben evitar a toda costa permanecer en los fracasos pasados, que no pueden cambiar de ninguna manera, y deberían, en cambio, centrarse en construir capacidades que les permitan evitar unos errores similares en el futuro.

Otra forma de animar a los estudiantes con dislexia a centrarse en el futuro es hacer que preparen regularmente listas de objetivos futuros realistas y posibles, tanto en áreas de dificultad como de fuerza. La fijación de objetivos ha sido considerada un factor importante para el estudio por la Frostig School, así como por muchos de nuestros sujetos entrevistados. Hemos mencionado, por ejemplo, que el objetivo de Jack Law de crear «una guía de campo perfecta» le ayudó a motivarle y a sostenerle durante sus años de dificultades en los estudios, y que Glenn Bailey atribuyó su éxito en los negocios en gran parte a su práctica de fijarse objetivos a largo plazo.

Un tercer apoyo interno que puede ayudar a los estudiantes con dislexia a desarrollar una perspectiva más optimista es el entrenamiento en *metacognición* o en «pensar sobre pensar». Concretamente, pueden beneficiarse de aprender a comprender qué hay de diferente, y de deseable, en las mentes disléxicas. Los estudiantes con dislexia pueden recibir ayuda para adoptar una perspectiva más optimista y resistente si se les enseña lo que hemos descrito en este libro sobre las diferentes formas de procesamiento y de pensamiento que muestran las personas con dislexia, su tendencia a un desarrollo tardío y las experiencias de vida de las personas disléxicas con talento. Comprender, y aceptar, sus necesidades y capacidades especiales ayudará a que los disléxicos se vean a sí mismos bajo una luz más positiva, y les ayudará igualmente a defenderse de una manera más positiva y productiva.

Glenn Bailey resumió de forma bella los beneficios que experimentó cuando decidió saber más acerca de la dislexia. «Aprendí enseguida que como no puedes eliminarla, es mejor aceptarla. Así que decidí "abrazar a la bestia" y estudiarla. Aprendí todo lo relacionado con ella, cómo sacar el máximo provecho de ella y cómo estar orgulloso de lo que soy. Aprendí que existen realmente muchas personas increíbles que son disléxicas, y todo lo relacionado con la extraordinaria creatividad que parece formar parte de ella. Algo que realmente quiero hacer es ayudar a los disléxicos, incluidos algunos de mis propios hijos, para que comprendan que tienen mucho que ofrecer. Éste es mi regalo para la sociedad».

Apoyos externos

Para los niños con dislexia, el apoyo que reciben de los padres, profesores y de un entorno escolar adecuado supone un factor fundamental para lograr un buen comienzo.

Muchas de las personas a las que entrevistamos hablaron con agradecimiento del apoyo que habían recibido de sus padres durante sus años críticos de formación, cuando su autoestima era más vulnerable. Blake Charlton habló de la importancia que tuvo para él que sus padres reconocieran y elogiaran sus esfuerzos, aun cuando sus notas eran bajas en el colegio. El empresario Douglas Merrill recordaba un sinfín de horas de clases de matemáticas que su madre le dio durante todo el tiempo que duró su bachillerato. El defensor de los derechos civiles Ben Foss destacó la importancia de la decisión de sus padres de prestar más atención a lo que él podía hacer en lugar de a lo que no podía. «Desde una edad muy temprana mis padres buscaron formas de encontrar mis fuerzas y fomentarlas, me iniciaron a la vida con la idea de que no tienes que hacer las cosas como las hacen los demás. Creo que esto me dio una gran libertad para experimentar diferentes formas de aproximación al conocimiento». La madre de Ben siguió ayudándole en la corrección de sus trabajos durante sus estudios en la facultad de derecho. Nos contó que solía enviar por fax sus trabajos a casa y que su madre se los leía en voz alta por teléfono para ayudarle a identificar sus errores. El profesor de lenguaje Duane Smith elogió igualmente a sus padres por ayudarle a mantener su optimismo de cara al futuro. «Algo que siempre supe era que mis padres me amaban incondicionalmente. Aún hoy siguen siendo mis mayores fans. Siempre supieron que de alguna manera lograría llegar a alguna meta. No sabían cómo iba a ocurrir, pero siempre me hicieron sentir que ellos sabían que algún día ocurriría, y este sentimiento me ha ayudado a ser lo que soy».

Los profesores también desempeñaron un papel fundamental en la creación de la autoestima de muchas de las personas a las que entrevistamos. Anteriormente mencionamos que Jack Law reconoció el trabajo de dos de sus profesores de bachillerato, que lograron cambiarle como estudiante al reconocer la calidad del pensamiento que subyacía en los errores superficiales de su escritura.

Duane Smith habló también del importante papel desempeñado por una profesora muy especial. Era el cuarto intento de Duane de entrar en el *community college* cuando, finalmente, conoció a una profesora que fue capaz de detectar sus capacidades especiales. «Estábamos en clase y pronuncié un discurso ante ella. Entonces me miró y me dijo: "Tienes una gran presencia". Ése fue mi primer elogio en veintiún años de colegio, y fue muy estimulante. Esa frase se convirtió en mi mantra interno: si me sentía desanimado o había trabajado demasiado o estaba cansado o sentía pánico escénico cuando tenía que pronunciar un discurso, tan sólo repetía: "Betty dice que tienes una gran presencia. Betty dice que tienes una gran presencia…". De no ser por aquella profesora, nunca me habría incorporado al equipo de oratoria y probablemente habría seguido dando tumbos por Los Ángeles trabajando de camarero o vendedor, o deambulando por los clubes nocturnos por las noches, y quién sabe dónde estaría ahora». Los profesores no deberían infravalorar nunca el poder que puede tener una sincera palabra de elogio a la hora de motivar e inspirar a un estudiante con dislexia. Estos estudiantes suelen estar tan necesitados de recibir elogios que incluso el más mínimo indicio de aliento puede hacer maravillas.

Encontrar un entorno que fomente la educación. Resulta asimismo esencial encontrar un entorno educativo que sea el adecuado para cada niño con dislexia. Estos niños difieren de una forma significativa en el tipo de entorno que consideran intelectual y emocionalmente favorecedor, de manera que no hay de una forma significativa una «medida» educativa única que se ajuste a todos los estudiantes con dislexia. Se trata, en cambio, de encontrar el «mejor colegio» o el «mejor profesor» para cada niño.

En general, la respuesta de un estudiante a un escenario educativo concreto es la mejor indicación de su idoneidad. En entornos que se ajustan correctamente a sus exigencias, los niños con dislexia encuentran unos retos, pero estos retos se ajustan a sus necesidades individuales, a sus capacidades y a su estado de desarrollo, y aumentan poco a poco, de manera que los objetivos pueden alcanzarse. Cuando a los niños con dislexia se les proponen retos de esta manera tan cuidadosa, el resultado suele ser positivo. Después de un período breve, y esencialmente inevitable, de frustración y de desaliento, el niño empieza a hacer progresos, y este progreso crea una confianza que le sostendrá cuando se le vayan planteando poco a poco otros retos en el futuro.

Por el contrario, cuando se ven enfrentados a retos que no pueden alcanzar, su frustración persiste y corren el riesgo de reaccionar con estrés y ansiedad, ira, mal comportamiento, desmoralización e incluso depresión clínica. De prolongarse esta situación, este tipo de respuestas puede convertirse en una parte persistente del comportamiento y de las emociones del niño. Es importante recordar que el sistema nervioso trata la ansiedad y la depresión como cualquier otra «capacidad»: cuanto más las practiques, «mejor» se te darán. Por ejemplo, cuanto más «practiques» el estrés, menos tardarás en sentirte estresado y te sentirás estresado durante más tiempo. El estrés tiene un impacto enormemente negativo sobre el aprendizaje, porque reduce la memoria de trabajo, la concentración y la motivación. Por este motivo, mantener a los niños en entornos en los que se sientan estresados de una manera crónica resulta emocionalmente dañino y contraproducente, desde un punto de vista educativo.

Para comprender mejor los efectos de los retos académicos que planteamos a los niños con dislexia, pensemos en cómo entrenamos los cuerpos de los jóvenes atletas. Ayudamos a los jóvenes atletas a construir su fuerza haciendo que empiecen a levantar pesos ligeros, luego aumentamos los pesos gradualmente, a medida que lo permitan su progreso y su desarrollo. Nunca hemos empezado cargando un peso de 135 kg en un niño de siete años, y nunca hemos pretendido que esto pudiera generar fuerza. En el mejor de los casos podría causar frustración y fracaso, en el peor podría provocar una lesión grave. Es sorprendente que esperemos mejores resultados cuando sometemos a los niños con dislexia unas cargas académicas imposibles de sobrellevar. Les planteamos unas exigencias que ellos no pueden cumplir de ninguna manera, luego reaccionamos con asombro cuando parecen frustrados, preocupados, desatentos, aburridos, deprimidos, rebeldes o hiperactivos. Pero esta respuesta es inevitable, y el error es nuestro, no suyo.

Como hemos demostrado en este libro, los niños con dislexia están «programados» para desarrollarse correctamente, pero siguiendo unos caminos y tiempos diferentes con respecto a los otros niños. Intentar «atarles» y «podarles» para que se ajusten a los programas educativos que hemos diseñado para otro tipo de estudiantes es algo dañino e irrazonable.

Estos estudiantes necesitan un tipo de educación diseñada específicamente para ellos, un planteamiento que pase igual de tiempo mejorando sus fuerzas que reduciendo sus debilidades. Estos alumnos necesitan un entorno educativo que les enseñe cosas que les interesen, aparte de ayudarles a aprender a leer y a escribir. Por desgracia, en su obsesión para que dominen unas habilidades básicas a unas edades cada vez más tempranas, a menudo rellenamos los días de nuestros jóvenes estudiantes disléxicos enteramente con el tipo de tareas de procedimiento y de memorización que encuentran más difíciles. El resultado es que sus días se convierten en momentos de frustración y de fracaso incesante, y en poco tiempo su motivación y su autoconfianza menguan.

Es fundamental que les ofrezcamos unos entornos de aprendizaje que equilibren su formación en capacidades básicas con la exposición a una información fascinante sobre nuestro mundo. Unos pocos colegios «convencionales» logran hacer esto, y si los estudiantes con dislexia reciben la ayuda adicional que necesitan para abordar sus dificultades, así como las adaptaciones adecuadas para la clase, pueden funcionar bien en esos entornos. Esto resulta particularmente cierto en los niños que han sido bendecidos por la naturaleza con unos temperamentos de gran resistencia y un fuerte sentido de autoconfianza, ya que estas fuerzas les permiten aguantar bien las diferencias a menudo tan visibles que les apartan de sus compañeros de clase.

Sin embargo, para aquellos niños conscientes en todo momento de sus diferencias con respecto a sus compañeros, y desanimados por ellas, permanecer en una clase convencional puede ser emocionalmente devastador. En nuestra propia clínica, un porcentaje sorprendentemente alto de estudiantes de los primeros años de primaria que han llegado hasta nosotros con problemas de lectura y escritura han expresado pensamientos de muerte y suicidio. En los estudiantes más mayores estas cifras son alarmantemente altas. Estos niños emocionalmente vulnerables suelen funcionar mucho mejor en un entorno en el que estén reunidos con otros niños que tengan unas dificultades académicas similares. Algunas de las personas a las que entrevistamos hablaron de la confianza adicional que recibieron al pasar los primeros años de su infancia en una clase de educación especial, donde eran vistos relativamente como alumnos de buenos resultados.

Para algunos de ellos, asistir a colegios especializados en enseñar a estudiantes con dislexia o con otras dificultades de aprendizaje puede ser una buena alternativa. David Flink, que dirige un importante programa de orientación sin ánimo de lucro para personas con dislexia, denominado Project Eye-to-Eye (del que hablaremos en el próximo capítulo), describió las ventajas que experimentó al ir a un colegio dedicado a la enseñanza de niños con problemas de aprendizaje. «En quinto de primaria me diagnosticaron dislexia y empecé a ir a un colegio específico para niños con dificultades de aprendizaje. En ese colegio me ofrecieron un trampolín, y esa experiencia me ayudó a comprender que no era yo el que funcionaba mal: lo que no funcionaba era lo que habían estado intentando enseñarme. Yo nunca cambié, pero cambió la forma de enseñarme las cosas. Esa comprensión fue determinante. En los dos años que pasé en ese colegio aprendí a leer, y supuso un impulso increíble hacia la lectura. Al marcharme de ese colegio me sentía increíblemente capacitado».

Hay muchos colegios privados excelentes que se especializan en enseñar a niños con dislexia y con otras dificultades de aprendizaje, y facilitamos una lista de algunos en nuestra página web Dyslexic Advantage. Algunos colegios privados de educación general pueden suponer una buena opción para los estudiantes con dislexia si ofrecen unas alternativas individualizadas y flexibles para aquellos estudiantes que trabajen con un ritmo propio.

Por último, hemos visto que algunos alumnos con dislexia se desarrollan mejor al ser educados en casa. Si disponen del equipo adecuado y tienen unos padres motivados, a veces esto puede ofrecer al niño la enseñanza necesaria, aunque a menudo puede resultar útil añadir clases particulares en materias más difíciles, como la fonética y la escritura. La educación en casa ofrece una serie de ventajas que pueden resultar muy útiles para los estudiantes con dislexia. Elimina el estrés de comparar el progreso personal con el de otros compañeros, permite tener más tiempo para concentrarse en los intereses especiales y que los niños que vayan adelantados en algunas materias, pero retrasados en otras, puedan realizar estudios más avanzados, mientras sus capacidades lo permitan. Actualmente existen muchas alternativas excelentes para el aprendizaje *online* que pueden seguirse también en casa. En nuestra página web facilitamos más información sobre las opciones de educación en casa.

Para terminar, deseamos destacar nuevamente la importancia de prestar atención a la respuesta de un niño con dislexia a su entorno de aprendizaje. No pienses nunca que un niño que muestre resistencia o un mal comportamiento ante una lección concreta, un plan de estudios o una clase está sólo intentando eludir sus responsabilidades. Los niños anhelan el éxito y está en su naturaleza aprender y crecer. Si rechazan lo que les ofrecemos, ese rechazo suele ser una forma de defensa que están utilizando para evitar el fracaso cuando sienten que el éxito es imposible. Sin embargo, cuando les ofrecemos un entorno propicio, donde el éxito es posible y al mismo tiempo se fomenta, muchos niños responderán con mayor motivación, esfuerzo e interés. Esta respuesta es fundamental para ayudarles a conseguir un buen comienzo durante los primeros años de escolarización.

Cómo ayudar a los estudiantes en la escuela primaria y secundaria

- Durante los primeros años, resulta tan importante asegurarse de que los niños con dislexia desarrollen un buen concepto de sí mismos como comprobar que desarrollen unas capacidades básicas en la lectura y la escritura.
- Un buen concepto de sí mismo puede fomentarse a través de la combinación correcta de apoyos internos y externos.
- Los apoyos internos incluyen:
  - La autoconfianza que se genera a partir de fomentar y desarrollar las fuerzas de una persona.
  - Un sentido del optimismo (o un marco de interpretación optimista) y una creencia firme en un futuro brillante.
  - Una comprensión de cómo funciona su mente, que explique el carácter especial y único del funcionamiento de una mente disléxica.

- Los apoyos externos incluyen la atención recibida de los padres, los profesores y de un entorno escolar correcto.
- Se debe determinar el entorno educativo adecuado para cada niño. Dichos entornos ofrecen unos retos que son posibles y que aumentan gradualmente a medida que el progreso lo permita.
- Los refuerzos en las áreas más débiles deben equilibrarse fomentando el interés y la implicación en áreas de fuerza, para que los estudiantes con dislexia no se desanimen.
- La propia respuesta del niño suele ser el mejor indicador para detectar si se ha logrado el equilibrio correcto y si se ha identificado el entorno correcto.
- El cerebro trata la respuesta ante el estrés como cualquier otra capacidad: cuanto más se practique, más fuerte y duradera será. Los niños que muestren señales de un estrés significativo en el colegio deben ser tratados con el máximo cuidado y la mayor atención.

CAPÍTULO 28

Prosperar en el bachillerato y en la facultad

El período comprendido entre la mitad de la adolescencia y los años inmediatamente posteriores es un período igualmente crítico para las personas con dislexia. Durante estos años son cada vez más responsables de su organización, su aprendizaje y de tomar decisiones importantes para su vida.

Una de las decisiones más decisivas a las que se enfrentan las personas con dislexia durante este período es si asistir a la universidad u optar directamente por buscar trabajo. En este capítulo nos centraremos en las decisiones y los retos a los que deben enfrentarse las personas que deciden ir a la universidad. Trataremos los temas relacionados con el trabajo en el siguiente capítulo.

Desarrollar las capacidades y las ayudas necesarias en la universidad

Los estudiantes con dislexia que tienen previsto asistir a la universidad se enfrentan a dos importantes retos durante sus años de bachillerato. El primero es desarrollar las capacidades y los apoyos necesarios para prosperar en la facultad.

Capacidades de aprendizaje y de estudio. Los estudiantes con dislexia deben desarrollar, en primer lugar, la habilidad de identificar y utilizar su forma ideal de aprendizaje. Ésta se determina siempre identificando su tendencia a cuatro componentes clave de aprendizaje. Estos componentes son: entrada de la información, salida de la información, memoria (o procesamiento del patrón) y atención.

La *salida de la información* se refiere a los canales a través de los cuales captamos la información. Algunos estudiantes la adquieren mejor a través de los canales auditivos y se les da mejor recordar las cosas cuando las escuchan, mientras que otros no aprenden prácticamente nada escuchando y consideran que las clases son una pérdida de tiempo. Algunos alumnos (incluso con dislexia) aprenden mejor con la lectura, mientras que otros leen mal la letra impresa. Los hay que aprenden mejor a través de unas representaciones visuales de la información, mientras que otros deben poner las cosas en palabras para recordarlas. Algunos aprenden más interactuando físicamente con la información o aprendiendo a través de la exploración, mientras que otros opinan que esa actividad les distrae de su aprendizaje. Cada estudiante debe utilizar los canales que mejor le funcionen, y luego hacer todo lo posible por distribuir la información entrante a través de estos canales.

La *salida de la información* se refiere a los canales a través de los cuales expresamos o comunicamos la información. Algunos estudiantes son grandes comunicadores orales y pueden expresarse fácilmente cuando hablan. Otros se comunican mejor escribiendo. Otros se expresan mejor utilizando unas representaciones visuales o estructurales, como diagramas, esquemas o modelos de trabajo. Es fundamental encontrar los entornos educativos en los que los requisitos del trabajo se adecúen a las fuerzas de salida.

En el capítulo 16 ya tratamos el tercer componente del aprendizaje, la memoria, pero la memoria de comprensión es tan importante para determinar las formas ideales de aprendizaje que volveremos a tratar algunos de estos puntos clave. En este sentido nos referiremos a la figura 1 de la página 156, que describe la estructura del sistema de memoria.

La memoria puede dividirse en dos ramas principales: la memoria de trabajo y la memoria a largo plazo. La memoria de trabajo es como la memoria de acceso aleatorio (RAM) de tu ordenador. Es donde se guarda la información de uso actual, de manera que se pueda acceder a ella con rapidez para realizar el procesamiento. La memoria de trabajo dispone de unas ramas visuales, verbales y espaciales/kinestésicas, y muchos estudiantes pueden mostrar grandes diferencias en su manera de guardar cada una de estas ramas. Saber cuál es la rama de la memoria de trabajo que funciona mejor en cada estudiante puede ayudar a los disléxicos a canalizar la información de una manera adecuada. Por ejemplo, los estudiantes con una fuerte memoria de trabajo visual pueden convertir todo tipo de información en unas representaciones visuales, como mapas, gráficos, iconos, imágenes o mapas espaciales. Los estudiantes con una fuerte memoria de trabajo auditiva y verbal pueden utilizar unas palabras clave o unos acrónimos para guardar una gran cantidad de información en un espacio de memoria de trabajo más pequeño. Y los estudiantes con una fuerte memoria de trabajo espacial/kinestésica pueden utilizar movimientos o posiciones en el espacio como «percheros» para guardar la información en la mente. Tratamos con profundidad este tema en nuestro libro *The Mislabeled Child*.

Es importante comprender que los estudiantes con una memoria de trabajo débil, entre los cuales figuran las personas con dislexia, pueden «descargar» sus memorias de trabajo utilizando unas ayudas externas de memoria o «subrogar unos dispositivos de memoria». Estas ayudas pueden incluir listas de palabras de términos clave, tarjetas con fórmulas, pasos a seguir en un tipo de problema o ejemplos del tipo de problema que se está resolviendo, listas de frases y párrafos (como tratamos en el capítulo 26 sobre la escritura), listas de comprobación de los puntos «por hacer» o cualquier otro método o tecnología de organización que hemos tratado. Con las estrategias correctas para descargar la memoria de trabajo y aprovechar otras fuerzas cognitivas, las limitaciones en la memoria de trabajo no tienen por qué causar problemas serios.

La otra rama importante de la memoria, la memoria a largo plazo, se puede dividir asimismo en dos ramas: memoria de procedimiento y memoria factual (o declarativa). Como ya hemos visto, la memoria de procedimiento nos ayuda a dominar automáticamente procedimientos, normas y tareas de memorización, de manera que podamos realizarlas sin pensar conscientemente en ellas o utilizando la memoria de trabajo. Las ineficiencias en la memoria de procedimiento son habituales en las personas con dislexia, pero al igual que ocurre con la memoria de trabajo, los problemas a menudo se pueden evitar utilizando unas estrategias y unas adaptaciones adecuadas para descargar la memoria de procedimiento. Estas estrategias implican estudiar y practicar explícitamente las normas y los procedimientos para tareas complejas y contar con ayudas de memoria que tengan esta información disponible al practicar estas tareas.

La memoria declarativa o factual se puede dividir igualmente en dos ramas principales. La primera rama de la memoria declarativa es la memoria episódica o personal, que ya tratamos con detalle en el capítulo 16. Esta memoria se refiere a las cosas tal y como se han experimentado personalmente o imaginado como experiencias. Las memorias episódicas se suelen recordar como escenas mentales que se reconstruyen en la mente utilizando partes de una experiencia personal pasada.

La memoria impersonal o semántica, la segunda rama de la memoria declarativa, contiene información en una forma no contextual o no relacionada con unas experiencias específicas. Las memorias semánticas son, en general, más parecidas a definiciones abstractas que a ejemplos.

Como hemos escrito anteriormente, en nuestra experiencia hemos visto que muchas personas con dislexia, aunque no todas, prefieren la memoria episódica por encima de la semántica. Saber qué tipo de memoria declarativa prefiere un estudiante puede ser de gran ayuda con el aprendizaje. Por ejemplo, los estudiantes con una fuerte memoria episódica suelen recordar mejor los hechos cuando los reflejan en formato de historia, independientemente de que éstas sean reales o imaginarias (como Blake Charlton, que utilizaba historias imaginarias para representar la tabla periódica). Las personas con unas memorias episódicas intensas tienden igualmente a recordar mejor la información cuando piensan en términos de casos o ejemplos y no en definiciones abstractas o no contextuales. Por el contrario, los estudiantes que prefieren la memoria semántica tendrán mejores resultados cuando «limiten» los ejemplos específicos a unos principios generales o a unos temas subyacentes.

La atención, el cuarto componente del sistema, se suele tratar como si fuera una función única, pero en realidad es una compleja combinación de diferentes subsistemas. Muchos estudiantes con dislexia tendrán dificultades con algunos aspectos de la atención en determinadas situaciones, de manera que es importante que comprendan el funcionamiento de la atención, con el fin de resolver sus áreas de dificultad.

Uno de los componentes clave de la atención es la memoria de trabajo, que ya hemos tratado. Las personas con unas capacidades de memoria de trabajo relativamente pequeñas (incluidas muchas con dislexia) suelen experimentar lapsos de atención durante las tareas que plantean una gran exigencia sobre la memoria de trabajo. Lo que está ocurriendo, en realidad, es que están experimentando un colapso de la atención, porque su memoria de trabajo se siente abrumada. Este tipo de colapso de la atención y de sobrecarga de la memoria ocurre a menudo en personas con ineficiencias en la memoria de procedimiento, porque deben realizar muchas más tareas que otras que utilizan un enfoque consciente y una memoria de trabajo, puesto que estas tareas no son aún automáticas.

Otros componentes clave del sistema de atención incluyen mantener la atención o la capacidad para mantener la concentración en una tarea durante largos períodos de tiempo, así como una atención selectiva, que es la capacidad de concentrarse en una cosa y de resistirse a las distracciones. La atención se ve afectada en gran parte por factores como la motivación y el interés, el temperamento (sobre todo la resistencia a la frustración) y las dificultades con la entrada y la salida de la información.

Comprender la atención es importante, porque muchos estudiantes con dislexia muestran grandes diferencias en su capacidad para concentrarse en diferentes tipos de información, formatos o situaciones. Al optimizar la forma y la situación de la experiencia de aprendizaje, los estudiantes con dislexia suelen mejorar significativamente su atención y su aprendizaje.

Cuando los cuatro componentes de aprendizaje –entrada, salida, memoria y atención– se optimizan de esta manera, el efecto sobre el aprendizaje puede ser realmente espectacular. Tratamos con detalle estos componentes del aprendizaje y las formas en que pueden optimizarse en *The Mislabeled Child*.[100]

Lectura y escritura. Así como nadie debería explorar en la naturaleza salvaje sin contar con el equipo necesario, ningún estudiante con dislexia debería entrar en la universidad sin contar con un plan completamente desarrollado para abordar los inevitables requisitos de lectura y escritura a los que deberá enfrentarse. Estos estudiantes deberían empezar este plan en bachillerato, y éste debería incluir una serie de pasos para empezar a cimentar sus capacidades en la lectura y la escritura y para familiarizarse con las adaptaciones y las tecnologías que necesitarán para obtener buenos resultados en la universidad. Hemos tratado en profundidad la lectura y la escritura en capítulos anteriores, así que ya no repetiremos toda esa información. Sin embargo, alentamos a los estudiantes universitarios con dislexia a considerar atentamente ese material y a asegurarse de que desarrollan las capacidades y que conocen la asistencia tecnológica y otras adaptaciones que necesitarán en la universidad. Los estudiantes con dislexia que prosperan en la universidad son proactivos y abordan los problemas antes de que ocurran. A menudo no habrá tiempo para poder resolver esos problemas una vez comenzado el ajetreado trimestre universitario.

Organización y gestión del tiempo. Mantener una buena organización y utilizar el tiempo de manera eficiente son también unos componentes clave para lograr el éxito en la universidad. Pueden resultar

---

100. B. L. Eide y F. Eide, *The Mislabeled Child* (véase cap. 3, n.º 1).

útiles los métodos tradicionales para organizarse y respetar un calendario, como las listas de comprobación, las pizarras blancas, las agendas y los pósits. Resultan incluso más valiosas para muchos de los estudiantes de hoy en día, cada vez más «conectados» y «enchufados», las nuevas tecnologías, que ofrecen avisos a través de los ordenadores o de los móviles, o temporizadores en el escritorio de los ordenadores, que ayudan a mejorar la percepción del tiempo y a concentrarse durante las tareas. Ejemplos de estas tecnologías se enumeran en el Apéndice A. Sugerencias para otros dispositivos se pueden encontrar también en la página web Lifehacker (www.lifehacker.com) o en nuestra página web (dyslexicadvantage.com).

Apoyo de los compañeros. A medida que los estudiantes maduran, sus relaciones con los amigos se convierten en la fuente cada vez más importante de apoyo y de autoestima. Por desgracia, tan sólo unas pocas personas con dislexia a las que entrevistamos recibieron apoyo de otras personas disléxicas durante el bachillerato o la universidad. Muchas de ellas recordaron aquellos años como un tiempo de aislamiento y soledad, en el que se sintieron separadas de los estudiantes normales por sus dificultades académicas, y de otras personas con dislexia porque «fueron integradas» en unas clases de educación regular y no tenían manera de identificarse entre sí.

Sin embargo, una de las personas a las que entrevistamos experimentó una transformación tan maravillosa gracias al apoyo de otros estudiantes con dislexia a los que conoció en la universidad que la misión principal de su vida se ha convertido en prolongar ese apoyo a otros alumnos disléxicos. David Flink describió sus primeros años de escolarización de la siguiente manera: «De niño recuerdo que me sentía muy solo. Hasta que me diagnosticaron dislexia en quinto de primaria, sencillamente creía que yo era tonto. Las palabras escritas en las páginas no tenían ningún sentido para mí. Entonces, al llegar a quinto, me diagnosticaron dislexia y empecé a ir a un colegio específico para niños con dificultades de aprendizaje».

Aunque en ese colegio David aprendió a leer y a escribir, después de dos años volvió a una clase de educación general, donde nuevamente se sintió aislado. Ese sentimiento de aislamiento se mantuvo hasta que empezó el primer año de la facultad en la Brown University. En ese momento su vida empezó a cambiar de una forma que nunca habría podido imaginar. «Antes de matricularme en Brown, nunca había conocido a nadie que se sintiera y que pareciera ser realmente inteligente, y que tuviera también un problema de aprendizaje, porque todas las personas que yo había conocido con estos problemas habían perdido mucha autoestima y no se sentían inteligentes en absoluto».

Pero en Brown, David descubrió toda una comunidad de personas inteligentes con dificultades como la dislexia y el TDAH. «Cuando llegué a Brown, la primera semana de clase la oficina de discapacidades celebró una reunión para todos los estudiantes con problemas de aprendizaje y en esa reunión conocí a un grupo increíble de gente. Enseguida nos hicimos amigos y empezamos a salir juntos. Comprendimos rápidamente que algo que compartíamos era que a todos se nos había dicho de una u otra manera que la universidad no estaba hecha para nosotros, y sin embargo allí estábamos todos. Así que creamos lo que en broma llamamos la "Mafia LD/ADHD".[101] Era nuestra versión de una sociedad secreta, y compartimos nuestras fortalezas y capacidades y nos apoyamos mutuamente cuando llegó el momento de solicitar unas adaptaciones. Esa comunidad nos ayudó a comprender que el problema no estaba en nosotros, sino en el sistema. Recibir con los brazos abiertos a mi nueva identidad, reconocerme como una persona con una diferencia de aprendizaje y utilizar esa identidad de una manera positiva fue algo de enorme importancia para mí. Fue así como empecé a comprender que la dislexia podría ser una ventaja».

David y sus amigos se beneficiaron de tal manera de su comunidad que empezaron a comprender que otros estudiantes con dificultades de aprendizaje podrían beneficiarse igualmente de comunidades similares. A partir de esta comprensión nació Project Eye-to-Eye.

---

101. LD/ADHD (*learning disability/attention deficit/hyperactivity disorder*): discapacidad de aprendizaje/déficit de atención/trastorno de hiperactividad).

Ésta es una organización sin ánimo de lucro (www.projecteyetoeye. org) que David cofundó con un compañero disléxico y miembro de la «Mafia», Morgan, W. Pringle. (Jonathan es asimismo coautor del maravilloso libro *Learning Outside the Lines*, que se ha convertido en un recurso clásico para los estudiantes universitarios con dificultades de aprendizaje).[102] Se trata de un programa que empareja a estudiantes con problemas de la escuela secundaria con estudiantes universitarios con dificultades de aprendizaje que han aprendido exitosamente *cómo* aprender, de manera que los estudiantes más mayores puedan ofrecer apoyo y asesoramiento a los más jóvenes. Como David nos explicó: «Comprendimos que era importante retroceder y contar a los jóvenes estudiantes que podrían tener éxito y que conseguirían también entrar en la facultad. Cuando vas a la universidad, los chicos más jóvenes te miran con una frialdad innata: sencillamente estás un salto educativo por encima de ellos. Pero cuando vas y les dices: "Puedes ser como nosotros", entonces realmente pueden acercarse a ti y tocarte y ver que eres real, y eso resulta increíblemente poderoso para ellos. Así que la experiencia de ser los tutores de estos chicos y de ofrecerles un mensaje distinto al que están recibiendo actualmente fue algo increíblemente transformador, no sólo para ellos, sino también para nosotros».

Project Eye-to-Eye ha crecido con mucha rapidez en los últimos años, desde que David y Jonathan crearon el programa. Actualmente, hay divisiones en cuarenta universidades en toda la nación, con más que se van añadiendo continuamente. Incluso las escuelas sin una división de este tipo, así como los padres, profesores, administradores y estudiantes disléxicos, pueden aprender de Project Eye-to-Eye la importancia de crear una comunidad entre los estudiantes con dislexia.

---

102. J. Mooney y D. Cole, *Learning Outside the Lines: Two Ivy League Students with Learning Disabilities and ADHD Give You the Tools* (Nueva York: Fireside, 2000).

Solicitar el acceso a la universidad: Consideraciones especiales para los estudiantes con dislexia

Cuando los disléxicos deciden acudir a la universidad, deberían abordar esta transición con una planificación y una estrategia muy atentas. Parte de esta planificación debería empezar en la misma escuela primaria. Hay que recordar la importancia de los siguientes puntos.

Elegir la universidad correcta, en el momento correcto, por los motivos correctos. Los estudiantes con dislexia deberían elegir su universidad de la manera más práctica y desapasionada posible. Cada universidad debería tomarse en consideración según la ayuda que pueda ofrecer para alcanzar los objetivos, y no como si acceder e ir a esa facultad concreta fuera el objetivo en sí mismo.

Factores que afectan a la elección de la universidad. Para muchos estudiantes con dislexia, el margen entre el éxito y el fracaso en la universidad es muy estrecho, de manera que temas como el prestigio escolar, la tradición familiar o la vida social deberían ocupar un lugar secundario con respecto a si una determinada universidad puede ofrecer los apoyos y los servicios necesarios. Al solicitar el acceso a la universidad, los estudiantes con dislexia deberían ser honestos y francos en relación a sus necesidades con los responsables de las admisiones, y deberían ser críticos al evaluar las respuestas que reciben. Las universidades con un buen ambiente para los estudiantes con dislexia dispondrán de un sistema de apoyo para ellos.

Las visitas al campus son también importantes para comprobar que la realidad sobre el terreno se ajusta a la retórica de la página web. Los estudiantes con dislexia deberían hablar directamente con el personal en el centro de recursos para discapacidades, y por lo menos con un estudiante con dislexia –y preferiblemente con más de uno– que trabaje con el centro.

Un buen centro de recursos debería ofrecer apoyo tecnológico, como lectores de texto o grabaciones, ayudas para obtener adaptaciones en la clase, acceso a apuntes, ayuda en temas de organización, tutores, corrección de los trabajos, asesoramiento sobre el calendario y los instructores, y ayuda para contactar con otros estudiantes disléxicos. Los estudiantes con dislexia deberían asimismo indagar sobre la actitud de la universidad con respecto a las adaptaciones (sobre todo en relación a una posible especialización en el futuro). Si la facultad no cuenta con un registro de ayudas en estos campos, que pueda demostrarse de manera fácil y coherente, es mejor ir a buscar a otra parte. Estos estudiantes casi siempre tienen una experiencia mejor en facultades menos prestigiosas, que demuestran un mayor compromiso para ayudarles a tener éxito, que las más prestigiosas, menos comprometidas en ofrecerles apoyo.

Listas útiles de facultades con unas oficinas de servicios excepcionales para discapacidades están disponibles a través del American Educational Guidance Center (www.college-scholarships.com/learning_disabilities.htm).

Muchos estudiantes con dislexia han descubierto que los libros de Loren Pope, *Colleges That Change Lives* y *Looking Beyond the Ivy League,* ofrecen una información útil sobre las universidades que son particularmente propicias para los estudiantes que necesitan una conexión más personal para que su educación prospere.[103]

Una pregunta adicional para aquellos que tienen intención de ir a una universidad con programas de cuatro años es si matricularse en una institución privada más pequeña o en una universidad más grande (normalmente, estatal). En todas pueden encontrarse ventajas y desventajas, y determinar cuál ofrece la mejor solución depende en última instancia de las necesidades particulares del estudiante. Sin embargo, existe una serie de diferencias que puede resultar útil tener en cuenta.

Las universidades más grandes suelen tener menos requisitos normativos y más opciones para cumplir los requisitos que ya tienen. Esta

---

103. L. Pope, *Colleges That Change Lives: 40 Schools That Will Change the Way You Think about College* (Nueva York: Penguin, 2006), y *Looking Beyond the Ivy League: Finding the College That's Right for You* (Nueva York: Penguin, 2007).

gran flexibilidad ofrece a los estudiantes más oportunidades para elegir las clases y los instructores que mejor se ajusten a sus necesidades. Las universidades más grandes suelen ofrecer más oportunidades de obtener créditos para la investigación independiente o para proyectos prácticos, y esto puede permitir que los estudiantes eviten algunos trabajos del curso. También tienden a presentar más cursos, encaminados hacia una formación más práctica, y este planteamiento de mundo real puede atraer a algunos estudiantes con dislexia.

Las universidades más pequeñas, por el contrario, suelen ofrecer un mayor sentido de comunidad, lo cual significa que los estudiantes tienen menos probabilidades de sentirse perdidos. En general, los estudiantes tienen una interacción más directa con los instructores y el tamaño de las clases es más pequeño. Ambos factores promueven un debate desde diferentes puntos de vista y un aprendizaje más personal, que muchos estudiantes con dislexia prefieren.

Otro factor importante que distingue a las universidades grandes y pequeñas se refiere a los tipos de exámenes y tareas. Las universidades más grandes suelen tener clases más amplias, lo cual significa generalmente unos exámenes más estandarizados (a menudo de opciones múltiples) y pocos ensayos o trabajos. Las más pequeñas tienden a mostrar el patrón opuesto, exigiendo un trabajo más de tipo escrito. Los diferentes estudiantes pueden elegir cualquiera de estos formatos, pero saber cuál es el mejor para un estudiante puede resultar útil a la hora de elegir una universidad.

Cuándo empezar la universidad. La transición a la universidad puede llegar inmediatamente después del bachillerato o más tarde. Debido al patrón de desarrollo tardío que muestran muchas personas con dislexia, algunos estudiantes que posteriormente prosperarán en la universidad pueden no estar listos para empezar a los dieciocho años. Los que no muestren un planteamiento, un impulso o una motivación para entrar en la universidad a esa edad pueden disfrutar de un período de descanso y dedicarse a trabajar, a asistir a clases a tiempo parcial, a servir a las fuerzas armadas, a viajar o a trabajar en una organización social antes de entrar en la universidad como estudiante a tiempo completo. Estas experiencias suelen ayudarles a concentrarse en los planes de carrera, así como a desarrollar la madurez y el carácter necesarios, y muchos estudiantes descubren que disfrutan y destacan más con el trabajo en el mundo real que con el trabajo característico de una universidad.

Para algunos alumnos con dislexia, la transición a la universidad puede ser gradual y no inmediata. Muchos disléxicos opinan que asumir una carga universitaria completa inmediatamente después del bachillerato es una tarea demasiado ardua para ellos, pero media carga o una tercera parte de esa carga es bastante factible. A menudo, estos estudiantes descubren que un programa universitario de tiempo parcial, que dure seis o siete años, les funciona mucho mejor. Los estudiantes que son intelectualmente capaces de realizar un trabajo de alto nivel, pero que tienen problemas con la velocidad o la organización, necesarias para llevar a cabo las pesadas cargas del curso, suelen funcionar mejor desde el principio con un programa de tiempo parcial.

Una transición gradual desde el bachillerato a una universidad de cuatro años puede implicar, asimismo, realizar una serie de cursos en un *junior college*. Ésta es una opción bastante interesante para los estudiantes que tengan dificultades para motivarse en los cursos que no estén relacionados con sus áreas de interés. Los *junior colleges* permiten que realicen los cursos de tipo más básico necesarios al margen de su especialización, en un escenario en el cual la competición y la calificación no son tan intensas y en el cual pueden realizar pocos cursos por trimestre. Los estudiantes con dislexia suelen disfrutar realizando cursos más básicos o de tipo encuesta en un entorno menos competitivo del *junior college*, porque estos cursos –con amplias listas de lectura, planteamientos extensos, pero superficiales, y énfasis en memorizar detalles en lugar de dominar conceptos de imagen general– con frecuencia ponen a prueba sus habilidades más débiles, colocándoles en una situación de desventaja con respecto a los estudiantes de sobresaliente, que se encuentran con facilidad en una facultad con un programa de cuatro años. Muchos *junior colleges* ofrecen, asimismo, cursos que resultan más fáciles de sobrellevar con los horarios de trabajo.

Los estudiantes con dislexia que aun así necesitan mejorar sus capacidades académicas y organizativas antes de intentar realizar una carrera universitaria convencional pueden beneficiarse de la asistencia a un *junior college* con unos programas especiales dirigidos a ayudarles. El primer *junior college* reconocido, creado específicamente para preparar a estudiantes con dislexia de cara a unos estudios más avanzados, fue Landmark College, en Putney, Vermont (www.landmark.edu). Landmark ofrece una amplia variedad de programas destinados a preparar a los estudiantes con dislexia y con otras dificultades de aprendizaje en los conocimientos académicos básicos necesarios para obtener buenos resultados en una educación superior, como la lectura y la escritura, el funcionamiento ejecutivo y la organización, las capacidades de autoayuda y el uso de tecnologías de asistencia. Algo más de la mitad de los estudiantes que se matricularon a tiempo completo en Landmark han asistido previamente a otras universidades, en las cuales tuvieron dificultades con sus trabajos. En Landmark, el planteamiento se centra en crear las capacidades que estos estudiantes necesitarán para cambiarse a una universidad con un programa de cuatro años. Algunos estudiantes acuden a Landmark durante tan sólo un trimestre académico o durante el verano, pero muchos asisten a programas que se prolongan hasta cuatro años. A menudo pueden obtener créditos universitarios transferibles durante su estancia en Landmark.[104]

Otra universidad que se centra exclusivamente en educar a estudiantes con dislexia y con otras dificultades de aprendizaje es Beacon College, en Leesburg, Florida (www.beaconcollege.edu). Al igual que Landmark, Beacon ofrece una titulación en artes con un programa de dos años, pero asimismo una licenciatura de cuatro años.

---

104. Landmark ofrece también unos programas de verano para los estudiantes de bachillerato en diferentes lugares del país. Estos programas funcionan durante dos o tres semanas y preparan a los estudiantes para realizar un trabajo intensivo de bachillerato o universitario, ofreciendo una formación en funciones ejecutivas, organización, estrategias de aprendizaje y en el uso de tecnologías de ayuda. Para los estudiantes con dificultades en algunas de las capacidades que serán necesarias para obtener buenos resultados en la universidad, estos cursos pueden ofrecer una oportunidad excelente para adquirirlas.

Aunque algunos estudiantes con dislexia necesitan una preparación adicional antes de acudir a la universidad, otros con una capacidad muy alta descubren que la universidad es más fácil y más interesante que bachillerato, y prosperan al entrar inmediatamente después de acabar el colegio. En general, estos estudiantes son personas emprendedoras más motivadas y orientadas a objetivos, con una fuerte capacidad para defender su condición disléxica y un buen apoyo en casa. Una de estas personas a las que entrevistamos, el Dr. Matthew Schneps, astrofísico en Harvard, ha seguido este camino. Aprovechó un programa que permitió que los estudiantes de bachillerato de la ciudad de Nueva York se matricularan en el City College of New York. Según Matt: «Esto abrió un mundo nuevo ante mí. De repente, pasé de unos exámenes típicos de bachillerato, en los que tan sólo ven lo bien que sabes memorizar las cosas, a profesores pendientes de tus ideas y de cómo las expones; así que salir del sistema escolar fue realmente útil para mí». Muchos estudiantes brillantes con dislexia descubren que la universidad es más fácil que el colegio, debido a la gran libertad que ofrece para concentrarse en áreas de fuerza y en evitar áreas de debilidad. Por último, muchas universidades ofrecen unos servicios mejores de ayuda a discapacidades que muchos institutos, lo cual supone, obviamente, una ventaja para estos estudiantes.

Conseguir un diagnóstico formal antes de solicitar el acceso a una facultad. Con el fin de recibir adaptaciones, tanto para pruebas de admisión como para cursos universitarios, un estudiante debe disponer de un diagnóstico formal de un problema de aprendizaje especial. Este diagnóstico debe ser efectuado por un especialista basándose en unas pruebas psicoeducativas adecuadas. Con el fin de recibir las adaptaciones necesarias para las pruebas de admisión, la evaluación psicoeducativa debe realizarse en los cinco años siguientes a la fecha de las pruebas de admisión.

Ejemplos de pruebas, diagnósticos y profesionales aceptados por las organizaciones que gestionan los exámenes de acceso a la universidad están disponibles en sus páginas web (www.collegeboard.org y www.act.org). Estas organizaciones suelen exigir una prueba de medición del coeficiente intelectual (como WIAT-III o WJ III). Hemos descubierto que muchos estudiantes brillantes con dislexia pueden no mostrar problemas con la velocidad de la lectura o la comprensión de los pasajes más sencillos contenidos en las pruebas estándar, pero sí para leer los pasajes más avanzados de las pruebas SAT o ACT.

En general, hemos descubierto que la prueba de lectura de Nelson-Denny es un buen indicador de esos déficits, y debería utilizarse en las pruebas de todos los estudiantes de segundo de primaria y más adelante. Algunas de las otras subpruebas menos comunes que conocemos, que resultan especialmente útiles para documentar la importante función ejecutiva y las dificultades de velocidad de procesamiento, que requieren un tiempo adicional en las pruebas de admisión, incluyen las subpruebas WJ III NU sobre toma de decisiones, ajuste visual y cancelación de parejas.

Establecer un registro de adaptaciones en la escuela. Antes de conceder las adaptaciones para las pruebas de admisión, las organizaciones que gestionan estas pruebas (College Board y ACT) exigen una documentación que certifique que el estudiante ha necesitado, y se le han concedido, adaptaciones en el colegio. La documentación debe incluir un plan formalmente aceptado procedente del colegio del estudiante y aprobado en los últimos doce meses. Estas organizaciones necesitan también saber la fecha en la que el estudiante empezó a recibir las adaptaciones, y en general no responderán favorablemente si éste ha empezado a recibir las adaptaciones recientemente. Por este motivo es tan importante conseguir un diagnóstico y establecer pronto un plan de adaptaciones.

Elegir la prueba correcta para la admisión en una universidad. Las dos pruebas principales de admisión se denominan SAT y ACT. La prueba SAT, ofrecida por el College Board (www.sat.collegeboard.com), está pensada para evaluar la preparación universitaria general, mientras que la prueba ACT (www.act.org) intenta identificar el nivel de logro académico que ha alcanzado el estudiante en materias concretas, como inglés, lectura, matemáticas y razonamiento científico. Algunos estudiantes con dislexia prefieren un formato a otro, pero no hemos encontrado una norma fija que establezca cuál es la prueba que mejor se adapte a cada estudiante. Recomendamos que se exploren ejemplos de problemas de cada tipo de prueba para ver qué formato se prefiere en las páginas web de College Board o ACT o utilizando los libros disponibles en el mercado para la preparación de las pruebas.

Adaptaciones de las pruebas de admisión. En función de la naturaleza precisa de las dificultades que muestre un estudiante con dislexia, pueden ser necesarias diferentes adaptaciones durante la sesión de la prueba de admisión. Basándose en una revisión especial, las administraciones que gestionan las pruebas pueden ofrecer a los estudiantes unas adaptaciones que incluyan una ampliación del tiempo (normalmente el doble de tiempo), lectores y dispositivos de transcripción (asistencia con la lectura y grabación de las respuestas), un permiso para marcar la respuestas en el cuaderno de pruebas, en lugar de una hoja de respuestas, una pequeña sala para la sesión de la prueba, más tiempos de descanso o más frecuentes, un permiso para utilizar el ordenador para escribir ensayos y una letra grande en el cuaderno de pruebas o en la hoja de respuestas. Las adaptaciones particulares concedidas dependerán de la documentación que el estudiante facilite, incluyendo el tipo de evaluación que hemos tratado anteriormente. Para los estudiantes que necesiten adaptaciones en las pruebas, las organizaciones encargadas de ellas recomiendan solicitarlas al menos con nueve meses de antelación a la fecha deseada para realizarlas. Algunos estudiantes pueden necesitar, asimismo, apelar para que se les concedan las adaptaciones si su solicitud inicial es denegada. Esto resulta particularmente cierto para los estudiantes que reciban una educación en casa, que suelen carecer de un registro formal de adaptaciones en clase. Para quienes consideren que se les han negado injustamente unas adaptaciones, tienen a su disposición unos abogados que pueden ayudar a las familias a negociar este proceso. Las familias pueden también comprobar la información sobre derechos y recursos legales en www.wrightslaw.com

Preparación y práctica de las pruebas. Los estudiantes que no conozcan los procedimientos de las pruebas y los formatos de preguntas de los exámenes pueden mostrarse confusos y cometer errores debido a la presión de la prueba, de manera que los estudiantes con dislexia suelen beneficiarse si practican con antelación. Aprender unas estrategias adecuadas para efectuar las pruebas y conocer qué tipo de preguntas se les puede proponer (y los tipos de palabras contenidas en las diferentes preguntas) es algo que generalmente vale la pena. Debido a que estas pruebas de admisión pueden repetirse, es mejor no esperar hasta la última fecha disponible para presentarse por primera vez, ya que, si fuera necesario, habrá tiempo suficiente para volver a presentarse.

Prosperar en la universidad siendo un estudiante con dislexia

La universidad presenta unas dificultades especiales para los estudiantes con dislexia. Los factores que pueden contribuir a que sea mucho más difícil que el bachillerato son los siguientes:

- aumenta la cantidad de lectura y escritura;
- aumenta el nivel de trabajo escrito;
- pérdida del apoyo diario de la familia y los amigos;
- la transición de un entorno conocido (donde muchos de los requisitos y procedimientos ya se dominan) a entornos nuevos y desconocidos con unas exigencias igualmente nuevas;
- la rica variedad de compañeros, que son los mejores estudiantes de muchos institutos.

Para muchos estudiantes con dislexia, los dos primeros años de universidad son los más difíciles. Durante estos años, con frecuencia tienen que acudir a clases que no se ajustan del todo a sus fuerzas o intereses, por los motivos indicados anteriormente.

La otra cara de la moneda es que muchos de ellos descubren que, cuando pasan estos dos primeros años y empiezan a centrarse en su especialización, su funcionamiento mejora. Por este motivo, hacen todo lo posible por evitar los cursos –especialmente en áreas ajenas a su especialización– que obstaculicen sus oportunidades de alcanzar las fases de la educación en las que tienen más probabilidades de destacar.

Elegir los cursos. Una elección cuidadosa del curso es la primera clave para sobrevivir durante los primeros años en la universidad. Los estudiantes con dislexia deberían estudiar atentamente y con antelación todos los cursos posibles, con el fin de garantizar que se ajusten a sus posibilidades. Cuanto mejor se adapte el curso a sus fuerzas e intereses, mayor será la probabilidad de éxito.

El primer factor importante que hay que tener en mente es la naturaleza del tema. ¿Es lo suficientemente interesante como para despertar la motivación necesaria? ¿Se ajusta correctamente a las fuerzas del pensamiento del estudiante, incluidas sus Fuerzas de la MENTE? ¿Se centra en una información de tipo general o de detalle? ¿Se centra en la comprensión y aplicación de conceptos o principios o en la memorización y regurgitación de hechos memorizados? ¿Presenta la información como una historia que se despliega o como parte de un amplio sistema interconectado, o bien presenta un montón de datos con muy poca intención de relacionarlos?

Como ya hemos mencionado, los cerebros de las personas con dislexia suelen especializarse para destacar en un razonamiento de imagen general y no para dominar los detalles, de manera que puede ser importante buscar temas que hagan hincapié en conceptos generales y no en matizar detalles o memorizar minucias. Por ejemplo, la microeconomía y la macroeconomía difieren profundamente sobre este punto, al igual que las clases de historia, que recalcan fechas, épocas, tratados, nombres, etc., y las que se centran en la teoría de la historia o en la ciencia política. Asimismo, la química inorgánica, que requiere el estudio de muchos libros para seguir la combinación de los elementos y los núcleos, difiere considerablemente de la química orgánica, que se basa en el razonamiento espacial. Los estudiantes con dislexia pueden destacar igualmente en cursos que estudien sistemas complejos y dinámicos, ya que éstos implican una gran cantidad de información, ambigüedad e incertidumbre, y requieren la capacidad de resolución de problemas, de predicción, así como un razonamiento idóneo.

Incluso cuando los temas sean los adecuados, el planteamiento del instructor puede hacer que algunos cursos resulten inadecuados para los disléxicos. Algunos profesores de universidad pueden convertir un tema aparentemente de tipo general en un curso de información detallada, de manera que los estudiantes deberían investigar si un instructor ha impartido un determinado curso anteriormente y, de ser así, cuál fue su planteamiento al hacerlo. Los estudiantes pueden comprobar las calificaciones y las descripciones de muchos profesores en páginas web del tipo Rate My Professors (www.ratemyprofessors.com).

Una investigación del estudiante sobre cursos anteriores puede ofrecer información sobre la claridad y la organización del instructor, que es un segundo factor clave. Un curso puede parecer que se ajusta bien a los intereses y a las aptitudes del estudiante, pero no ser así si su instructor presenta la información de una manera que no se adapte a las necesidades del estudiante. Cuando los alumnos tienen dificultades con la organización, tomar apuntes o aprender a partir de clases, tienen que confiar en la claridad y la organización del instructor para asegurarse que tendrán acceso a toda la información importante.

Esto afecta al tercer factor clave, que es el formato en el cual se presenta la información importante. Esto incluye la naturaleza de la lista de lecturas (por ejemplo, cuántos libros o páginas se exigen durante un curso, qué estilo tienen, si están escritos con claridad y si están disponibles, si fuera necesario, en formato de cinta o digital para reproductores de texto a voz) y la disponibilidad de los recursos, como planes de estudios, servicios de apuntes, *podcasts* o vídeos que contengan toda la información que se le exigirá al estudiante. Para los estudiantes que tengan dificultades con tomar apuntes o con la atención auditiva, éstas son unas consideraciones especialmente importantes.

El cuarto factor clave es la manera en que se evalúa y se califica a los estudiantes. Es fundamental encontrar cursos con un formato de valoración que se ajuste a las fuerzas de los estudiantes. Éstos difieren en su preferencia por las presentaciones orales, los proyectos prácticos, los trabajos escritos, los exámenes de opciones múltiples, los exámenes de ensayos o la participación en clase y el debate. Los estudiantes pueden dominar la información, pero suspender un curso si el mecanismo de evaluación no les permite expresar lo que saben.

Un quinto factor es la actitud del instructor hacia las adaptaciones y la dislexia. Realizar una comprobación con la oficina de discapacidades de los estudiantes y hablar directamente con los instructores previstos puede ofrecer una idea de la visión del instructor y de su manera de tratar a los estudiantes con dislexia. Por desgracia, los instructores pueden diferir mucho en este aspecto.

El sexto y último factor es nuestra pasión personal por el tema. La motivación añadida que procede de concentrarse en un tema estimulante con el que podamos disfrutar es un factor esencial si el trabajo en la universidad se vuelve complicado. Cuando realmente nos sentimos atraídos por un tema hasta tal punto de entregarnos totalmente a él, esto puede generar también una transformación maravillosa. Un claro ejemplo de cómo un compromiso apasionado con un tema concreto transformó a un estudiante con dificultades es el del profesor de lenguaje Duane Smith.

«Antes de descubrir el lenguaje y las habilidades propias de la oratoria, nunca me había centrado en nada en mi vida, porque nunca había tenido un motivo para centrarme en nada. Esta falta de concentración mental era evidente en mi escritura. Cuando empecé a tener por primera vez algo de éxito en el equipo de oratoria, entregué un primer borrador de un discurso al director del equipo y me quedé muy sorprendido cuando me regañó. Me dijo: "No hay ninguna frase completa en este discurso, y no hay ninguna estructura. Tu aspecto puede ser bueno delante de una audiencia, pero esto sólo te ayudará hasta cierto punto, si no puedes estructurar tus pensamientos de manera correcta sobre el papel". Fue muy duro conmigo, porque vio que yo estaba intentando que mi estilo fuera aceptable, pero sin esforzarme, aunque sabía que no llegaría muy lejos sin concentrarme y aplicarme en el trabajo. Esto me impresionó mucho, porque varias universidades me habían ofrecido becas, pero mi entrenador me dijo: "Si esas escuelas conocen tu GPA, no hablarán de becas. Necesitas por lo menos un 3,0". Ahora bien, yo había sido un fracaso académico toda mi vida, y quería realmente ser capaz de decirme a mí mismo que había conseguido una beca de escolaridad completa, y quería realmente decirles eso a mis padres. Así que pensé: "Bueno, será mejor que vaya a clase y que me centre en hacer las cosas y en lo que dicen los profesores". Fue una lucha, pero lo conseguí. Subí mi GPA y conseguí una beca completa de oratoria.

»Al final fue realmente hablar en público lo que me obligó a organizarme. La estructura y la disciplina exigidas en los debates orales competitivos se aplicaban a cualquier otro aspecto de mi vida».

Asumir demasiado: los riesgos de una sobrecompensación. Un problema ante el que sucumben muchos estudiantes con dislexia en la universidad es la sobrecompensación. Blake Charlton describió el patrón en el que cayó en la universidad: «Cuando fui a Yale estaba seguro de que no pertenecía a ese mundo y que iba a fracasar, así que lo sobrecompensé con creces. Casi nunca dejaba la biblioteca y me encontraba en un estado habitual de pánico. Incluso cuando me eligieron para la sociedad académica Phi Beta Kappa –en realidad, aun después de entregarme el diploma– seguía soñando durante un tiempo que había olvidado hacer otro examen».

Ben Foss describió un patrón similar de sobrecompensación, pero en este caso le llevó a un sobrecompromiso fuera de la clase: «En la universidad tenía tantas dificultades con las principales actividades académicas, la lectura y la escritura, que necesitaba otros lugares para tener éxito. Así que acabe en el comité de asuntos para el estudiante y en la revista del estudiante, en un programa extraescolar para niños y recaudando fondos para la organización de lucha contra el SIDA; y aunque aparentemente yo parecía "el Señor Sabelotodo en el Campus", en realidad, me sentía aislado y solo, y utilizaba todas estas actividades como una forma de alimentar mi autoimagen. Con la dislexia tienes mucha sed, porque durante todos los años del colegio es como si hubieras estado en un desierto, sediento de éxito, mientras todos caminan a tu alrededor con CamelBaks de Gatorade elogiando sus logros. Así que, cuando por fin llegas a un lugar en el que realmente puedes conseguir algo de agua, bebes y bebes hasta llegar a un punto en el que estás bebiendo más de lo que realmente necesitas.

»Incluso después de la universidad seguía haciendo lo mismo: "Bueno con este título JD/MBA de Stanford, no deberías tener problemas", pero más bien era lo contrario. Tuve tantos problemas durante mi primer año en la universidad de derecho que, literalmente, acabé en el hospital. Llevaba mi reproductor de cintas y mis libros y me sentaba en la biblioteca catorce horas al día para intentar seguir el ritmo, y esto acabó conmigo. Me rompí mi 4.º-5.º disco lumbar, e incluso entonces seguí yendo a clase y no paraba, porque tenía la mentalidad de no abandonar. Terminé en el hospital y con una lesión tan fuerte en el nervio que aún hoy no puedo sentir mi pie izquierdo. Así que al final la respuesta no puede ser sólo trabajar duro; hay que trabajar con más inteligencia. Igual que una persona en una silla de ruedas, no te puedes arrastrar hacia arriba por las escaleras, necesitas utilizar la rampa».

Si al principio no lo consigues... Muchos estudiantes con dislexia que con el tiempo tienen éxito en la universidad al principio tienen problemas, de manera que un fracaso inicial no equivale en absoluto a un fracaso final. Muchos disléxicos que han logrado un gran éxito en sus profesiones tuvieron buenos resultados en la universidad únicamente después de varios intentos o tras trasladarse a otra universidad que se ajustara mejor a sus necesidades. Asimismo, muchos estudiantes funcionan mejor si se toman un tiempo de descanso después del bachillerato para madurar o para prepararse. Por último, si una persona con dislexia se compromete a obtener un título universitario, no hay ningún motivo por lo que esto tenga que estar fuera de su alcance, aunque siempre con una planificación, una estrategia y una persistencia adecuadas.

Resumen para los estudiantes en bachillerato o en la universidad

- Una de las cosas más importantes que los estudiantes con dislexia pueden hacer para prepararse para la universidad es identificar su forma ideal de aprendizaje, que consiste en utilizar sus mejores canales de entrada de la información, salida de la información, memoria y atención. Al canalizar la información hacia áreas de fuerzas cognitivas y lejos de áreas de debilidad, estos estudiantes pueden aprender y expresar el conocimiento de manera efectiva y eficiente.

- Durante el bachillerato, los que deseen ir a la universidad deberían:
  - desarrollar un plan práctico para cumplir las exigencias de lectura y escritura que encontrarán en la universidad;
  - aprender estrategias para la gestión del tiempo y la organización;
  - desarrollar una red de apoyo de amistades con otros estudiantes disléxicos.
- Se debería elegir la universidad basándose en lo útil que pueda resultar para el estudiante a la hora de alcanzar los objetivos futuros, así como en su compromiso y en los equipos disponibles para ayudar a que los estudiantes logren buenos resultados.
- Quienes deseen ir a la universidad deberían obtener pronto un diagnóstico formal, elaborar un registro de adaptaciones en bachillerato y solicitar unas adaptaciones para realizar las pruebas en los servicios de pruebas de admisión.
- Los candidatos a la universidad pueden realizar las pruebas SAT o ACT, y los estudiantes con dislexia deberían estudiar ambas pruebas para decidir cuál prefieren y familiarizarse con el tipo de preguntas que plantean.
- Una vez en la universidad, los disléxicos deberían prestar mucha atención a la hora de elegir los cursos, evitar un compromiso excesivo y aprovechar la oficina de discapacidades para el estudiante.
- Los que experimenten problemas en su primer intento en la universidad no deben llegar nunca a la conclusión de que no están hechos para la universidad. Deben analizar el motivo de sus dificultades, procurar mejorar sus debilidades, adoptar las estrategias adecuadas y volver a intentarlo más adelante, si fuera necesario, para hacer realidad sus sueños.

CAPÍTULO 29

Prosperar en el lugar de trabajo

Para las personas con dislexia, las oportunidades de prosperar en el lugar de trabajo son ahora más numerosas que nunca. Los avances en la tecnología han facilitado que accedan a la información impresa, expresen sus ideas por escrito y puedan organizarse y seguir un programa. Al comprender y defender sus circunstancias, con apoyo, persistencia y una planificación cuidadosa, pueden confiar en desempeñar cualquier función que se ajuste a sus intereses y capacidades.

En este capítulo nos centraremos en tres cosas que las personas con dislexia deberían hacer para maximizar sus oportunidades de prosperar en el lugar de trabajo: encontrar un trabajo adecuado, adoptar las medidas necesarias para ajustar ese trabajo a sus posibilidades y obtener el respaldo y el asesoramiento de otras personas con dislexia. Trataremos, asimismo, el difícil tema de si desvelar o no la propia dislexia a los empleadores o a los compañeros de trabajo.

Los trabajos más adecuados

Para las personas con dislexia, los trabajos que mejor se ajustan a sus necesidades tienen unas características comunes. En primer lugar, utilizan las fuerzas y evitan las debilidades. Como ya hemos dicho, muchas personas con dislexia destacan en el razonamiento de imagen general o en la capacidad para captar características globales, «perfiles» o implicaciones de objetos o ideas. La ocupación o el puesto en que mejor puedan mostrar su capacidad depende de las Fuerzas de la MENTE que posean, pero como norma general los trabajos más convenientes para las personas con dislexia se centran en resolver problemas, fijar objetivos, aparecer con nuevas ideas, pensar en lo que falta o no se ha tratado o bien contar historias (por ejemplo, ventas, asesoramiento, *coaching*, publicidad, iniciativas empresariales). En el Apéndice B enumeramos una lista de los trabajos que suelen ser más convenientes para los disléxicos.

Por el contrario, suelen tener dificultades con el procesamiento de imagen detallada, el dominio de procedimientos rutinarios que traten con la automatización o la memorización. Por ello, suelen ser poco convenientes los trabajos basados en la repetición, la eficiencia, la coherencia, la atención por los detalles, el uso de procedimientos, la aplicación de normas fijas o las tareas de procesamiento rutinario (sobre todo las administrativas que impliquen la manipulación y el uso de símbolos escritos).

Las personas con dislexia pueden asimismo tener otras fuerzas que pueden utilizar para encontrar un trabajo adecuado para ellas. Aunque muchas tienen problemas para conseguir unas credenciales académicas, sus fuerzas prácticas, de mundo real, pueden ayudarles a lograr otro tipo de credenciales. Estas capacidades y experiencias pueden utilizarse en trabajos más básicos, en las fuerzas armadas o en organizaciones de voluntariado. Las personas que muestran un fuerte interés en un campo concreto pueden ofrecer voluntariamente sus servicios a una empresa durante un período de prueba o de prácticas, para trabajar luego de manera permanente al demostrar sus capacidades para ese trabajo. Las relaciones personales, como las presentaciones de profesores o de antiguos empleadores, o incluso los contactos o los negocios familiares, pueden resultar útiles a la hora de encontrar un trabajo.

Una segunda característica fundamental de los trabajos más convenientes para las personas con dislexia es que atraigan su interés. Aunque todos trabajamos mejor al llevar tareas que encontramos interesantes y con las que podemos disfrutar, las personas con dislexia suelen ser especialmente dependientes del interés para lograr hacer su trabajo de la mejor manera posible. Por el contrario, cuando las tareas no atraen su interés, suelen tener problemas para realizarlas correctamente y mantener la concentración.

Esto ocurre, en gran parte, porque muchas de las capacidades automáticas o de memorización necesarias para realizar las tareas rutinarias requieren una mayor concentración en las personas con dislexia. Esta necesidad de aumentar la atención puede resultar difícil de mantener, a menos que haya aspectos del trabajo que resulten particularmente interesantes. Cuando el trabajo aumenta el interés y mejora el humor, los disléxicos responden con una mayor creatividad y un mejor rendimiento.

El interés relacionado con el trabajo puede ser de dos tipos: interés intrínseco, en el trabajo en sí mismo, o extrínseco, o interés en las cosas que el trabajo puede generar, como dinero, situación social o cumplimiento de los objetivos personales. Cada uno de estos tipos de interés puede contribuir a generar una concentración y una implicación en el trabajo. Lo ideal para las personas con dislexia sería buscar profesiones que combinen ambos tipos de intereses. Como empresario, multimillonario y disléxico, Richard Branson afirmó de su propia carrera: «Decidí crear algo que me hiciera disfrutar y con lo que pudiera pagar las facturas». El resultado habla por sí solo.

Una tercera característica fundamental de los trabajos más convenientes para las personas con dislexia es concentrarse en los resultados y no en los métodos. Muchas de las personas a las que entrevistamos comentaron que suelen realizar las tareas de forma no convencional, con frecuencia fruto de su propia invención. Por ejemplo, más de la mitad de estas personas nos comentó que resolvían los problemas de matemáticas de manera distinta a como les habían enseñado, utilizando métodos no convencionales que tenían más sentido para ellas. Ésta es una conclusión muy frecuente entre las personas con dislexia que encontramos en nuestra clínica. Una preferencia por hacer las cosas de manera atípica es un motivo clave por el cual los trabajos que se centran en la uniformidad del método no suelen ser convenientes para los disléxicos. (Recordemos el caso de Sarah Andrews enfrentándose a su jefe, que esperaba que realizase su trabajo creativo utilizando unos métodos que asfixiaban más la creatividad).

Por el contrario, los trabajos que permiten flexibilidad pueden abrir la puerta del éxito a los disléxicos. Con frecuencia ocurre que, mientras se inventan nuevos métodos para tareas rutinarias, los disléxicos crean planteamientos innovadores que ahorran tiempo, esfuerzo y gastos y, en general, mejoran los resultados. La experta en aprendizaje, la Dra. Angela Fawcett, comentó: «Creo que uno de los beneficios que experimentan los disléxicos de su dificultad para dominar los procedimientos es que tienen que volver a pensar su tarea cada vez, empezando desde los principios fundamentales, en lugar de tener los pasos totalmente automatizados y listos para ser realizados sin pensar. Al no poder confiar en estas capacidades automáticas de una manera irracional, no están limitados por las normas, de forma que pueden pensar más allá de las normas. Creo que esto les ayuda a pensar de manera más creativa que si estuvieran, por ejemplo, atrapados dentro de las normas».

Las personas con dislexia a menudo consideran que los trabajos con una asignación de tareas más flexible se ajustan mejor a sus posibilidades que aquellos que tienen unas asignaciones de trabajo más rígidas y fijas, porque les permiten concentrarse en las cosas que hacen mejor. A veces, las empresas nuevas o más pequeñas ofrecen una mayor flexibilidad. El defensor de los derechos de los discapacitados, Ben Foss, nos comentó: «En general, las grandes empresas negocian con la coherencia, pero las pequeñas negocian con las variaciones, así que puede resultar más difícil romper las normas en las grandes empresas. A veces puedes encontrar también flexibilidad en una gran empresa, pero sólo si ésta tiene un sistema implantado de negociar con la variedad, lo que le permita ser flexible y ajustarse a las necesidades de las personas».

Hay pruebas que demuestran que este tipo de flexibilidad es más fácil de encontrar en puestos que están más próximos a la cima o a la base de las estructuras de las grandes organizaciones y más difícil en las intermedias. La profesora Julie Logan ha descubierto que, aunque muchas grandes empresas tienen consejeros delegados con dislexia, menos del 1 % de los directivos intermedios en esas firmas son disléxicos.

Esto no significa que sea imposible que las personas con dislexia avancen en la escala de un sistema corporativo, pero sí que tienen menos probabilidades de lograr buenos resultados en puestos corporativos intermedios, a menos que las empresas en las que trabajan presten una atención especial a conseguir que sus trabajos se ajusten a sus posibilidades. Ben Foss insistió en que cada empleador potencial debe ser evaluado individualmente en cuanto a su capacidad para ofrecer la flexibilidad necesaria a una persona con dislexia, para que ésta pueda sobrevivir en su estructura corporativa. Algunas grandes empresas, como la de su antiguo empleador Intel, consiguen mantener una actitud flexible, a pesar de su tamaño. Douglas Merril también nos comentó que el apoyo a esta diversidad en la forma de pensar era uno de los objetivos principales cuando fue director de información en Google. Douglas se esforzó para que los empleados disfrutaran de la mayor flexibilidad posible a la hora de elegir los hábitos de trabajo y las tecnologías que les permitieran ser más productivos. Cuando una empresa muestra este tipo de flexibilidad, es muy posible que se ajuste a las necesidades de las personas con dislexia.

Por supuesto, ningún empleador puede ofrecer más flexibilidad que uno mismo, que es el motivo por el cual muchas personas disléxicas abren sus propios negocios.

Pero, con respecto a trabajar con empresas ya establecidas, hemos observado, en general, que las personas con dislexia tienen más éxito con empresas más pequeñas, más jóvenes, más flexibles y más creativas.

Pasos necesarios para mejorar la adaptación al trabajo

Tras elegir un trabajo que parezca que se ajusta de manera adecuada a sus posibilidades, las personas con dislexia deberían esforzarse por optimizar ese entorno de trabajo siendo proactivas para buscar oportunidades, defendiendo su condición ante supervisores y compañeros de trabajo, creando asociaciones, buscando oportunidades de liderazgo y utilizando tecnologías para maximizar su productividad.

Muchas personas con dislexia tienen una capacidad especial para detectar las oportunidades que otros no han encontrado, y aprovecharlas luego de manera dinámica y proactiva. La profesora Julie Logan citó esta capacidad como una de las características más importantes que había observado en los empresarios disléxicos a los que había estudiado.

Hemos comprobado esta capacidad en muchas de las personas con dislexia a las que hemos entrevistado, y no sólo en el mundo de los negocios. El astrofísico Matt Schneps nos dijo: «Una cosa de la que estoy muy orgulloso es que se me da muy bien aprovechar las oportunidades. Si veo algo que creo que es útil para mí, pienso en cómo sacar el máximo provecho de ello». Debido a esta capacidad (y a la firme convicción de defender su condición de disléxico, que trataremos más adelante), Matt ha sido capaz de realizar cuatro carreras diferentes en los últimos treinta años, todas con la misma empresa.

El autor Vince Flynn nos facilita otro gran ejemplo de cómo las personas con dislexia pueden encontrar y buscar enérgicamente unos recorridos inusuales para alcanzar el éxito. Él estaba tan convencido de que su primera novela, *Term Limits,* atraería a un gran número de lectores que, aunque fue rechazada por sesenta editores, Vince decidió autopublicar dos mil ejemplares, luego los vendió él mismo en una caseta en un centro comercial. Sólo después de colocarse en la lista local de libros más vendidos, Vince consiguió un contrato con un importante editor de Nueva York. No mucho tiempo después, *Term Limits* se convirtió en el primero de doce *best sellers* consecutivos de Vince.

Cuando las personas con dislexia acaban los estudios con una visión positiva de sí mismos y de su futuro, suelen ser extraordinariamente resistentes y confiar en sus capacidades para lograr sus objetivos. La profesora Julie Logan comentó la existencia de estos rasgos en los empresarios con dislexia a los que había estudiado: «Aprender a ingeniárselas y a resolver todos los problemas que encuentran durante sus estudios confiere a muchas personas disléxicas una manera práctica de plantear las cosas que aplican a todo tipo de nuevas situaciones. Sencillamente saben que pueden hacer que las cosas funcionen».

Sin embargo, antes de ofrecer a los disléxicos la oportunidad de demostrar lo que pueden hacer, a menudo deben convencer a otras personas para que les den una oportunidad, y esto requiere la capacidad de ser capaces de defender su condición disléxica. Ésta es la capacidad para decir: «Esto es lo que hago bien, así es cómo mejor puedo contribuir». Ser capaces de defender la condición disléxica implica persuasión, negociación y la habilidad para contar una historia convincente sobre uno mismo. Muchas personas con dislexia han defendido su condición desde sus primeros días en el colegio, de manera que suelen destacar en su capacidad para autodefenderse, con frecuencia sin darse cuenta. La profesora Logan comentó: «Creo que muchos disléxicos no son conscientes de sus habilidades para tratar con la gente. Incluso los disléxicos de nuestro programa de tutoría [del que hablaremos en breve] que no han tenido tanto éxito en sus carreras realmente consiguen que sus tutores hagan las cosas por ellos, aun cuando el tutor no se lo espera. Tienen esta sorprendente capacidad para conseguir que otros hagan las cosas por ellos. Esto es algo que realmente deberían aprender a utilizar».

En efecto, muchas de las personas a las que hemos entrevistado destacaron la importancia de aprender a trabajar bien con los socios o los equipos. Douglas Merril nos dijo: «Es fundamental rodearse de diversidad. Hay muchas pruebas, incluida la investigación que yo realizo, que defienden que la diversidad de equipos conduce a mejores resultados de rendimiento». Pero también declaró que establecer unas buenas relaciones de trabajo no es tan fácil y que requiere una cuidadosa comunicación: «En RAND había un investigador cuya visión a largo plazo no era buena, pero cuyo trabajo con los detalles era realmente sorprendente, y como éramos buenos en cosas diferentes intenté establecer una relación de investigación con él. Por desgracia, acabe ofendiéndole, porque no logré describir bien las cosas positivas que él hacía. De alguna manera me escuchaba decir: "Soy más inteligente que tú", algo que, en realidad, no era lo que yo estaba intentando decir.

Cuando trabajas con socios, es importante que ellos te oigan decir: "Somos buenos en cosas diferentes, y eso es estupendo"».

Cuando resulte conveniente, las personas con dislexia deberían estar dispuestas a desempeñar una función de liderazgo en grupos y asociaciones. La profesora Logan descubrió que muchos de los empresarios disléxicos con los que trabaja poseen unas capacidades interpersonales que hacen que sean particularmente buenos para dirigir grupos: «Los negocios consisten ahora principalmente en dirigir a gente y equipos, y en tratar con lo imprevisto, y éstas son las cosas que las personas disléxicas hacen todos los días de su vida. Siempre están negociando con las dificultades o haciendo nuevos planes porque pierden cosas, yendo a una cita el día equivocado o presentándose en la hora equivocada. De manera que con el tiempo desarrollan numerosas capacidades, como delegar, dirigir e inspirar a gente, todas ellas importantes capacidades de liderazgo».

Por último, las personas con dislexia pueden optimizar su trabajo utilizando tecnologías que incrementen su productividad. Resultan muy valiosos los dispositivos que les ayuden con la organización, la lectura (texto a voz) y la escritura (voz a texto y programas de tratamiento de textos especialmente dirigidos a la dislexia). Enumeramos estos dispositivos en el Apéndice A.

Obtener apoyo y asesoramiento de otras personas con dislexia

Las relaciones con los compañeros disléxicos pueden resultar muy útiles. Hay mucha documentación e investigación sobre los sentimientos de inferioridad y de aislamiento que experimentan a menudo las personas con dislexia debido a sus dificultades con los estudios. Estos sentimientos suelen persistir mientras las personas con dislexia permanezcan separadas de otras que viven experiencias similares.

Ben Foss compartió la siguiente historia de su experiencia en Intel: «Un diseñador gráfico vino a verme cuando acababa de empezar a trabajar en el Intel Reader [un lector portátil de texto a voz] y me dijo en secreto: "Sólo quiero decirle que soy disléxico, pero no se lo puede contar a nadie". Esto era absolutamente alucinante, porque este diseñador es parapléjico y ha estado en una silla de ruedas los últimos veinte años. Sin embargo, el temor a que otra gente pensara que no podía hacer su trabajo procedía de su dislexia y no de su paraplejia. Cuando hablé con él del tema, resultó que había suspendido tercero de primaria por su dislexia y todavía se sentía increíblemente avergonzado, a pesar de ser un diseñador de éxito en Intel. Por fortuna, tener la oportunidad de hablar de ello con un compañero de trabajo disléxico fue realmente muy útil para él. Sin embargo, no puedo dejar de insistir en lo fuerte que puede ser este sentimiento de aislamiento para las personas con dislexia».

Debido a que estos sentimientos pueden ser importantes, las relaciones con otras personas con dislexia pueden ser extremadamente liberadoras e inspiradoras. Como dijo Ben: «Cuando conoces a otro disléxico, es como si los dos fuéramos inmigrantes en un país nuevo. Compartes cosas importantes y esa experiencia de ser del mismo país es muy poderosa».

La visión de Ben de formar una comunidad entre los disléxicos le ha llevado a fundar Headstrong Nation (www.headstrongnation.org), una organización dirigida a personas en estas mismas circunstancias. Ben explica: «Necesitamos algún lugar donde los disléxicos se puedan reunir, aparte de la zona especial reservada en la parte trasera del colegio. La sensación de aislamiento y la necesidad de información sobre las adaptaciones de aprendizaje y de asesoramiento práctico para el trabajo son todas experiencias comunes, de manera que ¿por qué no unirnos y compartirlas? Esto es precisamente lo que Headstrong está intentando hacer».

Esta visión de reunir a las personas disléxicas es algo que compartimos plenamente. En nuestra página web Dyslexic Advantage, las personas con dislexia, sus familias, amigos y los profesionales que les atienden pueden encontrar toda la información importante necesaria sobre este tema, así como un sentido de comunidad. En la página web hemos publicado entrevistas de vídeo con muchos disléxicos extraordinarios, revisiones de currículos, escuelas, software educativo y dispositivos de tecnología, foros de debates para las personas disléxicas en diferentes profesiones y otros recursos para padres, educadores, etc.

Otra forma valiosa de apoyo es el asesoramiento y la orientación que reciban de otras personas disléxicas que hayan tenido dificultades similares en el trabajo y que hayan logrado salir adelante. Esto es cierto no sólo al comenzar la propia carrera profesional, sino en cualquier momento en que surjan las dificultades. En los dos últimos años, la profesora Julie Logan, junto con British Dyslexia Association, Dyslexia Scotland y Cass Business School, ha estado implicada en la creación de un programa de orientación en el Reino Unido para trabajar con adultos disléxicos. La Dra. Logan nos ha descrito este trabajo: «Básicamente, emparejamos a un disléxico de éxito, con una carrera profesional asentada y que haya pasado por los mismos problemas, con un disléxico que necesite ayuda. Inicialmente, pensábamos que la mayor parte de los disléxicos que solicitarían orientación serían de unos veintitantos años, recién salidos de la universidad o en su primer trabajo. Pero el solicitante medio resultó ser mucho mayor, casi con el doble de edad de lo que esperábamos. Una explicación para esto puede ser que, por lo menos en el Reino Unido, la gente descubre que es disléxica bastante tarde, de manera que se incorporan al programa cuando comprenden que "ahora que sé cuál es mi problema, quizás pueda conseguir ayuda y prosperar en mi carrera profesional".

»A menudo han tenido problemas porque han estado cometiendo los mismos errores una y otra vez. Por ejemplo, una mujer estaba inmersa en este ciclo: debido a su baja autoestima, se esforzaba mucho y entonces conseguía un ascenso, pero casi inmediatamente después abandonaba su puesto porque no podía asumir sus nuevas responsabilidades. Al igual que muchos de nuestros discípulos, sentía un inmenso deseo de demostrar que no estaba enferma y que no era estúpida, y que podía hacerlo todo, pero esta presión actuaba en su contra. Lo que hemos podido hacer por ella es colocarla con un tutor que comprenda lo que está pasando desde su experiencia personal. Ese tutor le ha enseñado sus estrategias y a administrar su tiempo, a no esforzarse tanto y a valorar lo que ha conseguido hasta ahora. El resultado es que ha logrado un ascenso para un puesto de directora de contabilidad y hacer frente a esta responsabilidad».[105]

Desvelar la propia dislexia: ¿Sí o no?

Una cuestión final a la que deben enfrentarse todas las personas con dislexia es si desvelar su déficit a los empleadores y sus compañeros de trabajo en el momento de la primera entrevista o más tarde. Este asunto provoca a menudo amplios debates entre los defensores de ambas partes, y probablemente no existe una única respuesta que se aplique a todas las personas en todos los trabajos. Sin embargo, una cosa es absolutamente cierta: según la ley, no es obligatorio desvelar este hecho, de manera que todas las personas con dislexia pueden decidir si hacerlo o no. Las siguientes consideraciones pueden resultar útiles a la hora de tomar esta decisión.

En un mundo ideal, estas personas nunca necesitarían ocultar su dislexia, porque sus empleadores y compañeros de trabajo entenderían lo que hemos explicado en este libro: que la dislexia está relacionada con una serie de fuerzas y con una serie de dificultades, y quienes la padecen tienen unas capacidades que pueden resultar útiles prácticamente en cualquier tipo de trabajo. Por desgracia, nuestro mundo no ha alcanzado aún ese estado ideal, y la ignorancia hace que algunas empresas se sigan mostrando recelosas a la hora de dar a las personas con dislexia una oportunidad para demostrar su valía. Por este motivo se les ha recomendado no desvelar su dislexia durante las entrevistas de trabajo, sobre todo si se trata de un trabajo más básico o de un primer

---

105. Hasta el momento, este programa ha sido muy popular entre los tutores y sus discípulos. Un motivo que explica esta popularidad es que las exigencias impuestas a los ya de por sí ocupados tutores son bastante razonables. Éstas deben comprometerse tan sólo doce horas en total, reciben de los organizadores una formación y una visión general, de manera que se sienten dirigidos y respaldados.

empleo. La profesora Julie Logan expresó su punto de vista cuando me dijo: «Dejar que la gente sepa que eres disléxico no siempre es una buena opción, sobre todo para quienes trabajan para otras personas, porque existen aún muchos prejuicios sobre la dislexia».

Ben Foss compartió con nosotros una opinión diferente: «Podemos obsesionarnos con el dilema de si desvelar o no nuestra dislexia, pero la pregunta se refiere realmente al contexto: ¿le darías a la gente un contexto para comprender tu dislexia? Y la respuesta es casi siempre, sí. En general, es mucho mejor saber desde un principio que una posible empresa es intolerante, de manera que así puedes ir a buscar trabajo a otro sitio. De lo contrario, tendrás que enfrentarte a ese prejuicio más tarde, después de haber aceptado el trabajo, y eso suele terminar mal».

La preferencia de Ben por desvelar la dislexia se forjó cuando estaba en la escuela profesional: «Mi propio sentido de fuerza y de comodidad con la dislexia me llegó al conocer a otra gente con discapacidades, en gran parte físicas. En la Stanford Business School tenía un compañero extraordinario llamado Mark Breimhorst. Mark nació sin manos y tiene paralizada también la parte izquierda de la cara, así que no puede reír ni parpadear, y Mark comprendió que esas cosas ponían nerviosas a algunas personas. Así que, durante la primera semana en la escuela de negocios, Mark envió un correo electrónico a cada uno de sus compañeros, ofreciéndoles un contexto para poder tratar con él. Escribió: "Mi nombre es Mark. Cuando estés conmigo, verás que no tengo manos. Si extiendo mi brazo, estrecha mi muñeca. Cuando acabe la clase, no necesito ayuda para sacar mi bolsa: la llevo encima al entrar". Y así Mark nos ofreció a todos un contexto para saber cómo interactuar con él, y eso facilitó mucho las cosas.

»Mark me ayudó a comprender también que este tipo de pasos podría resultar útil para una persona con dislexia. Cuando descubrió que yo era disléxico, me invitó a participar en un debate con nuestros compañeros de clase para tratar las discapacidades. Al principio estaba cohibido, porque no tenía una discapacidad física, y anteriormente nunca había hablado en público de mi dislexia. Pero Mark se mostró firme. Su argumento era que todos íbamos a ser futuros líderes, así que deberíamos ayudar a que nuestros compañeros aprendieran lo que eran las discapacidades, para que aprendieran a tratar con otras personas que son diferentes. Y estaba en lo cierto. Aprendí mucho de Mark sobre cómo manejar mis dificultades de manera adecuada. Cuando dejé la escuela y empecé a trabajar para Intel, fue fácil para mí decir desde un principio: "Soy disléxico. Te ofrezco un contexto sobre mi condición, y esto es lo que puedo hacer bien"».

Cuando sean suficientes las personas con dislexia que estén dispuestas, como Ben, a dar un paso al frente y demostrar a los escépticos las capacidades que puede tener un disléxico, más fácil será para todos los disléxicos hablar abiertamente sobre sus dificultades en el lugar de trabajo. Pero, por ahora, la decisión de informar a los demás sobre la propia dislexia debe ser una decisión personal.

Aunque desvelarla puede resultar difícil para las personas disléxicas que trabajen para otra gente, para quienes trabajan por cuenta propia el cálculo entre riesgo y recompensa se inclina más a menudo por desvelar esta situación. Según Julie Logan: «Si eres tu propio jefe, dejar que otras personas sepan que eres disléxico no suele ser un problema. Muchos de los empresarios disléxicos con los que he trabajado hablan abiertamente del hecho de no poder, por ejemplo, deletrear, y creo que esta sinceridad puede ayudar, porque al hablar abiertamente de sus problemas y debilidades, en realidad, están dejando que la gente quiera ayudarles. Por ejemplo, cuando envían correos electrónicos, si dicen que son disléxicos y que ésa es la fuente de sus errores en la escritura, los destinatarios no se preocuparán porque sus capacidades comerciales sean similarmente poco sistemáticas y no condenarán su imagen comercial. Uno de nuestros disléxicos más exitosos me envió recientemente un correo electrónico que podría haberse interpretado como algo irrespetuoso, por una falta de ortografía que había cometido al escribirlo. Pero, por fortuna, al final de todos sus correos electrónicos hay una pequeña advertencia en su firma que dice: "Estos correos no están bien escritos porque soy disléxico". Este tipo de acciones suele resultar muy útil».

Resumen para las personas con dislexia en el lugar de trabajo

- Actualmente, las oportunidades de tener éxito en el lugar de trabajo son mayores que nunca para las personas con dislexia, y éstas deberían sentirse libres para buscar cualquier trabajo que resulte adecuado para ellas, basándose en sus intereses y talentos.

- Las claves para tener éxito en el lugar de trabajo incluyen encontrar un empleo que se ajuste a sus posibilidades, adoptar las medidas necesarias para que esto sea así y conseguir el apoyo y el asesoramiento de otras personas con dislexia.

- Los trabajos y las carreras que se ajustan mejor a los disléxicos se centran en sus fuerzas, evitan sus debilidades, utilizan sus intereses y se basan en resultados, no en métodos.

- Los pasos a seguir para que los trabajos se ajusten mejor a sus posibilidades incluyen ser proactivos a la hora de buscar oportunidades, defender sus posibilidades, formar asociaciones, buscar oportunidades de liderazgo y utilizar tecnologías que mejoren la productividad.

- Establecer relaciones con compañeros y tutores con dislexia puede ser algo de inestimable valor para proporcionar el apoyo emocional necesario y un asesoramiento práctico.

- La decisión de informar a los empleadores o a los compañeros de trabajo sobre las dificultades disléxicas, legalmente es una decisión propia. Existen argumentos válidos que defienden tanto la divulgación como la discreción, pero cada persona debería decidir de antemano cuál es la elección más correcta para ella.

EPÍLOGO

A lo largo de este libro hemos intentado responder a la pregunta: ¿qué significa realmente «ser disléxico»?

Al responder esta pregunta hemos aprendido que ser disléxico implica mucho más que decir: «un trastorno de la lectura y la escritura». En última instancia, significa que tienes un sistema nervioso diseñado para trabajar de forma diferente, y que esto es así porque existen extraordinarias ventajas derivadas de tener un cerebro que funcione de esta manera.

Al principio de este libro hemos utilizado varias metáforas para mostrar la relación existente entre las fuerzas y las dificultades en la dislexia. Nos gustaría ahora compartir una metáfora final que muestra nuestro punto de vista de que la dislexia es una manera muy diferente, pero igualmente valiosa, de procesar la información.

Imagina que tienes una cita en una oficina muy bien decorada y que te piden que esperes durante unos minutos. Al sentarte descubres una serie de chismes en la mesa que tienes delante. Como eres curioso, empiezas a echarles un vistazo, y tus ojos se fijan en una larga y fina varilla de cristal, triangular en su eje más corto. La sujetas, la examinas y notas que es translúcida. Te preguntas si es algún tipo de lente, por ejemplo, una lente de aumento, así que la acercas e intentas mirar a través de ella, pero por mucho que la manipules no mejora tu visión. Entonces te sientes frustrado con esta pieza de cristal aparentemente insignificante, pero cuando la vas a colocar en su sitio, pasa a través de ella un rayo de luz procedente de la ventana de la oficina. De repente, aparece un destello luminoso de los colores del arcoíris sobre la superficie de la mesa debajo de la varilla. En ese instante, comprendes que la varilla que está en tu mano no es una lente defectuosa, sino un prisma perfecto.

Al igual que el prisma, la mente disléxica ha provocado atención e interés, pero su verdadera naturaleza y su verdadero objetivo no han sido descubiertos. Se ha valorado por su claridad y precisión como lente, y se ha encontrado que era deficiente. Pero, si estudiamos la mente disléxica con más cuidado, encontraremos que su verdadera excelencia es la capacidad de revelar muchas cosas que resultan difíciles de ver para una mente «normal». Su verdadera importancia reside en sus Fuerzas de la MENTE. Aunque no todas las personas con dislexia disfrutan de unas Fuerzas de la MENTE, muchas de ellas muestran una o más de estas importantes capacidades, y estas fuerzas facilitan a menudo la clave de su éxito.

Al destacar estas fuerzas, no deseamos restar importancia a las dificultades reales a las que se enfrentan las personas con dislexia, y en muchos casos, al sufrimiento que experimentan. Pero como dijimos al principio de este libro, «sufrir por dislexia» es sufrir de una manera muy especial. En lugar de tratarse del sufrimiento de una persona con una enfermedad incurable, se trata del sufrimiento de un héroe en una búsqueda peligrosa, aunque prometedora.

Quizás el héroe que mejor represente esta búsqueda disléxica sea Aragorn, de *El Señor de los Anillos*, de R. R. Tolkien. Al principio de la saga del Anillo, Aragorn parece poco más que un vagabundo errante. Y sin embargo, es el heredero legítimo al trono de Gondor y está destinado un día a ser el rey. El destino de Aragorn está escrito en las líneas de una antigua profecía, que nos recuerda que las cosas no son lo que parecen, que la naturaleza real permanece a veces oculta detrás de los harapos:

> *No es oro todo lo que reluce,*
> *ni toda la gente errante anda perdida;*
> *el viejo vigoroso no se marchita,*
> *a las raíces profundas no llega la escarcha.*
> *De las cenizas surgirá un fuego,*
> *y una luz asomará en las sombras;*

forjarán otra vez la espada rota,
el descoronado será de nuevo rey.

Si eres una persona con dislexia, esta profecía se adapta también a ti. Aunque puede que no brilles en la clase, si la promesa de tu futuro puede sostenerte a lo largo de las dificultades a las que te enfrentas, tu intelecto se forjará como el filo de una espada.

La verdad de esta profecía no reside en las palabras de un antiguo oráculo, sino en la investigación científica, en observaciones clínicas y en las experiencias de un sinfín de personas con dislexia de talento y de éxito que te han precedido. La información que presentamos en este libro nos permite decir con total confianza que:

- si superas los tiempos difíciles, cuando todo esfuerzo parece no tener sentido,
- si trabajas con diligencia con unas terapias reconocidas,
- si utilizas las útiles tecnologías y las adaptaciones necesarias,
- si buscas apoyo y orientación de otras personas con dislexia,
- si te fijas objetivos para el futuro, si te conviertes en un hábil defensor de ti mismo y buscas las oportunidades,
- si te esfuerzas al máximo cada día, sin preocuparte de si experimentas un progreso obvio,
- si no dejas de creer nunca en la certeza de un futuro positivo y
- si utilizas plenamente las fuerzas que posees,

entonces, al final, descubrirás que, en lugar de haberte «curado de la dislexia», te has convertido en un perfecto ejemplo de lo que una persona con dislexia siempre ha tenido que ser. Y al hacerlo, comprenderás la verdad y la verdadera naturaleza de la ventaja disléxica.

APÉNDICE A

Adaptaciones y recursos

I. ADAPTACIONES ESCOLARES PARA LA LECTURA Y LA ESCRITURA

- Se debería autorizar y alentar a los estudiantes con un retraso significativo en el desarrollo de la lectura y con una lectura y comprensión poco fluidas a que utilizaran lo antes posible libros grabados y software de texto a voz en todas las tareas que impliquen un aprendizaje o interactuar con un texto (por ejemplo, rellenar fichas de trabajo, responder preguntas de exámenes). Para estos estudiantes, la lectura debería interpretarse como una actividad a practicar por su cuenta, y no como un medio para alcanzar otros tipos de aprendizaje.
- Los estudiantes con problemas significativos en la fluidez de la lectura necesitarán un tiempo adicional para realizar los trabajos y los exámenes en clase.
- Los estudiantes con problemas importantes con la velocidad y la comprensión de la lectura necesitarán, en general, pruebas orales o que una persona actúe como lector para leerles las preguntas del examen en voz alta.
- Para algunos estudiantes con problemas de lectura, concretamente al comienzo de la escuela primaria, puede resultar muy útil el acceso a libros con letras grandes.

- Para los estudiantes con problemas para descodificar con precisión y recuperar las palabras, el uso de un diccionario de voz y un diccionario electrónico, que pronuncien y definan las palabras que se han introducido, puede resultar útil para identificar las palabras que no puedan suponerse fácilmente y para encontrar términos alternativos.
- Se debería conceder a los disléxicos la máxima libertad para elegir los materiales de lectura, cuando el objetivo sea una práctica de la lectura. Cuando el objetivo sea crear una exposición de una información más culta, se debería ofrecer a los estudiantes disléxicos la flexibilidad necesaria para obtener esa información a través de la escucha y no de la lectura.
- Tiempo adicional para las tareas escritas a mano.
- Reducir la cantidad de las tareas escritas para los estudiantes que tengan problemas para terminar el trabajo (fichas, listas de ortografía, ensayos, artículos, matemáticas, etc.).
- Corrección sin restar puntos por errores en ortografía y tareas mecánicas.
- Permiso para utilizar un teclado en todas las tareas que impliquen un trabajo en el que se utilicen más que palabras por separado (o en algunos casos, frases).
- Permiso para dictar oralmente las tareas más largas, si no se ha logrado la fluidez necesaria para escribir con el teclado.
- Un dispositivo de transcripción para los exámenes que requieran mucha escritura o rellenar burbujas, o bien una opción de examen oral.
- Permiso para utilizar lectores que ayuden a corregir los trabajos antes de entregarlos.
- Oportunidades para reescribir o corregir errores o tareas.
- Facilitar los apuntes del profesor o los apuntes copiados de otros estudiantes para las clases.
- Permiso para utilizar un teclado y un sistema de grabación en clase.

II. RECURSOS PARA LA LECTURA

Recursos para el entrenamiento en habilidades fonológicas y en fonética
- International Dyslexia Association (www.interdys.org).
- Lindamood-Bell Learning Centers (www.lindamoodbell.com).
- Institute for Excellence in Writing (www.excellenceinwriting.com).
- Starfall.com (www.starfall.com).
- Headsprout (http://headsprout.com).

Entrenamiento en escuchar con ordenador
- Earobics (www.earobics.com).
- Fast ForWord (www.scientificlearning.com).

Libros grabados
- Grabaciones para ciegos y disléxicos: RFB&D (Recording for the Blind and Dyslexic) (www.rfbd.org).

Fondo de textos digitales
- Bookshare.org (suministra también software para el lector).
- Para textos clásicos: Project Gutenberg (www.gutenberg.org).
- Investigación de artículos, revistas: Questia.com.
- Lectores comerciales, como Kindle de Amazon, Barnes & Noble's Nook o el Sony Reader (que incluye también texto a voz).

Tecnologías de texto a voz
- Intel Reader (www.intel.com/healthcare/reader/about.htm).
- Tecnología de texto a voz Kurzweil 3000 (www.kurzweiledu.com/kurz3000.aspx).
- Read&Write Gold (www.texthelp.com).
- ReadingBar para navegar por Internet (www.readplease.com).

III. RECURSOS PARA LA ESCRITURA

Materiales educativos

- Handwriting Without Tears (www.hwtears.com).
- *From Talking to Writing: Strategies for Scaffolding Expository Expression*, de Terrill M. Jennings y Charles W. Haynes (disponible sólo en www.landmarkoutreach.org/pub181.htm).
- *Writing Skills 1* y *Writing Skills 2*, de Diana Hanbury King.
- Step Up to Writing (www.stepuptowriting.com).

Software de tratamiento de textos con verificación de ortografía, gramática y funciones de lectura en voz alta

- Read&Write Gold (www.texthelp.com).
- Revisor de ortografía y de gramática contextual de Ginger Software (www.gingersoftware.com).
- Write:OutLoud (inicio de la escuela primaria) y Co:Writer (escuela primaria y posteriormente) (ambos disponibles en www.donjohnston.com).

Software de planificación visual, generación de ideas y mapas mentales

- Software Inspiration (adultos) y Kidspiration (niños) (www.inspiration.com).
- Software de creación de mapas mentales XMind Open-source (www.xmind.net)

Software de voz a texto (dictado oral)

- Dragon Naturally Speaking es un popular programa de software de voz a texto o dictado oral que permite al escritor dictar el texto a un micrófono del ordenador y luego trasladar el discurso a un texto impreso en el ordenador de la persona (para un tratamiento de textos o para un correo electrónico) o en el móvil o smartphone de la persona. Hemos descubierto que este programa es una ayuda excelente para los adultos y los estudiantes adolescentes más mayores, mientras que los más jóvenes suelen tener más problemas para lograr que funcione y para ellos es más indicado que un padre, un tutor o un dispositivo de transcripción les dicte el trabajo (www. nuance.com).

Tecnología para tomar apuntes
- Livescribe smartpens (www.livescribe.com).

IV. RECURSOS PARA LA ORGANIZACIÓN Y LA GESTIÓN DEL TIEMPO

Recursos de organización
- Materiales tradicionales, como tableros de mensajes, notas adhesivas, listas de comprobación o avisos diarios.
- Vendedores que envían avisos sobre citas o de temas «por hacer» a un móvil o a un ordenador, como:
  - Remember the Milk (www.rememberthemilk.com).
  - Skoach (www.skoach.com).
  - Google Calendar (www.google.com).
- Temporizadores electrónicos: ayudan a mejorar la percepción del tiempo y a concentrarse durante las tareas.
  - En el ordenador: TimeLeft (www.timeleft.info).
  - En la mesa o en el reloj de pulsera: Time Timer (www.timetimer.com).
- Un buen recurso para otras estrategias organizativas: Lifehacker (www.lifehacker.com).

V. RECURSOS RELACIONADOS CON LA UNIVERSIDAD EN ESTADOS UNIDOS

Información sobre universidades específicas para estudiantes disléxicos:
- www.landmark.edu
- www.beaconcollege.edu

Información sobre servicios facilitados por diferentes
universidades para estudiantes con dislexia

- American Educational Guidance Center (www.college-scholarships.com/learning_disabilities.htm).
- *The K&W Guide to Colleges for Students with Learning Disabilities*, 10.ª edición, de M. Kravets (publicado por Princeton Review).

Información sobre pruebas de admisión

- SAT: www.sat.collegeboard.com
- ACT: www.act.org

Información sobre asuntos legales relacionados
con las dificultades de aprendizaje y las adaptaciones

- www.wrightslaw.com

Calificaciones de los profesores

- www.ratemyprofessors.com

Organización de orientación

- Project Eye-to-Eye (www.projecteyetoeye.org).

VI. RECURSOS PARA LA CREACIÓN DE REDES Y ASISTENCIA

Proyectos que trabajan para fomentar el crecimiento
de la comunidad disléxica

- Página web de Dyslexic Advantage (http://dyslexicadvantage.com) y Dyslexic Advantage en Facebook (www.facebook.com/dyslexicadvantage).
- Headstrong Nation (www.headstrongnation.org).
- Project Eye-to-Eye (www.projecteyetoeye.org).
- Being Dyslexic (www.beingdyslexic.co.uk).

En nuestra página web se puede obtener información adicional actualizada y revisiones del producto (http://dyslexicadvantage.com).

APÉNDICE B

Carreras más populares entre las personas con dislexia

Acontinuación enumeramos algunas de las ocupaciones que mejor se ajustan a las personas con dislexia. Hemos agrupado estas ocupaciones por Fuerzas de la MENTE dominantes, pero recuerda que se trata sólo de una guía de orientación. Muchos disléxicos tendrán más de una fuerza de la MENTE, y la mayoría de estas ocupaciones se benefician de las aportaciones de varias Fuerzas de la MENTE.

Ocupaciones y campos de fuerzas-M elevadas
Ingeniero
Mecánico
Construcción (electricista, carpintero, fontanero, contratista)
Matemático
Diseñador de interiores, diseñador industrial
Ilustrador, artista gráfico, diseñador gráfico, dibujos de arquitectura
Arquitecto
Medicina (cirugía, radiología, patología, cardiología)
Pintor
Escultor
Fotógrafo, cineasta, director de cine

Paisajista
Marinero
Piloto de avión
Ortodoncista, dentista, higienista dental

Ocupaciones y campos de fuerzas-I elevadas
Diseñador de software o informático (redes, programación, arquitectura de sistemas).
Científico (zoólogo, bioquímico, genetista, químico, científico medioambiental, geólogo, paleontólogo, físico, astrónomo, astrofísico)
Naturalista, medioambientalista
Inventor
Director de museo
Diseñador de moda o de ropa, sastre, modisto
Bailarín, coreógrafo
Músico
Actor
Chef
Historia, ciencias políticas, sociología, antropología, filosofía
Cómico
Enfermero
Terapeuta (físico, ocupacional, deportes)
Entrenador

Ocupaciones y campos de fuerzas-N elevadas
Poeta, cantautor
Novelista
Literatura, periodismo
Guionista
Asesoramiento, psicología, ministerio
Coaching
Enseñanza
Hablar en público
Político
Diseñador de videojuegos o de juegos

Abogado (especialmente litigios, derecho fiscal, defensa penal o procesamiento, arbitraje)
Ventas
Marketing
Publicidad
Relaciones públicas

Ocupaciones y campos de fuerzas-D elevadas
Empresario
Consejero delegado
Finanzas (comercial, inversor, inversor de capital de riesgo)
Propietario de una empresa pequeña
Asesoramiento comercial
Logística, planificación
Contabilidad (planificación fiscal, asesoramiento, director financiero)
Economía (especialmente macroeconomía)
Medicina (inmunología, reumatología, endocrinología, oncología)
Granjero, ranchero

ÍNDICE ANALÍTICO

A

actitud optimista 272, 273, 274, 280
Adaptaciones y recursos 325
ambigüedades 55, 57, 64, 116, 126, 128, 199
amigos 8, 29, 165, 211, 218, 219, 242, 269, 289, 290, 300, 315
Andrews, Sarah 185, 193, 201, 270, 310
ansiedad 276, 277
apoyo 7, 8, 13, 40, 111, 155, 176, 180, 211, 268, 269, 271, 273, 274, 289, 291, 292, 293, 297, 300, 306, 307, 311, 314, 316, 320, 323
aprendizaje 10, 18, 19, 20, 21, 22, 23, 24, 27, 30, 38, 40, 41, 42, 43, 44, 45, 46, 47, 90, 98, 108, 132, 137, 142, 151, 169, 170, 177, 216, 226, 227, 228, 229, 230, 233, 241, 243, 244, 248, 249, 252, 253, 256, 263, 265, 268, 269, 277, 278, 279, 280, 283, 284, 286, 288, 289, 290, 291, 294, 296, 297, 305, 310, 315, 325, 330
aprendizaje de procedimiento 43, 44, 45, 46, 47, 90, 98, 227, 248, 249, 252
Arquímedes 203
asociación (unión), relaciones 112, 113, 130
atención 10, 23, 24, 28, 30, 38, 39, 41, 42, 45, 46, 49, 58, 62, 69, 93, 95, 96, 98, 99, 100, 129, 130, 138, 155, 157, 164, 180, 203, 205, 206, 213, 230, 232, 236, 238, 243, 245, 249, 250, 275, 280, 281, 284, 287, 288, 290, 302, 306, 308, 309, 311, 322
A través del espejo (Carroll) 158
Attree, Elizabeth 73, 75
Authentic Happiness (Seligman) 272

B

Bacon, Alison 93
Bailey, Glenn 81, 209, 211, 214, 270, 273, 274
Beacon College 296
Beeman, Mark 54, 203
béisbol 33, 34, 198, 225
Benton, Robert 152
Bergne, Sebastian 89
Bill Hewlett 19
Boies, David 19
Branson, Richard 9, 19, 213, 309
Breimhorst, Mark 318
British Airways 213, 214

C

caligrafía 28, 38, 42, 47, 90, 181, 236, 248, 249, 251, 262, 265
Called Out of Darkness (Rice), 149, 157
capacidades basadas en normas 54
capacidades de aprendizaje, desarrollo 47

carrera, véase lugar de trabajo 29, 32, 165, 166, 180, 187, 193, 269, 295, 296, 309, 316

Carroll, Lewis 158

Casanova, Manuel 58

causa y efecto, relaciones de 112, 117, 118, 229, 238, 253

cerebelo 46

cerebro 3, 8, 12, 20, 38, 39, 41, 42, 43, 46, 48, 49, 50, 51, 52, 54, 56, 58, 59, 60, 61, 62, 63, 64, 79, 80, 81, 82, 88, 90, 91, 94, 107, 109, 139, 141, 156, 204, 214, 227, 228, 250, 260, 267, 281, 321

Charlton, Blake 175, 242, 248, 263, 269, 274, 286, 304

clases particulares 69, 279

Close, Chuck 19

Colleges That Change Lives (Pope) 293

compensación consciente 45

conexiones 50, 55, 56, 57, 58, 59, 60, 61, 62, 63, 64, 98, 111, 112, 115, 116, 118, 125, 126, 128, 135, 136, 139, 141, 142, 159, 163, 202, 203, 204, 205, 220, 226, 247, 259

confianza y autoestima 269

construcción de escenas 158, 159

coordinación de motricidad fina 229, 249

correlación, relaciones 112, 113, 118, 129, 238

córtex 58, 59, 62, 250

Craig McCaw 19

creatividad 79, 102, 114, 116, 125, 129, 158, 159, 163, 179, 190, 204, 205, 206, 256, 257, 274, 309, 310

Critchley, Macdonald 79

cultura 242, 244, 245

D

Daniels, Roy 90

David Schoenbrod 84, 166, 259, 270

déficit de atención 39, 243, 290

definiciones abstractas frente a descripciones basadas en escenas, 160, 161, 170, 172, 179, 286, 287

Delahaye, Valerie 78

depresión 267, 272, 276, 277

desarrollo, fuerzas-M 69, 71, 72, 73, 76, 77, 78, 80, 81, 83, 85, 87, 89, 90, 91, 92, 94, 98, 99, 101, 102, 112, 139, 189, 228, 232, 250, 331

Dinosaurs under the Big Sky (Horner) 194, 195

dislexia 8, 9, 10, 11, 12, 13, 17, 18, 19, 20, 21, 22, 23, 24, 25, 26, 27, 28, 30, 33, 34, 37, 38, 39, 40, 42, 43, 45, 46, 47, 48, 50, 51, 52, 54, 56, 57, 58, 60, 61, 62, 63, 64, 65, 71, 73, 74, 75, 76, 77, 78, 79, 80, 83, 84, 85, 87, 88, 89, 90, 91, 92, 93, 94, 98, 99, 100, 101, 102, 103, 108, 110, 112, 114, 115, 116, 117, 119, 120, 121, 122, 123, 126, 127, 128, 129, 130, 132, 133, 139, 141, 142, 152, 153, 156, 160, 161, 163, 164, 165, 170, 171, 172, 173, 175, 178, 179, 180, 181, 182, 185, 187, 193, 201, 202, 203, 204, 209, 210, 212, 213, 215, 216, 220, 225, 226, 227, 228, 229, 230, 231, 232, 235, 236, 238, 239, 240, 243, 244, 245, 247, 248, 251, 252, 253, 254, 255, 257, 259, 260, 262, 263, 264, 265, 266, 267, 268, 269, 270, 271, 272, 273, 274, 276, 277, 278, 279, 280, 281, 283, 284, 285, 286, 287, 288, 289, 290, 292, 293, 294, 295, 296, 297, 298, 299, 300, 301, 303, 304, 305, 306, 307, 308, 309, 310, 311, 312, 313, 314, 315, 317, 318, 319, 320, 321, 322, 323, 330, 331

dislexia sigilosa 231

E

Economic Times 145

Eden, Guinevere 52

educación 18, 23, 37, 95, 119, 142, 175, 178, 220, 244, 265, 276, 277, 278, 279, 280, 289, 293, 296, 299, 301

educación en casa 279, 280, 299

Einstein, Albert 83, 91, 99
El despertar del dragón (Charlton) 177
El señor de los anillos (Tolkien) 322
empresarios 9, 211, 212, 213, 214, 312, 314, 319
ensayos y artículos 254
entrada de la información 284, 306
Entrevista con un vampiro (Rice) 151
Epstein, Fred 100
errores paraléxicos (parafásicos) 128
escribir 17, 18, 19, 20, 22, 26, 27, 33, 38, 41, 44, 55, 88, 89, 90, 97, 98, 108, 109, 135, 137, 150, 173, 180, 181, 186, 194, 196, 201, 217, 218, 219, 229, 243, 247, 248, 249, 250, 251, 252, 253, 255, 258, 259, 260, 261, 262, 263, 264, 265, 266, 278, 289, 299, 326
escuela primaria, véase escuela infantil y primaria 17, 44, 95, 149, 231, 252, 260, 267, 280, 292, 325, 328
escuela, véase educación 7, 9, 17, 44, 95, 135, 149, 166, 177, 202, 217, 218, 231, 240, 241, 242, 243, 252, 260, 267, 280, 291, 292, 298, 318, 319, 325, 328
estímulos ambientales 129
estrés 194, 276, 277, 279, 281
Everatt, John 114
exámenes de opciones múltiples 126, 302

F
fantasear 30, 204
Fawcett, Angela 43, 46, 310
fijación de objetivos 268, 273
Flink, David 264, 279, 289
Flynn, Vince 19, 152, 216, 261, 269, 312
fonemas 39, 229
fonética 40, 44, 186, 227, 228, 229, 230, 231, 232, 242, 244, 279, 327
Ford, Richard 151
Fortune 145
Foss, Ben 239, 242, 244, 269, 275, 304, 310, 311, 314, 318

Foster, Norman 9
Frostig School 268, 273
fuerzas-D 139, 185, 190, 191, 193, 195, 199, 201, 203, 209, 215, 216, 233, 333
Fuerzas de la MENTE 12, 13, 63, 87, 125, 190, 228, 238, 244, 247, 250, 269, 301, 308, 322, 331
fuerzas-D (razonamiento dinámico) 139, 185, 190, 191, 193, 195, 199, 201, 203, 209, 215, 216, 233, 333
fuerzas-I (razonamiento interconectado) 107, 111, 112, 113, 117, 121, 123, 125, 130, 133, 135, 139, 141, 142, 144, 163, 203, 229, 232, 238, 332
fuerzas-M (razonamiento material; razonamiento espacial) 67, 95, 99
fuerzas-N (razonamiento narrativo) 139, 149, 152, 153, 155, 156, 160, 165, 167, 169, 170, 173, 175, 179, 182, 190, 191, 195, 233, 238, 332
futuro, actitud optimista 20, 100, 152, 158, 173, 179, 196, 198, 210, 271, 272, 273, 275, 276, 280, 293, 312, 323

G
generación de ideas 328
George Hynd 91
Geschwind, Norman 8, 76, 79
Gilger, Jeffrey 91
gist 120, 121, 122, 123, 143, 163, 164
grabadoras 264
gramática 38, 40, 248, 249, 251, 262, 266, 328

H
Hassabis, Demis 158, 204
Haynes, Charles 252, 271
Headstrong Nation 315, 330
Heywood, Daniel 49, 102, 103, 269
Heywood, Jenny 102, 103
Heywood, Lance 69, 99, 102, 269
hipocampo 80, 82, 162, 163

historias, pensar 8, 12, 29, 30, 55, 63, 81, 84, 99, 117, 120, 121, 122, 135, 136, 137, 138, 142, 149, 163, 164, 165, 166, 170, 171, 172, 175, 176, 177, 179, 180, 187, 193, 194, 195, 197, 201, 211, 216, 220, 230, 233, 257, 260, 262, 269, 270, 286, 308

Hopkins, Anthony 19

How: por qué cómo hacemos las cosas significa tanto (Seidman) 142, 143, 144

Hynd, George 91

I

Icon Magazine Online 79

imagen de «ladrón de galletas» 164

imágenes espejo e inversión de símbolos 87, 250

imágenes visuales 81, 82, 84, 94, 101, 228, 229, 237

imaginación 82, 127, 158, 175, 190, 204, 256

inhibición latente 129, 205

innovación 69, 163

Inspiration 256, 257, 328

Inspiration, programa 256, 257, 328

intereses 76, 137, 143, 144, 158, 228, 230, 232, 244, 256, 266, 270, 279, 300, 301, 302, 307, 309, 320

Irving, John 151

J

Jackson, Lesley 79

Jansons, Kalvis 83

John «Jack» Horner 119

K

Kamen, Dean 19

Katz, Lynda 243, 244

Kenyon, Sherrilyn 152

Kidspiration, programa 257, 328

King, Diana Hanbury 255, 257, 328

L

Landmark College 243, 296

La Plante, Lynda, 152

Laws, Jack 107, 111, 115, 118, 161, 269

Learning Outside the Lines (Mooney) 291

Lector Intel 239

lectura 10, 11, 17, 22, 23, 26, 27, 28, 29, 31, 33, 34, 38, 39, 40, 42, 44, 50, 51, 52, 54, 56, 57, 69, 70, 71, 76, 77, 78, 79, 87, 88, 89, 95, 97, 98, 108, 117, 123, 128, 132, 135, 136, 141, 149, 150, 151, 175, 177, 180, 185, 186, 187, 188, 189, 210, 216, 226, 230, 231, 232, 233, 234, 235, 236, 237, 238, 239, 240, 241, 242, 243, 244, 245, 247, 250, 252, 256, 260, 261, 263, 266, 267, 278, 279, 280, 284, 288, 295, 296, 298, 299, 300, 304, 306, 314, 321, 325, 326, 328

lenguaje 18, 20, 22, 23, 26, 29, 37, 39, 40, 41, 42, 44, 46, 47, 50, 54, 55, 56, 58, 83, 90, 91, 92, 94, 95, 101, 117, 122, 149, 150, 166, 203, 231, 238, 242, 243, 245, 251, 252, 271, 275, 303

Lennon, John 19

Leonardo da Vinci 89

libros grabados 236, 240, 242, 243, 244, 245, 325

Logan, Julie 211, 310, 312, 316, 318, 319

Looking Beyond the Ivy League (Pope) 293

Lovelock, James 118, 119

LRN 144

lugar de trabajo 34, 307, 319, 320

Lundberg, Ingvar 78

M

Maguire, Eleanor 158

Mapping Inner Space (Margulies) 257

marco de interpretación pesimista 272

Margulies, Nancy 257

matemáticas 10, 26, 27, 28, 38, 41, 44, 47, 69, 70, 83, 94, 95, 100, 102, 107, 108, 112, 135, 136, 137, 166, 175, 186, 197, 206, 210, 219, 274, 298, 309, 326

McGuire, Al 217
medicamentos estimulantes 205
memoria a corto plazo 41, 155
memoria a largo plazo 155, 285
memoria declarativa 43, 155, 286
memoria de procedimiento 43, 45, 71,
     155, 170, 285, 286, 287
memoria de trabajo 10, 25, 38, 41, 42, 45,
     46, 57, 92, 94, 96, 97, 129, 155, 234,
     238, 248, 249, 251, 252, 259, 262,
     266, 277, 285, 286, 287
memoria episódica 30, 155, 156, 157, 158,
     159, 160, 161, 162, 163, 165, 169,
     170, 179, 197, 226, 228, 258, 286
memoria factual, véase memoria declarativa,
     286
Memorial Day 219
Memorial Day (Flynn) 219
memoria semántica 155, 160, 161, 162,
     170, 197, 287
Merrill, Douglas 133, 135, 171, 201, 269,
     274
metacognición 273
Miles, T. R. 121, 122
Mislabeled Child, The (Eide y Eide) 38,
     230, 236, 285, 288
MIT 78, 79, 90
Mooney, Jonathan 291
Morgan, W. Pringle 22
Muir, John 107, 109, 111
música 32, 53, 165, 166, 270

N
Negroponte, Nicholas 78
Newton, Isaac 99
Nicolson, Roderick 46
norma de raíz cuadrada 45

O
Optimistic Child, The (Seligman) 272
organización y gestión del tiempo 288
ortografía 10, 11, 23, 26, 27, 33, 38, 39,
     40, 44, 78, 79, 83, 88, 89, 95, 97, 108,
     109, 149, 150, 151, 175, 181, 185,
     216, 231, 248, 249, 262, 263, 266,
     267, 319, 326, 328

P
párrafos 40, 89, 236, 248, 253, 254, 255,
     256, 260, 262, 265, 266, 285
pensamiento global 120, 131
percepción 19, 46, 110, 115, 118, 163,
     202, 203, 204, 205, 206, 207, 215,
     226, 230, 236, 257, 289, 329
perspectivas, cambio 24, 25, 72, 74, 75,
     76, 81, 88, 101, 112, 113, 118, 119,
     121, 130, 139, 141, 144, 167, 225,
     238, 247
Pope, Loren 293
predicción 189, 190, 216, 218, 219, 220,
     221, 263, 302
predicción creativa 190
procesamiento de imagen detallada 62, 65,
     227, 228, 308
procesamiento de la información 18, 37,
     42, 58, 225
procesamiento fonológico 39
profesores 17, 22, 30, 45, 70, 91, 93, 94,
     108, 109, 111, 142, 180, 181, 185,
     186, 187, 207, 211, 216, 260, 261,
     263, 274, 275, 276, 281, 291, 297,
     302, 304, 308, 330

R
RAND Corporation 138
razonamiento abstracto 197
razonamiento cualitativo 198, 199
razonamiento dinámico, véase fuerzas-D
     12, 189, 190, 201, 202, 209, 214, 215,
     226
razonamiento espacial 71, 72, 81, 82, 84,
     139, 176, 250, 301
razonamiento espacial, véase fuerzas-M 71,
     72, 81, 82, 84, 139, 176, 250, 301
razonamiento material 12, 71, 82, 101,
     225

razonamiento narrativo, véase fuerzas-N 12, 152, 165, 171, 177, 179, 182, 214, 226

razonamiento no verbal 93

relaciones, fuerza para percibir 113

resumen 56, 58, 123, 167, 214, 230, 233, 235, 245

Reversals (Simpson) 128

Rice, Anne 149, 151, 157, 170, 181, 186, 261, 269

Rogers, Richard 19

Russell, James T. 269

S

salida de la información 284, 287, 306

Schneps, Matthew 84, 297

Schwab, Charles 19, 138, 166

Science 42, 158, 204

Seidman, Dov 142

Seligman, Martin 272

semejanza, relaciones 112, 113, 125, 141

sentido de impotencia 272

Shaywitz, Bennett 51

Shaywitz, Sally 51

símbolos 87, 88, 89, 90, 92, 101, 112, 250, 308

similitud, relaciones 53, 112, 113, 116, 125, 127, 128, 181

Simpson, Eileen 128

Singer, Bryan 19

sintaxis 38, 40, 44, 47, 78, 89, 97, 249, 251, 262, 266

Smith, Duane 165, 275, 303

Smythe, Ian 114

Spellbound (Charlton) 177

Sperry, Roger 49

Steffert, Beverly 78, 114

Step Up to Writing 255, 256, 328

Sugar, Alan 9

Swiftan, Penny 180

Symmes, Jean 76

T

talento 7, 10, 12, 19, 32, 69, 71, 77, 84, 89, 91, 92, 100, 115, 126, 142, 149, 151, 152, 175, 176, 180, 181, 187, 219, 247, 248, 270, 274, 323

TDAH 42, 96, 205, 290

Term Limits (Flynn) 218, 312

Thinking Like Einstein (West) 78, 79

Tolkien, J. R. R. 322

trabajo, véase lugar de trabajo 7, 8, 10, 13, 25, 27, 28, 30, 31, 34, 38, 41, 42, 45, 46, 47, 50, 52, 54, 57, 58, 69, 70, 71, 84, 92, 94, 96, 97, 98, 100, 102, 108, 109, 114, 115, 123, 129, 130, 132, 135, 136, 143, 150, 155, 167, 175, 176, 180, 185, 186, 188, 191, 194, 201, 202, 203, 206, 207, 211, 212, 213, 214, 218, 234, 237, 238, 239, 248, 249, 251, 252, 254, 255, 259, 262, 263, 266, 275, 277, 283, 284, 285, 286, 287, 294, 295, 296, 300, 303, 307, 308, 309, 310, 311, 312, 313, 314, 315, 316, 317, 318, 319, 320, 325, 326, 329

U

unión, relaciones de 117

universidad, véase bachillerato y universidad 17, 18, 27, 30, 89, 100, 102, 110, 119, 135, 150, 171, 217, 218, 219, 231, 232, 243, 252, 283, 288, 289, 290, 291, 292, 293, 294, 295, 296, 297, 298, 300, 301, 302, 303, 304, 305, 306, 316

V

ventaja disléxica 10, 19, 20, 57, 120, 141, 223, 323

Virgin Atlantic 213

W

Westhaver, Mona 256

West, Thomas G. 51, 78, 117, 128

Wolff, Ulrika 78

Wolf, Maryanne 51, 79, 117

Writing Skills (King) 255, 328

ÍNDICE

Reconocimientos.   7
Introducción   9

PARTE I. Una cuestión de perspectiva 15
   Capítulo 1. Una nueva visión de la dislexia. 17
   Capítulo 2. La dislexia vista desde dos perspectivas diferentes 25

PARTE II. En qué difieren los cerebros disléxicos 35
   Capítulo 3. Diferencias en el procesamiento de la información 37
   Capítulo 4. Diferencias en la estructura del cerebro. 49

PARTE III. Fuerzas-M. Razonamiento material 67
   Capítulo 5. Las fuerzas-M en la MENTE. 69
   Capítulo 6. Las ventajas de las fuerzas-M 73
   Capítulo 7. Compensaciones de las fuerzas-M 87
   Capítulo 8. Las fuerzas-M en acción. 95
   Capítulo 9. Los puntos clave de las fuerzas-M. 101

PARTE IV. Fuerzas-I. Razonamiento interconectado. 105
   Capítulo 10. Las fuerzas-I en la MENTE 107
   Capítulo 11. Las ventajas de las fuerzas-I 113
   Capítulo 12. Compensaciones de las fuerzas-I. 125
   Capítulo 13. Las fuerzas-I en acción 135
   Capítulo 14. Los puntos clave de las fuerzas-I. 141

PARTE V. Fuerzas-N. Razonamiento narrativo 147

Capítulo 15. Las fuerzas-N en la MENTE 149

Capítulo 16. Las ventajas de las fuerzas-N. 155

Capítulo 17. Compensaciones de las fuerzas-N. 169

Capítulo 18. Las fuerzas-N en acción 175

Capítulo 19. Los puntos clave de las fuerzas-N 179

PARTE VI. Fuerzas-D. Razonamiento dinámico. 183

Capítulo 20. Las fuerzas-D en la MENTE 185

Capítulo 21. Las ventajas de las fuerzas-D. 193

Capítulo 22. Compensaciones de las fuerzas-D. 201

Capítulo 23. Las fuerzas-D en acción 209

Capítulo 24. Los puntos clave de las fuerzas-D 215

PARTE VII. Aprovechar la ventaja disléxica 223

Capítulo 25. Lectura. 225

Capítulo 26. Escritura. 247

Capítulo 27. Lograr un buen comienzo: De la escuela primaria
a la secundaria 267

Capítulo 28. Prosperar en el bachillerato y en la facultad 283

Capítulo 29. Prosperar en el lugar de trabajo 307

EPÍLOGO 321

APÉNDICE A. Adaptaciones y recursos 325

APÉNDICE B. Carreras más populares entre las personas con dislexia 331

ÍNDICE ANALÍTICO 335